Bernd Hamacher

Einführung in das Werk Johann Wolfgang von Goethes

Einführungen Germanistik

Herausgegeben von
Gunter E. Grimm und Klaus-Michael Bogdal

Bernd Hamacher

Einführung in das Werk Johann Wolfgang von Goethes

Die Deutsche Nationalbibliothek verzeichnet diese Publikation
in der Deutschen Nationalbibliografie;
detaillierte bibliografische Daten sind im Internet über
http://dnb.d-nb.de abrufbar.

© 2013 by WBG (Wissenschaftliche Buchgesellschaft), Darmstadt
Die Herausgabe dieses Werkes wurde durch
die Vereinsmitglieder der WBG ermöglicht.
Satz: Lichtsatz Michael Glaese GmbH, Hemsbach
Einbandgestaltung: schreiberVIS, Bickenbach
Printed in Germany

Besuchen Sie uns im Internet: www.wbg-wissenverbindet.de

ISBN 978-3-534-23843-9

Elektronisch sind folgende Ausgaben erhältlich:
eBook (PDF): 978-3-534-71157-4
eBook (epub): 978-3-534-71159-8

Inhalt

I. Das „Kollektivwesen" Goethe: Der Autor und seine Aktualität

Johann Wolfgang Goethe galt lange Zeit als *der* klassische deutsche Nationalautor. Nach keinem anderen deutschsprachigen Schriftsteller wurde in der Geschichtsschreibung ein ganzes Zeitalter benannt: die ‚Goethezeit'. Weltweit steht er noch heute stellvertretend für die deutsche Kultur, da die Einrichtungen der auswärtigen Kulturpolitik ‚Goethe-Institute' heißen. Schließlich ist auch die Universitätsdisziplin ‚Neuere deutsche Literatur' maßgeblich aus der Beschäftigung mit diesem ihrem lange Zeit mit Abstand wichtigsten Gegenstand hervorgegangen. Goethes Persönlichkeit war dabei in der öffentlichen Wahrnehmung oft genauso wichtig wie sein Werk. Vor einhundert Jahren bezeichnete der Philosoph und Soziologe Georg Simmel Goethe als Vorbild für den Menschen schlechthin: „Wir empfinden seine Entwicklung als die typisch menschliche – […] in gesteigerteren Maßen und klarerer Form zeichnet sich an ihm, in und unter all seinen Unvergleichlichkeiten, die Linie, der eigentlich jeder folgen würde, wenn er sozusagen seinem Menschentum rein überlassen wäre." (Simmel 1913, 263)

Die Zeiten der Glorifizierung Goethes sind längst vorbei, vorbei aber auch die Zeiten, als eben jene postulierte Vorbildhaftigkeit Goethes vehemente Abwehrreflexe erzeugte. Goethe ist historisch geworden, was sich nicht zuletzt daran zeigt, dass selbst diejenigen seiner Texte, die immer noch regelmäßig auf den gymnasialen Lehrplänen stehen, für jede neue Generation immer fremder werden und schwerer zu verstehen sind. Goethes Stellung im literarischen Kanon bedarf in dieser Situation einer neuen Begründung. Die vorliegende Einführung möchte zum einen Wege zum historischen Verständnis der Texte öffnen, zum anderen aber auch aufzeigen, warum sie trotz des inzwischen immensen Abstands keineswegs nur noch von musealem Interesse sind. Ein aktueller Blick kann bei einer Selbstcharakterisierung ansetzen, die Goethe rund sechs Wochen vor seinem Tod in einem Gespräch vom 17. Februar 1832 mit dem Weimarer Prinzenerzieher Frédéric Soret gab:

> Was bin ich selbst? Was habe ich getan? Ich habe alles, was ich gehört, beobachtet habe, gesammelt, benutzt. Meine Werke sind von Tausenden verschiedenen Individuen genährt, Unwissenden und Weisen, Geistreichen und Dummköpfen. Die Kindheit, das reife Alter, das Greisentum, alle haben mir ihre Gedanken, ihre Fähigkeiten, ihre Seinsart dargeboten, ich habe oft die Ernte gesammelt, die andere gesät hatten. Mein Werk ist das eines Kollektivwesens und trägt den Namen Goethe. (Übers. nach GG III/2, 839)

Darin spricht sich zum einen Goethes Selbstbewusstsein seiner epochalen Repräsentativität aus. Das ist zum anderen aber auch eine geradezu sensationell moderne Einsicht in den grundsätzlich intertextuellen Charakter sei-

Repräsentativität und Intertextualität

nes Gesamtwerks, die dazu verführen könnte, die an Goethe angeknüpfte Genieideologie und Originalitätsästhetik mit einem Schlag zu erledigen. Modern ist diese Einsicht ferner in Bezug auf die dahinterstehende Identitätsproblematik: Das „Kollektivwesen" hat so vielgestaltige und heterogene Texte vorgelegt, dass man oft kaum glauben konnte, „daß sie von demselben Schriftsteller entsprungen seien" (I 14, 11), wie Goethe selbst diesen bereits von Zeitgenossen empfundenen Eindruck der Proteushaftigkeit im Vorwort zu seiner Autobiographie *Dichtung und Wahrheit* formulierte. Die folgende Darstellung möchte einen Eindruck von der Vielgestaltigkeit vermitteln und gleichzeitig Konstanten aufzeigen, die in ganz unterschiedlichen Kontexten und Konstellationen wiederkehren.

Zitiert werden Goethes Werke, sofern nicht anders angegeben, nach der *Frankfurter Ausgabe* (FA) unter Angabe von Abteilung, Band und Seite.

II. Die Goethe-Forschung und die Geschichte der Neueren deutschen Literaturwissenschaft

Beginn der Goethe-Philologie

Die Entwicklung der Neueren deutschen Literaturwissenschaft ging mit der Erforschung des Goethe'schen Werks Hand in Hand. Im Laufe des 19. Jahrhunderts und dann verstärkt seit der Reichsgründung 1871 wurde die Germanistik als Universitätsdisziplin an immer mehr deutschen Universitäten etabliert. Zunächst wurde sie jedoch vor allem als Sprachwissenschaft betrieben, erste literaturwissenschaftliche Untersuchungen galten den Texten des deutschen Mittelalters. Erst gegen Ende des 19. Jahrhunderts wurden neuhochdeutsche Texte im selben Maße ‚wissenschaftsfähig' wie alt- und mittelhochdeutsche. Die Literaturgeschichten des 19. Jahrhunderts endeten mit Goethes Tod – für Heinrich Heine das „Ende der Kunstperiode", das praktisch mit dem von dem Philosophen Hegel in seinen Berliner Ästhetikvorlesungen der 1820er Jahre konstatierten Ende der welthistorischen Rolle der Kunst zusammenfiel. Der Tod des letzten Enkels von Johann Wolfgang von Goethe im Jahre 1885 wirkte dann als Initialzündung für einen enormen institutionellen Aufschwung der Germanistik. Jahrzehntelang hatte die wissenschaftliche Welt darauf gewartet, dass Goethes Nachlass endlich zugänglich wurde. Dessen Aufarbeitung wurde als nationale Aufgabe gesehen. Im Weimar wurde das Goethe-Archiv als erstes deutsches Literaturarchiv gegründet, mit dem Auftrag durch die Großherzogin Sophie von Sachsen, eine historisch-kritische Werkausgabe zu erstellen, die erst nach dem Ersten Weltkrieg 1919 abgeschlossene *Weimarer Ausgabe*, die in vier Abteilungen (Werke, naturwissenschaftliche Schriften, Tagebücher, Briefe) 143 Bände umfasst und damit die bis heute immer noch vollständigste Goethe-Edition ist. Folgenreich war vor allem die Entscheidung, in Textgestalt und Werkanordnung Goethes *Ausgabe letzter Hand* (seit 1827, Nachtragsbände bis 1842) zu folgen, sich also an Goethes eigenen editorischen Entscheidungen zu orientieren, die jeweils letzten Fassungen der Texte als Maßstab zu nehmen und die Werke nicht chronologisch, sondern nach Gattungen zu ordnen (vgl. Nutt-Kofoth 2012). Einen anderen Weg hatte die Edition *Der junge Goethe* eingeschlagen, die noch vor der Öffnung des Nachlasses erstmals 1875 erschienen war und die ‚Jugendwerke' Goethes bis 1776 in ihren ersten Druckfassungen in chronologischer Folge edierte. Die zweite Ausgabe durch Max Morris 1909–1912 konnte dann auch die nachgelassenen Manuskripte berücksichtigen und zog die zeitliche Grenze 1775 mit Goethes Übergang nach Weimar. Die jüngste, vierte Ausgabe dieser Edition (hg. v. Eibl/Jannidis/Willems) erschien 1998 als Hybrid-Edition mit CD-ROM. *Der junge Goethe* ist damit längst zum Markennamen geworden, mit der Konsequenz, dass die Forschung die Schwelle 1775 meist als Ende einer Werkphase betrachtet.

Orientierung an den Vorgaben Goethes

Die Frühphase der Goetheforschung war durch die vorherrschenden editorischen Aufgaben philologisch geprägt – mit der Folge, dass die „Goethe-

Philologie" aufgrund ihrer Kleinteiligkeit schon bald als subalterne Ausdrucksform eines Goethe-Kults verstanden wurde (vgl. Braitmaier 1892). Quellen, Vorlagen und Entstehungsbedingungen sollten so genau wie möglich rekonstruiert werden, um in der Epoche des Historismus die Texte aus ihrer Entstehung erklären zu können. Damit wollte man in der Methode der Literaturwissenschaft Goethes eigenem Wissenschaftsverständnis folgen: „Natur- und Kunstwerke lernt man nicht kennen wenn sie fertig sind; man muß sie im Entstehen aufhaschen, um sie einigermaßen zu begreifen" (an Carl Friedrich Zelter, 4.8.1803; II 5, 368). Entscheidend für die frühen Germanisten wie Wilhelm Scherer war, dass mit dem genetischen Paradigma ein Anschluss an die aktuelle wissenschaftliche Leitdisziplin der Entwicklungsbiologie in Form des Darwinismus möglich schien. Die Folgen dieser programmatischen Vermischung von Objekt- und Metaebene sind in der Neugermanistik, die methodisch und institutionell aus der Goethe-Philologie entstand, bis heute zu spüren, am unmittelbarsten bei einzelnen Segmenten der wissenschaftlichen Terminologie wie etwa den Gattungsbegriffen (vgl. Kap. IV.1). Auch die wissenschaftstheoretische Gegenbewegung zum ‚Positivismus' seit den 1910er Jahren, die philosophisch bestimmte ‚Geistesgeschichte', berief sich auf Goethe, zum Beispiel auf sein Verfahren der Naturforschung, die sogenannte „Morphologie", die allgemein als geisteswissenschaftliche Methode dienen sollte. Bis in die Mitte des 20. Jahrhunderts hinein verfuhr die Goethe-Forschung in ihrer programmatischen Ausrichtung wesentlich zirkulär, weil sie sich immer an den Vorgaben des Autors orientierte.

Biographik: Leben als Kunstwerk   Noch in einer weiteren Hinsicht blieb die früheste Goethe-Forschung für viele Jahrzehnte prägend: Der Schwerpunkt auf der Entstehungsgeschichte der Texte führte nicht nur zu einer vorwiegend biographischen Deutung der Werke; vielmehr rückte das Leben des Autors selbst als zentraler Gegenstand wissenschaftlicher Darstellung in den Brennpunkt des Interesses. Richard M. Meyer etwa urteilte 1895 in seiner preisgekrönten Goethe-Biographie: „als ein wundervoll organisiertes Ganzes steht dies Leben vor uns – das größte seiner Kunstwerke" (Meyer 1895, 3). Die Biographieschreibung war damit von vornherein mehr als die historische Rekonstruktion von Lebenstatsachen. Vielmehr ging es um die Unterscheidung zweier Ebenen: des realen und des ‚eigentlichen', höheren Lebens in der Abfolge der Werke. Noch 1999 erhielt die Thomas-Mann-Biographie von Hermann Kurzke den Untertitel „Das Leben als Kunstwerk", womit vermutlich unbewusst Meyer zitiert wird, woran aber vor allem ersichtlich ist, dass die Kategorien der frühen Goethe-Biographik – die ihrerseits aus Goethes Autobiographik abgeleitet wurden – noch in der jüngsten wissenschaftlichen Biographieschreibung nachwirken.

Von der „Klassik-Legende" zur „Neuen Gelehrsamkeit"   Ein wissenschaftlicher Traditionsbruch wurde erst im Gefolge der 68er-Bewegung mit der ‚Klassikerschelte' der 1970er Jahre und dem Versuch einer Destruktion der „Klassik-Legende" (Grimm/Hermand 1971) initiiert. Zuvor, in der Nachkriegszeit, war die Goethe-Forschung wertkonservativ, ja restaurativ ausgerichtet gewesen: Die durch den Nationalsozialismus zerstörte Humanität sollte ebenso im Rekurs auf Goethe restituiert werden, wie man der Besinnung auf Goethes Sprache eine reinigende Wirkung zutraute (in der Begründung des *Goethe-Wörterbuchs* 1947). In den 1980er Jahren gelang eine erfolgreiche Revitalisierung der Klassiker und damit auch Goethes, wobei die vorangegangene Politisierung der Germanistik sich zunächst in sozialgeschichtlichen Untersuchungen niederschlug. Dominierend in den 1980er und 90er Jahren waren jedoch ideengeschichtliche Forschungen (wie etwa Schöne 1982, Schmidt 1985, als Vorläufer Zimmermann 1969/ 1979), von Karl Robert Mandelkow mit dem Etikett „Neue Gelehrsamkeit" versehen (Mandelkow 2001, 223–233).

Seit dieser Zeit sind vollständige Synthesen endgültig nicht mehr möglich, wie die beiden umfangreichsten und wichtigsten Gesamtdarstellungen von Leben und Werk dokumentieren: Karl Otto Conradys in den 1980er Jahren erstmals erschienene sozialgeschichtliche Biographie (Conrady 2006) enthält eingehende Textinterpretationen, muss jedoch auf eine Auseinandersetzung mit der Forschung verzichten. Die Biographie von Nicholas Boyle (1995/1999), bei der die zu einer bestimmten Lebensphase gehörenden Texte jeweils im letzten Abschnitt eines historischen Kapitels interpretiert werden, erreicht aufgrund des enzyklopädischen Zuschnitts eine prinzipielle Grenze, jenseits derer sie kaum mehr in fortlaufender Lektüre, sondern nur mehr in kursorischem Nachschlagen rezipiert werden dürfte, und ist überdies nicht abgeschlossen. Knappere Gesamtdarstellungen versuchen eine Aktualisierung unter Konzentration auf repräsentative Aspekte (vgl. Tantillo 2010, Hamacher 2010a). *Synthesen*

Neuen literaturtheoretischen Paradigmen wie Diskursanalyse (vgl. Bolz 1981), Dekonstruktion oder Gender-Forschung (vgl. Herwig 2002) ist die Goethe-Forschung in ihrer Breite (verglichen etwa mit der Forschung zu Autoren wie Kleist oder Kafka) eher verhalten gefolgt, obwohl sich nach wie vor die Geschichte der Goethe-Forschung als repräsentativ für die Geschichte der Neueren deutschen Literaturwissenschaft generell schreiben ließe. Einen Innovationsschub mit zahlreichen Publikationen, zumeist Sammelbänden, brachte das Goethejahr 1999. Einen wichtigen Schwerpunkt in jüngster Zeit bilden Arbeiten, die die Austauschbeziehungen von Literatur und Wissenschaften untersuchen und Literatur als genuine Wissensform in der Moderne verstehen (vgl. etwa Schößler 2002, Brandstetter 2003). Für einen solchen Zugriff ist Goethes multidisziplinär angelegtes Gesamtwerk besonders ergiebig. Ein derartiges kultur- und wissensgeschichtliches Konzept steht inzwischen auch hinter dem noch nicht abgeschlossenen *Goethe-Wörterbuch*, dem einzigen deutschsprachigen Autorenwörterbuch. Die vielfältigen Beziehungen zwischen Werkphasen, Schaffensbereichen und Diskursen werden anhand von Goethes Wortgebrauch dokumentiert, so dass die Lexikographie in vielen Fällen schon aufgrund der Breite der Materialdarbietung zu einem wichtigen Korrektiv oft zu selektiv vorgehender Interpretationen wird. *Neue Paradigmen und Perspektiven*

Editorisch ist die Situation bei Goethe überraschenderweise nicht völlig befriedigend (vgl. Nutt-Kofoth 2005). Die *Weimarer Ausgabe* als historisch-kritische Ausgabe ist textkritisch in mancherlei Hinsicht problematisch. Zur dritten und vierten Werkabteilung, den Tagebüchern und den Briefen, sind in den letzten Jahren neue, reichhaltig kommentierte historisch-kritische Ausgaben begonnen worden, die zweite Abteilung wurde durch die (sich nicht als historisch-kritisch verstehende) *Leopoldina-Ausgabe* (LA) der naturwissenschaftlichen Schriften abgelöst. Für die literarischen Werke fehlt eine *Editionen* moderne historisch-kritische Ausgabe. Die in der ehemaligen DDR begonnene *Akademie-Ausgabe* wurde aus ideologischen Gründen abgebrochen, einige Textbände sind erschienen, nicht aber die zugehörigen Apparatbände. Ende der 1990er Jahre wurden zwei Studienausgaben abgeschlossen, die in ihren vorzüglichen Kommentaren den damaligen Stand der Forschung dokumentieren und eine Synthese der „neuen Gelehrsamkeit" bieten: die nach Gattungen angeordnete *Frankfurter* (mit einer zweiten Abteilung mit ausgewählten Briefen, Tagebucheinträgen und Gesprächsäußerungen als Lebensdokumentation) und die nach Schaffensphasen gegliederte *Münchner Ausgabe*. In beiden Editionen sind die Texte (mit Ausnahmen) nach den Vorgaben der Verlage orthographisch normalisiert. Editorische Innovationen sind derzeit vor allem von der digitalen historisch-kritischen *Faust*-Edition zu erwarten, mit der die Goethe-Philologie an ihre einstige editionswissenschaftliche Vorreiterrolle wird anknüpfen können.

III. Der Autor in seiner Zeit: Herkunft, Vita, Kontexte, Werkentwicklung

Johann Wolfgang Goethe hatte das Privileg, ohne finanzielle Sorgen aufzuwachsen. Er konnte (und musste) lange Zeit vom Vermögen seines Vaters Johann Caspar leben (vgl. Hopp 2010). Dessen Bildung und Erziehung bildete die Basis für den höchsten Aufstieg in der Ständehierarchie, der einem Nichtadeligen möglich war. 1748 heiratete Johann Caspar Goethe in die Führungselite der Freien Reichsstadt Frankfurt am Main ein. Seine so vielversprechend begonnene Karriere führte jedoch nicht zum Ziel, und er musste als Privatier vom ererbten Vermögen leben, aus dessen Zinserträgen die laufenden Haushaltskosten mühelos bestritten werden konnten. Der Lebenslauf von Johann Caspar Goethe zeigt, dass eine bürgerliche Karriere auch bei sorgfältiger Vorbereitung und unter günstigen Umständen kaum noch planbar war. Die ersten Weichenstellungen für seinen Sohn Johann Wolfgang liefen allerdings, vor allem mit der Wahl des Studienortes Leipzig und des Studienfachs der Jurisprudenz, in die Richtung einer Imitation seines nicht von Erfolg gekrönten Karrieremusters. Gleichwohl bildete die väterliche Lebensform die Voraussetzung dafür, dass Johann Wolfgang Goethe von Anfang an mit der Notwendigkeit konfrontiert war, sein Leben selbst gestalten zu müssen, um sich nicht wie sein Vater der Gefahr bürgerlicher Ziellosigkeit auszusetzen und sich auf ein Lebensmuster festzulegen, das sich im Übergang zur modernen bürgerlichen Erwerbsgesellschaft als überständig zu erweisen drohte. Das erkennbare Handlungsmuster sah so aus, dass er sich gegen das väterlicherseits vorgesehene Karriereprogramm ohne offene Rebellion durchzusetzen und gleichzeitig die Entlastung von materiellen Zwängen dankbar in Anspruch zu nehmen versuchte. Das daraus entwickelte Selbst- und Rollenmanagement wirkt aus heutiger Sicht modern, weist aber andererseits auf frühneuzeitliche Verhaltenslehren zurück, die auf ein flexibles, der jeweiligen Situation adäquates Verhalten abzielten. Daraus erklärt sich sowohl die renommistische Art seines Auftretens als junger Student in Leipzig als auch später seine selbstverständliche Bereitschaft zum Adelsdienst in Weimar.

Der Unterricht, den Goethe in seinem Elternhaus erhielt, war in seinen Inhalten umfassend, aber keineswegs ungewöhnlich; im Hinblick auf seine künftigen Fähigkeiten kann man jedoch im Nachhinein von einer glücklichen Konstellation sprechen. Der Schwerpunkt lag auf der religiösen Unterweisung und der Bibelkunde sowie auf den Sprachen: Latein, Griechisch, Französisch, Italienisch, Englisch, ferner auf eigenes Betreiben Hebräisch. Damit erhielt er als pädagogisches und kulturelles Kapital ein philologisches Handwerkszeug, das zu einer Bildungsform führte, die man gewöhnlich erst mit den Humboldt'schen Reformen und dem humanistischen Gymnasium zu Beginn des 19. Jahrhunderts verbindet. Hier lag die entscheidende Voraussetzung dafür, dass Goethe in den nächsten Jahrzehnten zur kulturellen

‚Avantgarde' gehören oder diese sogar wesentlich prägen konnte. Ohne diese Schlüsselqualifikation, wie man heute sagen würde, wäre das flexible literarisch-kulturelle Rollenmanagement Goethes nicht möglich gewesen. So aber konnte er das jeweilige Milieu geradezu aufsaugen; das gilt für das reichsstädtische Frankfurt nicht weniger als danach für seine Studienorte, das galante Leipzig und die deutsch-französische Grenzstadt Straßburg. Die Zulassung zur Advokatur durch das Frankfurter Schöffengericht am 31. August 1771 ermöglichte ihm erstmals eigene Einkünfte, von denen er seinen Lebensunterhalt hätte bestreiten können, doch unterstützte ihn der beschäftigungslose Vater nun inoffiziell juristisch bei seinen Mandaten. Mit der Übersiedlung nach Weimar, der sich der Vater wohl weniger, wie oft vermutet, aus bürgerlichem Standesstolz als vielmehr aus einer realistischen Einschätzung der potentiell prekären Lage eines fürstlichen Favoriten widersetzte, vollzog Johann Wolfgang Goethe zwar im Alter von 26 Jahren den Schritt aus dem Elternhaus zum Erwachsenenleben, doch seine Jugend dauerte mehr oder weniger fort, insofern er nicht bürgerlich etabliert war und sich noch nicht aus eigenen Mitteln versorgen konnte. Nicht nur, dass ihm aufgrund der Männerkumpanei mit dem jüngeren Herzog Carl August unverantwortliches, spätpubertäres Verhalten vorgeworfen wurde (öffentlich durch Klopstock); auch auf widerstrebend und offenbar nur indirekt über die Mutter gewährte väterliche Zahlungen blieb er eine Zeitlang weiterhin angewiesen, zumal er – vor der Einführung des Urheberrechts – von dem ökonomischen Erfolg des *Götz von Berlichingen* und dann vor allem der *Leiden des jungen Werthers* nicht profitieren konnte. Damit zeigt sich bereits bei Goethe eine Problematik, die noch heute als teilweise repräsentativ für Nachkommen aus begüterten Bürgerhäusern bezeichnet werden kann: Das Aufwachsen ohne finanzielle Sorgen ermöglicht einerseits die Freiheit zur Selbstbestimmung und zum Selbstentwurf, gar zur Rebellion, führt aber andererseits zu oftmals besonders hartnäckigen und langwierigen Abhängigkeiten. Die Entlastung von der Notwendigkeit, frühzeitig den eigenen Lebensunterhalt bestreiten zu müssen, verhindert oder verzögert die Einschränkung der lebbaren Möglichkeiten zugunsten eines selbstverantwortlichen Lebensentwurfs. Als Schriftsteller war Goethe aufgrund dieser Ausgangskonstellation zu paradigmatischen Gestaltungen modernen Lebens in seinem Werk in der Lage (vgl. Hamacher 2010a). Durch die pekuniäre Absicherung seiner Jugend konnte Goethe eine zeitweise zumindest vom Habitus her geradezu pseudoaristokratische Existenz führen und auch als Schriftsteller zweigleisig fahren: auf dem Gleis von bürgerlichem Sturm und Drang und Empfindsamkeit, später dann der Klassik einerseits und als Hofdichter im Rahmen der aristokratischen Weimarer Festkultur (mit Singspielen, Maskenzügen und anderen Genres) andererseits.

Werkphasen: Jugend, Klassik, Spätwerk

Es scheint nahezu zwingend, Goethes erste Lebenshälfte, bis einschließlich seiner Rückkehr von der italienischen Reise, nach seinen Ortswechseln zu gliedern, mit den Fixpunkten Frankfurt, Leipzig, Frankfurt, Straßburg, Frankfurt, Weimar, Italien, Weimar. Nach der Rückkehr aus Italien 1788 hat Goethe seinen Wohnort Weimar bis an sein Lebensende nur noch für Reisen verlassen. Das topographische Ordnungsprinzip ist nicht nur deshalb so suggestiv, weil man sich damit in einem stabilen Rahmen bewegt – es scheint auch von der Sache her unmittelbar nahezuliegen, lassen sich doch jedem dieser Orte spezifische überindividuelle, allgemein kulturgeschichtliche Charakteristika zuordnen, die für Goethes Leben und Werk an diesen Orten jeweils eine entscheidende Rolle spielten: für Frankfurt die reichsstädtische, mittelalterliche und frühneuzeitliche Prägung, für Leipzig die galante, an Frankreich orientierte Kultur der Aufklärung und des Rokoko, für Straßburg die altdeutsche Volkskultur und die Gotik. Die zweite Lebenshälfte Goethes ist dagegen seit der Französischen Revolution eher von einer Opposition gegen die Zeitgeschichte dominiert, und daher fällt es schwer, sich von dem von der älteren Forschung geprägten dreiteiligen pyramidalen Modell zu lösen und die Jahre bis zur italienischen Reise anders denn als Aufstieg, die Italienreise nicht allein als Höhepunkt von Goethes Entwicklung, die lange Zeit danach nicht unter dem vorherrschenden Aspekt langsamen Abstiegs und der Isolierung zu sehen: der junge Goethe, der klassische Goethe, der alte Goethe. Insbesondere die Schwelle Weimar 1775 als Ende des Jugendwerks und des Sturm und Drangs wird meist stark betont – sei es pragmatisch (vgl. Valk 2012), sei es aber auch wertend (vgl. Blessin 2009).

Goethes erstes Weimarer Jahrzehnt wird im Hinblick auf den literarischen Ertrag meist negativ eingeschätzt, vor allen Dingen dadurch bedingt, dass die Bewertung vom Ende her, von der Flucht nach Italien 1786, vorgenommen wird. Man kann gewichtige Selbstaussagen Goethes dafür anführen, dass er an poetischer Unproduktivität gelitten habe, durch höfische und amtliche ministeriale Geschäfte überhäuft gewesen sei (1782 wurde er geadelt und hatte dadurch die Spitze der Karriereleiter erreicht), dass das Verhältnis zu der Hofdame Charlotte von Stein zu einem immer bedrückenderen Problem geworden sei – und was der guten Gründe mehr sind, einen dunklen Hintergrund zu zeichnen, vor dem sich der italienische Himmel umso strahlender abheben kann. Literarisch gilt das erste Weimarer Jahrzehnt als Periode der Entwürfe und Fragmente, die Ausbeute erscheint auf den ersten Blick gering. Kein größeres Werk wurde abgeschlossen – keines der Dramen: nicht *Egmont*, nicht *Iphigenie*, nicht *Tasso*, geschweige denn *Faust*, den Goethe aus Frankfurt mitgebracht und dann über ein Jahrzehnt liegengelassen hatte; aber auch der zweite Roman, *Wilhelm Meisters theatralische Sendung*, an dem er kontinuierlich arbeitete, blieb unbeendet. Bedenkt man allerdings, dass die angebliche poetische ‚Neugeburt‘ Goethes in Italien zunächst kein neues größeres literarisches Projekt zeitigte, sondern lediglich die Umarbeitung und teilweise Fertigstellung dessen, was in Weimar begonnen worden war, so relativiert sich die Sicht, und man kann durchaus behaupten, dass das erste Weimarer Jahrzehnt an Produktivität der Zeit davor nur deshalb nachstand, weil die offiziellen Verpflichtungen in einem solchen Maße zugenommen hatten, dass die Ausführung mit der gestaltenden Einbildungskraft nicht mehr Schritt halten konnte. Grundsätzlich zeigt sich jedoch die gelungene Assimilierung Goethes an die aristokratische Kultur Weimars, den von der Herzoginmutter Anna Amalia initiierten ‚Musenhof‘, vor allem im Hinblick auf das Theater. Erkennbar wird die künstlerische Weiterentwicklung im Drama mit der Abwendung von Sturm und Drang und Empfindsamkeit, während die poetologische Selbstreflexion auf dem Gebiet der Lyrik nur einem kleinen Kreis bekannt wurde. Die amtliche Tätigkeit Goethes als Minister führte auch zu spannungsreichen Folgen auf literarischem Gebiet, wie sich etwa bei der Prosafassung der *Iphigenie* zeigt.

Erstes Weimarer Jahrzehnt

Italienische Reise, Französische Revolution und die Folgen

Literarisch erbrachte die italienische Reise zunächst die Fortführung und teilweise Beendigung von begonnenen Projekten. Die Kontinuität in der Entwicklung von der Empfindsamkeit zur Frühklassik lässt sich etwa bei der Entstehungsgeschichte der *Iphigenie auf Tauris* feststellen. Ästhetisch vollzog sich eine programmatische Hinwendung zur Antike, ablesbar an der Verwendung antikisierender Formen und mythologischer Stoffe sowie einer neuen, sinnlich-erotischen gegenüber der bisherigen eher enthusiastisch-spirituellen Liebeskonzeption – beides, antikisierende Form und antiker Gehalt, zusammengeführt beispielsweise in den *Erotica Romana*, den später so genannten *Römischen Elegien*. Vorherrschend war ferner die Auseinandersetzung mit der bildenden Kunst in Theorie und Praxis, aber auch die Hinwendung zur Naturforschung wurde in Italien vorbereitet. Beides reflektiert Goethe schon vorab in seinem Reisetagebuch in Venedig am 5.10.1786:

> Auf dieser Reise hoff ich will ich mein Gemüth über die schönen Künste beruhigen, ihr heilig Bild mir recht in die Seele prägen und zum stillen Genuß bewahren. Dann aber mich zu den Handwerckern wenden, und wenn ich zurückkomme, Chymie und Mechanik studiren. Denn die Zeit des Schönen ist vorüber nur die Noth und das strenge Bedürfniß erfordern unsre Tage. (GT I 1, 266)

Goethe verstand also selbst seine italienische Reise weniger als Beginn einer Epoche (der Klassik, von der dann erst im 19. Jahrhundert mit Bezug auf Goethe gesprochen wurde) denn als deren Abschluss. Das zeigt sich auch daran, dass er von Italien aus seine erste Gesamtausgabe initiierte, die als *Goethe's Schriften* in acht Bänden von 1787–90 beim Verleger Göschen in Leipzig erschien. Nach seiner Rückkehr aus Italien fühlte sich Goethe isoliert – ästhetisch, weil er seine künstlerischen Erfahrungen der Weimarer Umgebung nur unzureichend vermitteln konnte, aber auch gesellschaftlich durch die 1788 begonnene Lebenspartnerschaft mit Christiane Vulpius. Der 1789 geborene Sohn August wurde erst 1801 legitimiert, 1806 fand schließlich die Hochzeit statt. Ein geradezu traumatisches Ereignis stellte für Goethe die Französische Revolution dar, an deren Folgen er sich jahrelang abarbeitete und mit der für ihn die „Zeit des Schönen" in zentraler Hinsicht tatsächlich „vorüber" war. Eklatant ist die veränderte Wahrnehmung Italiens bei seiner Reise nach Venedig 1790, wo er auf die Rückkehr von Herzogin Anna Amalia wartete, die er abholen sollte. Nun richtete sich der Blick nicht mehr auf die idealisierte Vergangenheit der Antike, sondern auf die negativ gesehene Gegenwart. Von August bis Oktober 1792 musste Goethe Herzog Carl August auf dem Frankreichfeldzug im ersten Koalitionskrieg gegen die französische Revolutionsarmee begleiten. Im Unterschied zu den meisten deutschen Künstlern und Intellektuellen gehörte Goethe zu den entschiedenen Revolutionsgegnern, was ihn allerdings in späteren Jahren vor Enttäuschungen über den Revolutionsverlauf bewahrte, so dass seine Äußerungen dann oft gemäßigter klingen als bei ehemaligen Revolutionsanhängern. Gegen den Nationalismus der antinapoleonischen Befreiungskriege war er weitgehend immun. Politisch war Goethe ein Anhänger des aufgeklärten Absolutismus und der Reformen von oben, befürwortete aber auch entschiedene obrigkeitliche Maßnahmen wie die Zensur (etwa gegen Professoren und Studenten der Universität Jena, für die er als Minister verantwortlich

war). Die Einschätzung des ‚politischen‘ Goethe ist in der Forschung besonders umstritten (vgl. Vaget 2005).

Durch die Zusammenarbeit mit Schiller fand Goethe ab 1794 aus seiner
Isolation heraus. Nun entstand das, was später die ‚Weimarer Klassik‘ genannt wurde, als kultur- und literaturpolitisches Projekt (vgl. Barner/Läm-
mert/Oellers 1984), zunächst in der Mitarbeit an Schillers Zeitschrift *Die
Horen*, dann in Schillers *Musenalmanachen* mit der Publikation der Balladen und der polemischen *Xenien*. In Gesprächen und Briefen wirkte Schiller
auf den Roman *Wilhelm Meisters Lehrjahre*, die Weiterführung des *Faust*
und andere Werke Goethes ein. Schillers Tod 1805 bedeutete für Goethe
abermals einen epochalen Einschnitt, der zu einer (durch Krankheiten zu-
sätzlich beförderten) grundsätzlichen Verdüsterung seiner Weltsicht führte.
Ein Teil der älteren Forschung sah dies so, dass Goethe nach dem Ende des
mit völkischem Vokabular als ‚Überfremdung‘ bezeichneten Einflusses
Schillers zu seiner ursprünglichen ‚dämonischen‘ Weltanschauung zurückgekehrt sei (vgl. Pyritz 1962). Richtig ist allerdings, dass Goethes späteres
Werk etwa seit den *Wahlverwandtschaften* mit klassizistischen Kategorien
nicht mehr angemessen zu erfassen ist, was dazu führte, dass es von den
Zeitgenossen immer weniger verstanden und erst im 20. Jahrhundert in seiner Modernität wiederentdeckt wurde. In seinem Stil kann man eine zu-
nehmende Objektivierung, Verdichtung und Verknappung des Ausdrucks
beobachten, besonders charakteristisch in den umfangreichen Spruchsamm-
lungen zu unterschiedlichsten Themen, die vor allem in dem Altersroman
Wilhelm Meisters Wanderjahre enthalten waren und in späteren Ausgaben
unter dem Titel *Maximen und Reflexionen* bekannt wurden.

In Goethes späteren Jahren wurde der persönliche Austausch immer stärker durch umfangreiche briefliche Korrespondenzen ersetzt. 1814/15 brach
er noch einmal zu zwei größeren Reisen in die Rhein- und Maingegenden
auf, was zu einer gegenläufigen imaginären Orientreise (im *West-östlichen
Divan*) einerseits und andererseits nach den Jahren eines rigorosen künstlerischen Klassizismus (etwa in der Zeitschrift *Propyläen*) zu einer Bereicherung
seines Kunstverständnisses im Hinblick auf die deutsche Kunst des Mittelalters und daher auch zu einer Veränderung seines Verhältnisses zur Romantik
führte. Der Ertrag der Reise wurde gewissermaßen archiviert, in den Heften
Über Kunst und Altertum (1816–32). Neben das kunsthistorische trat in den
späten 1810er und 20er Jahren noch ein weiteres, nämlich ein naturwissenschaftliches Zeitschriftenprojekt, die Hefte *Zur Morphologie*. Ein wichtiger
Einschnitt im Hinblick auf seine praktische künstlerische Tätigkeit war die
Niederlegung der Direktion des Weimarer Hoftheaters Mitte März 1817. Er
hatte den Direktionsposten seit der Eröffnung 1791 innegehabt. Goethe zog
sich in seinen späten Lebensjahren immer mehr zurück und beschäftigte
sich mit seinen umfangreichen Sammlungen. Ab 1827 erschien dann sein
Vermächtnis, die *Ausgabe letzter Hand*, 1828/29 seine Edition des Briefwechsels mit Schiller, die er seit 1823 vorbereitete. Goethe wurde sich selbst
historisch und arbeitete an seinem Nachruhm. Nach seinem Tod 1832, der
von den Zeitgenossen als Ende einer Epoche verstanden wurde, lebte sein
Werk unter anderem mit der Publikation von *Faust II* und des vierten Bandes
von *Dichtung und Wahrheit* weiter.

Kulturpolitik in
Zusammenarbeit
mit Schiller

Projekte des
Spätwerks

IV. Formen und Aspekte des Werks

1. Ästhetik und Poetik

Goethe hat eine Fülle von Schriften zur bildenden Kunst verfasst (vgl. Bernhart, in Hamacher/Nutt-Kofoth 2007, Bd. 2), aber vergleichsweise wenige poetologische und ästhetische. Vielmehr sind seine entsprechenden Überlegungen teils unmittelbar, im Sinne einer immanenten Poetik, in seine literarischen Texte eingegangen, teils auch in seine naturwissenschaftlichen Schriften, im Sinne einer Weltauffassung, die sich quer durch alle Bereiche seines Schaffens zieht. In den Prosasprüchen der sogenannten *Maximen und Reflexionen* (I 13) sind aus der Perspektive des Spätwerks Überlegungen, Aphorismen und Sentenzen zu allen Wissens- und Lebensbereichen versammelt.

Grundlegende Kategorien von Goethes Werk: Polarität; Subjekt und Objekt

Zwei Grundgedanken und Denkfiguren gibt es, die Goethe zwar erst im Rahmen seiner Naturforschung seit den 1780er und 90er Jahren explizit formuliert, die aber bereits das Frühwerk implizit prägen und so am ehesten eine Gesamtperspektive auf das Werk ermöglichen, weil sie in unterschiedlichsten Texten und Kontexten immer wieder begegnen: die Kategorie der Polarität und der Gedanke der Zusammengehörigkeit von Subjekt und Objekt. Die Kategorie der Polarität ist aus den elementaren Lebensäußerungen und Körpererfahrungen des Menschen abgeleitet, dem Herzschlag mit dem Wechsel von Zusammenziehen und Ausdehnen des Herzmuskels – mit den griechischen Termini, die noch heute im medizinischen Bereich verwendet werden: Systole und Diastole – sowie dem damit verbundenen Wechsel von Ein- und Ausatmen. In späteren Jahren ergänzte Goethe die Kategorie der Polarität durch diejenige der Steigerung, so dass die Abfolge von Konzentration und Expansion auch zu einer Weiterentwicklung führen kann. Der zweite Grundgedanke basiert auf einer spätantiken Auffassung, ist aber vor allem in den Folgen für die Naturforschung modern: Es handelt sich um die gegenseitige Bedingung von Subjekt und Objekt der Erkenntnis, ja elementarer noch jeder Beobachtung und Wahrnehmung. Goethe formuliert dies prägnant in einem *Zahmen Xenion*, das aus seinen Übertragungen des Neuplatonikers Plotin stammt: „Wär' nicht das Auge sonnenhaft, / Die Sonne könnt' es nie erblicken; / Läg' nicht in uns des Gottes eigne Kraft, / Wie könnt' uns Göttliches entzücken?" (I 2, 646) Damit erweist sich nicht nur die Naturforschung bei Goethe stets als auf das Subjekt bezogen, sondern dieser Konnex von Erkennendem und Erkanntem gilt bei ihm für die menschliche Wahrnehmung generell und für das alltägliche Weltverhältnis.

Poesie und Philosophie

Von diesen Grundstrukturen her ist nicht überraschend, dass die durch Selbstaussagen gestützte Auffassung, Goethe gründe alle Erkenntnis auf konkrete Anschauung und die begrifflichen Abstraktionen der Philosophie seien ihm fremd, nicht so verstanden werden darf, als hätte er sich mit der Philosophie der Zeit nicht auseinandergesetzt – im Gegenteil: In der Zusammenarbeit mit Schiller, aber auch noch in späterer Zeit betreibt Goethe Kant-Studien (vgl. von Molnár 1994), wichtig werden außerdem die Begegnungen mit Schelling und die Rezeption von dessen Naturphilosophie und seines *Systems des transcendentalen Idealismus* sowie mit Hegel, dessen Dialektik Goethe bei allen Unterschieden in Bezug zu der eigenen Denkform von Polarität und Steigerung setzen konnte. In dem kurzen Text *Bedenken und Ergebung* (1823), der sowohl Motive der Kantischen Philosophie als auch die Diskussion mit Schiller um den Vorrang von ‚Idee' oder ‚Erfahrung' aufnimmt und diskutiert, bestimmt Goethe vor dem Hintergrund der idealistischen Konzeption einer ‚intellektualen Anschauung', die von Schelling gegen Kant vertreten wurde, sprachtheoretisch die Differenz von Philosophie und Poesie:

> Wir können bei Betrachtung des Weltgebäudes, in seiner weitesten Ausdehnung, in seiner letzten Theilbarkeit, uns der Vorstellung nicht erwehren daß dem Ganzen eine Idee zum Grunde liege, wornach Gott in der Natur, die Natur in Gott, von Ewigkeit zu Ewigkeit schaffen und wirken möge. [...]
> Hier treffen wir nun auf die eigene Schwierigkeit, die nicht immer klar in's Bewußtsein tritt, daß zwischen Idee und Erfahrung eine gewisse Kluft befestigt scheint, die zu überschreiten unsere ganze Kraft sich vergeblich bemüht. Demohngeachtet bleibt unser ewiges Bestreben, diesen Hiatus mit Vernunft, Verstand, Einbildungskraft, Glauben, Gefühl, Wahn und, wenn wir sonst nichts vermögen, mit Albernheit zu überwinden. [...]
> Die Schwierigkeit Idee und Erfahrung mit einander zu verbinden erscheint sehr hinderlich bei aller Naturforschung: die Idee ist unabhängig von Raum und Zeit, die Naturforschung ist in Raum und Zeit beschränkt; daher ist in der Idee Simultanes und Successives innigst verbunden, auf dem Standpunct der Erfahrung hingegen immer getrennt, und eine Naturwirkung die wir der Idee gemäß als simultan und successiv zugleich denken sollen, scheint uns in eine Art Wahnsinn zu versetzen. Der Verstand kann nicht vereinigt denken was die Sinnlichkeit ihm gesondert überlieferte, und so bleibt der Widerstreit zwischen Aufgefaßtem und Ideirtem immerfort unaufgelös't." (WA II 11, 57)

Die Vereinigung der Widersprüche sei dem menschlichen Verstand nicht zugänglich. Goethe zitiert dabei mit der Formulierung der befürchteten Konsequenz des Wahnsinns aus Kants Schrift *Die Religion innerhalb der Grenzen der bloßen Vernunft*. Von solchen Naturwirkungen, deren Denkbarkeit Goethe verneint, will Kant von vornherein nichts wissen. Der Wahnsinn würde für Kant im Verlust der vernünftigen Weltorientierung bestehen. In der Konsequenz des Kantischen Arguments wird mit ‚einer Art Wahnsinn' präzise die Funktionsstelle bezeichnet, die die Poesie bei Goethe übernimmt. Sie bildet damit ein Problemreservoir, das Kant dezidiert nicht nur aus dem Spektrum seines Systems oder der Philosophie allgemein, sondern aus dem menschlichen Denk- und Vorstellungsvermögen überhaupt ausgrenzt. Goethe ist mit Kant in der Ablehnung der zerstörerischen Konsequenzen, die er dann etwa in der Romantik zu sehen glaubte, einig, nicht jedoch in der Therapie, die bei Kant in der Vernunftkritik, bei Goethe in der Dichtung liegt, einer Dichtung, die entgegen der perhorreszierten Konsequenz des ‚Wahnsinns' den Anschluss an ältere Konzepte sucht: „Deßhalb wir uns denn billig zu einiger Befriedigung in die Sphäre der Dichtkunst flüchten und ein altes Liedchen mit einiger Abwechselung erneuern" (WA II 11, 57). In einem Brief an Riemer vom 28.10.1821 formuliert Goethe in ähnlichem Sinne (mit Bezug auf sein Gedicht *Eins und Alles*, das „vielleicht das Abstruseste der modernen Philosophie" enthalte): „Ich werde selbst fast des Glaubens, daß es der Dichtkunst vielleicht allein gelingen könne, solche Geheimnisse gewissermaßen auszudrücken, die in Prosa gewöhnlich absurd erscheinen, weil sie sich nur in Widersprüchen ausdrücken lassen, welche dem Menschenverstand nicht einwollen." (II 9, 215) Hierin gründet sich auch Goethes Verständnis des Symbols (vgl. Hamacher 2010b).

Querelle des anciens et des modernes: Verhältnis zur Antike

Zeit seines Lebens entwickelt Goethe seine ästhetischen Anschauungen in Auseinandersetzung mit der Antike. Er positioniert sich damit innerhalb der *Querelle des anciens et des modernes*, die 1687 in Frankreich von Charles Perrault mit dem Gedicht *Le siècle de Louis le Grand* ausgelöst worden war und im Zeitalter Ludwigs XIV. um die Frage ging, ob in der Antike ein absolutes Schönheitsideal erreicht worden sei, das nur nachzuahmen, aber nicht zu übertreffen war, oder ob eine moderne Kunst nach eigenen Maßstäben mit der Antike konkurrieren und sie sogar übertreffen konnte. Perrault war der Wortführer der ‚Modernen', Nicolas Boileau der ‚Alten'. In Deutschland wurde diese Debatte erst in der zweiten Hälfte des 18. Jahrhunderts intensiv geführt, maßgeblich initiiert von Johann Joachim Winckelmanns *Gedancken über die Nachahmung der Griechischen Wercke in der Mahlerey und Bildhauer-Kunst* (1755). Seit Schillers Schrift *Ueber naive und sentimentalische Dichtung* (1795), in der die Kategorie des Naiven die Position der ‚Alten', die des Sentimentalischen diejenige der ‚Modernen' vertrat, gilt Goethe als Prototyp des Naiven, als Vertreter der Position der ‚Anciens' in der Moderne. Diese in der Wirkungsgeschichte zum Klischee geronnene Charakterisierung verkennt indes die Komplexität von Goethes Auseinandersetzung mit der Antike und seine spezifische Positionierung zwischen den Fronten von ‚Alten' und ‚Modernen'. Bereits in seiner Frühzeit nämlich entwickelt er die Genieästhetik, die sich dann vor allem in der Lyrik ausprägt, auch im Blick auf ein zeitgemäßes Verhältnis zur Antike, und zwar vor allem beeinflusst durch Johann Gottfried Herder Frühhistorismus (vgl. Kap. V.1).

Ästhetik des Genies: *Von Deutscher Baukunst*

Dieses frühe Ineinander von Genieästhetik und *Querelle des ancien et des modernes* zeigt sich besonders deutlich in der wichtigsten, 1772 erstmals anonym erschienenen kunsttheoretischen Schrift aus Goethes Frühzeit, *Von Deutscher Baukunst*. 1773 wurde der Aufsatz von Herder in seine Sammlung *Von deutscher Art und Kunst* aufgenommen, so dass Herder zunächst vielen Zeitgenossen auch als Verfasser der Schrift galt. Dass gerade Texte, die die Individualität des Genies akzentuierten, anonym publiziert wurden und die Zuschreibung der Verfasserschaft für die Zeitgenossen zum Teil schwierig war, ist ein bezeichnendes Paradox. Die Genieästhetik war eine weniger individuelle als kollektive Angelegenheit – gerade das, was heute oft zuerst damit verbunden wird, nämlich unverwechselbare individuelle Autorschaft, gehörte zunächst nicht zu ihren leitenden Kategorien. Die Vorstellung geistiger Urheberschaft prägte sich am Ende des 18. Jahrhunderts erst allmählich aus, juristisch konkret im Allgemeinen Preußischen Landrecht von 1794, in dem zum ersten Mal im deutschen Sprachraum ein Urheberrechtsschutz für Schriftsteller auf geistiges Eigentum festgeschrieben wurde (vgl. Bosse 1981).

Von Deutscher Baukunst ist zunächst ein Text über das Straßburger Müns- Das Straßburger
Münster
ter. Gerade die Grenzstadt Straßburg wurde als besonders deutsch empfun-
den und im Unterschied zum französisch geprägten Leipzig, Goethes erstem
Studienort, zum Zentrum der Propagierung einer deutschen Volkskunst.
Goethe reihte sich in diese von Herder initiierte nationalkulturelle Bewegung ein. Der Text trägt die Widmung „D.M. [d.h. ‚Divis manibus': den ab-
geschiedenen Seelen] Ervini a Steinbach". Damit wird einer der zahlreichen
Baumeister des Straßburger Münsters herausgegriffen und die zur Zeit der
Abfassung des Textes noch gar nicht kodifizierte Vorstellung künstlerischer
Originalität zurück ins Mittelalter projiziert. Die ehemals finstere Zwischen-
zeit zwischen Antike und Renaissance wurde zum Vorbild für eine Gegenwart erhoben, in der die individuelle künstlerische Urheberschaft erst allmählich expliziert beansprucht wird.

Der Aufsatz setzt damit ein, dass das Ich des Textes Erwins Grabstein sucht Kunstwerk und Organismus
und nicht findet. Es wird eine Archäologie bzw. eine Erfindung von künstlerischer Urheberschaft geschildert. Der Grabstein ist verschwunden, stattdessen wird das gesamte Bauwerk als Monument und Denkmal reklamiert, und
der Text *Von Deutscher Baukunst* bildet die Inschrift. Erwin habe „gleiches
Schicksal mit dem Baumeister, der Berge auftürmte in die Wolken" (I 18,
110). Der vergessene, unbekannte Baumeister und Schöpfer wird unmittelbar mit dem Weltenschöpfer in Parallele gerückt, der Künstler, dessen An-
denken verschwunden ist, vergöttlicht. Wenn es weiter heißt, er habe „einen
Babelgedanken" in der Seele gezeugt, so ist damit gar ein gegengöttlicher
Anspruch verbunden. Die Konkurrenz des Künstlers mit Gott zeigt sich auch
an den organologischen Attributen der schöpferischen Idee: Sie sei „ganz,
groß, und bis in den kleinsten Teil notwendig schön, wie Bäume Gottes"
(ebd.). Angewandt auf den gotischen Baustil, bedeutete diese Bildlichkeit
eine scharfe Provokation des zeitgenössischen Kunstgeschmacks. Was heute
als Gotik bezeichnet wird, galt (etwa in Johann Georg Sulzers *Allgemeiner
Theorie der schönen Künste*, 1771–74) als barbarisch, grotesk, monströs –
als genauer Gegensatz derjenigen Qualitäten, die in Goethes Text damit verbunden sind. Von Meister Erwin heißt es weiter, „ganze Seelen werden dich
erkennen ohne Deuter" (ebd.), das heißt also Seelen, die ebenso ‚ganz' sind
wie das Werk Erwins. Der Rezipient muss dem künstlerischen Gegenstand
entsprechen, um ihm gerecht werden zu können – adäquate Kunsterkennt-
nis wird zu einer Frage der Anthropologie, eine Variante des Goethe'schen
Axioms der Übereinstimmung von Subjekt und Objekt. Unter dieser Voraussetzung wird ein unmittelbarer Kunstgenuss möglich – „ohne Deuter", also
ohne professionelle Vermittler und Interpreten. Historisch bedeutet das die
Emanzipation des Kunstrezipienten. Daher kann auch das Ich dieses Textes
nicht legitimerweise als Vermittler und Interpret auftreten, sonst geriete es in
einen performativen Selbstwiderspruch – ein weiterer Grund für den Verfasser, anonym zu bleiben.

Innerhalb der *Querelle* positioniert sich der Text nun dadurch, dass das Historisierung der Antike
deutsche Mittelalter gegen die Antikenachahmung aufgewertet wird, gegen
den Klassizismus der Italiener und Franzosen, die direkt angesprochen werden. Der „seinem Grab entsteigende Genius der Alten" habe den Genius der
‚Welschen' „gefesselt" (I 18,111). In dieser Oppositionsstellung ist freilich
Goethes spätere klassische Entwicklung in den zitierten Kategorien der Ganz-

heit, Schönheit, Zweckmäßigkeit und Natürlichkeit bereits vorgezeichnet. Die Opposition richtet sich nicht gegen die Klassizität der Antike an sich, sondern gegen deren unproduktive Nachahmung, die durch eine ‚bildende‘, freie Nachschöpfung ersetzt werden soll. Die Antike ist nicht mehr überzeitliches, ahistorisches Ideal, sondern Vorbild dafür, in der eigenen Zeit und im Kontext der eigenen Kultur ebensolche Ganzheit, Wahrheit, Schönheit, Zweckmäßigkeit anzustreben, wie es den Griechen unter ihren kulturellen Bedingungen möglich war. „Jeder sey auf seine Art ein Grieche! Aber er sey's" (I 20, 350), wird Goethe viel später, 1818 in dem Aufsatz *Antik und modern*, formulieren, doch diese Forderung ist hier bereits angelegt, wo die agonale Frontstellung gegen die Vorherrschaft des italienischen und französischen Klassizismus im Vordergrund steht. Dazwischen, in der Zeit um und nach 1800, wird Goethe selbst gerade in kunsttheoretischer Hinsicht – in der Zeitschrift *Propyläen* – einen rigorosen Klassizismus propagieren, von dem er dann in späteren Jahren wieder abrückte. Die Antwort auf eine als Erstarrung empfundene normative Ästhetik lautet hier nach dem Rezept Herders – wie dann später bei der Romantik gegen Goethe selbst: Historisierung, Einbettung der Kunst in ihren konkreten lebensweltlichen, also kulturellen Kontext. *Von Deutscher Baukunst* propagiert die Ästhetik als Kulturwissenschaft.

Historisierung des Schönheitsbegriffs Der Sprecher des Textes berichtet davon, wie seine Vorurteile gegen das Gotische vor dem sinnlichen Eindruck des Münsters zuschanden wurden. Immer wieder werden die entscheidenden Vokabeln geradezu beschwörend wiederholt: „wie in Werken der ewigen Natur, bis aufs geringste Zäserchen [die dünnste Faser], alles Gestalt, und alles zweckend zum Ganzen" (I 18, 115): Gestalthaftigkeit, Zweckmäßigkeit, Ganzheit – das sind ästhetische Kategorien, die sich einer organizistischen Naturvorstellung verdankten. „[W]ie durchbrochen alles und doch für die Ewigkeit": Das Ganze scheint durch das Einzelne durch, so dass das Diaphane der gotischen Baukunst zum Zeichen der Vollkommenheit werden kann. Die Verabsolutierung der Kunst wird dabei gerade aus einer gegen die ahistorischen Konstruktionen des Klassizismus gerichteten kulturellen Konkretisierung gewonnen. „[D]as ist deutsche Baukunst" meint dann keinen Kulturchauvinismus, sondern die Behauptung, dass nur und gerade eine der regionalen Kultur entsprechende Kunst die geforderten ersatzreligiösen Funktionen übernehmen kann. Italiener und Franzosen haben nach der Behauptung des Textes keine eigene Baukunst, da sie die ahistorisch missverstandene der Antike nachahmen. Für die tatsächlichen historischen Gegebenheiten interessiert sich der Text nicht: Die Ironie, dass die als ‚deutsch‘ propagierte Baukunst französischen Ursprungs war, entging den Zeitgenossen.

Semantik des Schönen Zum Schluss geht der Text noch einen Schritt weiter, wenn behauptet wird: „Die Kunst ist lange bildend, eh sie schön ist, und doch, so wahre, große Kunst, ja, oft wahrer und größer, als die Schöne selbst." (I 18, 116) Damit wird weniger die Schönheit als Kategorie grundsätzlich verabschiedet als wiederum eine bestimmte, ahistorische Konzeption von Schönheit. Der Begriff der Schönheit wird historisiert, seine Semantik ändert sich. Maßstab der Schönheit ist jetzt die ‚innige, einige, eigne, selbstständige Empfindung‘, aus der heraus geschaffen wird. Wem aus dieser Empfindung heraus der Genuss der Schönheit gegeben ist, der kann nur in dieser Eigenständigkeit selbst Vorbild sein, nicht in konkreten Schönheitslehren. Maßstab der Schönheit ist immer die postulierte Wahrheit des Individuums, das zum Schluss des Textes in dem sich selbst nach der Natur zur Schönheit erziehenden Knaben gefeiert wird: „mehr als Prometheus leit er die Seligkeit der Götter auf die Erde" (I 18, 118) – in dieser Überbietungsfigur liegt die messianische Monumentalisierung des autochthonen Individuums. Gerade darin ist indes ironischerweise seine Auswechselbarkeit begründet. Davon spricht die Publikationsform des Aufsatzes *Von Deutscher Baukunst*, in dem die geniale künstlerische Individualität einerseits – bei Erwin von Steinbach – aus der Anonymität gerettet bzw. allererst als Künstlerschaft erzeugt, andererseits aber – in der Anonymität der Autorschaft – sofort wieder verschwindet und in der Ganzheitskorrespondenz aufgelöst wird. In der erstrebten Qualität kräftiger Empfindung sind alle Genies einander gleich. Was sie auszeichnen sollte, macht sie verwechselbar.

Ein solches vorbildhaftes Genie war für den jungen Goethe vor allem Shakespeare (vgl. Kap. V.1). Seine Rede *Zum Shakespears Tag*, seinem Namenstag am 14.10.1771, bildet ein dramaturgisches Gegenstück zum Text über das Straßburger Münster, sowohl was das Paradox von Monumentalisierung und Auflösung des Ichs als auch die Historisierung ästhetischer Maßstäbe und die Berufung auf die Natur betrifft. Mit Blick auf Shakespeare formuliert Goethe hier auch bereits seine Polaritätslehre: „das was wir bös nennen, ist nur die andre Seite vom Guten, die so notwendig zu seiner Existenz, und in das Ganze gehört, als zona torrida brennen und Lapland einfrieren muß daß es einen gemäßigten Himmelsstrich gebe" (I 18, 12). Shakespeare

Das Verhältnis der Poesie und Religion, wie es in Goethes Genieästhetik bestimmt wird, bildet das Pendant zum Verhältnis von Poesie und Philosophie. Der Frühhistorismus, den Goethe durch Herder in Straßburg kennenlernte, führte nicht nur zur Aufwertung des Mittelalters und zur Identifikation mit großen Gestalten der Vergangenheit, sondern auch zu einer Historisierung der Religionen, und zwar in einer Zuspitzung, die noch über die aufklärerische Toleranzlehre in Lessings *Nathan der Weise* hinausging. Wenn das geniale Subjekt, also vor allem der Künstler, die erstrebte Kraft der Empfindung aufbrachte, konnte er sich in eine Reihe mit den größten Gestalten der Geschichte stellen. Die genialen Individuen waren in der Vergangenheit häufig Propheten oder galten zumindest in irgendeiner Hinsicht als solche: „Und mit inniger Seele fall ich dem Bruder um den Hals Moses! Prophet! Evangelist! Apostel, Spinoza oder Machiavell" – so schrieb Goethe mit blasphemischer Zuspitzung in einem Brief vom 26.4.1774 an den Schweizer Theologen Johann Konrad Pfenninger (II 1, 359). Die für das Individuum erstrebte geniale Empfindung ist genau diejenige Qualität, die auch die Propheten auszeichnete. Damit aber droht jeder Prophet ein falscher Prophet zu sein, sobald er für seine Lehre den Anspruch auf universale Geltung erhebt. Umgekehrt konnten auch ‚Atheisten' – als solche galten Spinoza und Machiavelli – ‚echte' Propheten sein. Gerade die Besonderheit der Lehre – das, was den einen vom anderen unterscheidet – ist kontingent, so wie auch die ästhetischen Maßstäbe nur mehr für eine räumlich und historisch genau bestimmte Kultur gelten sollten. Analog dazu wurden die Religionen von Goethe zumindest ansatzweise aus ihrer Zeit sowie ihrem kulturellen Entstehungsraum heraus verstanden und wurden in diesem Sinne zu Poesie (vgl. Eibl 1995). Poesie und Religion

Gattungstheorie

Unter den im engeren Sinne poetologischen Überlegungen Goethes spielt die Gattungstheorie eine besondere Rolle. In den *Noten und Abhandlungen zu besserem Verständniß des West-östlichen Divans* ist ein Abschnitt „Naturformen der Dichtung" enthalten. Aus dem Zusammenhang gerissen, könnte es leicht scheinen, als habe Goethe hier eine normative Gattungslehre entwickelt. Im vorhergehenden Abschnitt, „Dichtarten", formuliert er sein Anliegen, Ordnung in das unübersichtliche Feld völlig heterogener Genrebegriffe zu bringen, und dekretiert dann: „Es giebt nur drey ächte Naturformen der Poesie: die klar erzählende, die enthusiastisch aufgeregte und die persönlich handelnde: *Epos, Lyrik* und *Drama.* Diese drey Dichtweisen können zusammen oder abgesondert wirken." (I 3/1, 206) Dabei ist von vornherein zu bedenken, dass „Naturformen" in Bezug auf Hervorbringungen der Kultur eine Metapher ist. Am problematischsten ist ferner die Charakteristik der Lyrik als ‚enthusiastisch aufgeregt', was schon bei Goethe selbst nur für ein zwar besonders prominentes, aber eingeschränktes Segment seiner Lyrik gilt und nicht auf die Lyrik anderer Epochen angewandt werden kann. Hier ist gegen ein oberflächliches, ahistorisches Goetheverständnis an dessen eigene historische Relativierung ästhetischer Kategorien zu erinnern. Es lohnt sich auch, den Abschnitt „Naturformen der Dichtung" weiterzulesen, denn Goethe findet zum Beispiel nicht nur in der Ballade, sondern auch im griechischen und französischen Trauerspiel eine Vereinigung aller „Dichtweisen" oder Gattungen.

Autonomie der Kunst

Die Autonomie der Kunst gilt als eine der zentralen Forderungen klassischer Ästhetik. Entschiedene Auseinandersetzungen mit diesem Topos finden etwa in dem Drama *Torquato Tasso* und im „Vorspiel auf dem Theater" zu *Faust* statt. Eine programmatische theoretische Formulierung erfolgt spät und – für Goethes Theoriebildung nicht untypisch – auf den ersten Blick beiläufig und unscheinbar. Es handelt sich um den kleinen Aufsatz *Nachlese zu Aristoteles' Poetik,* den er 1827 im ersten Heft des sechsten Bandes seiner Zeitschrift *Über Kunst und Altertum* veröffentlichte und der nicht nur für seine Dramaturgie, sondern für seine Ästhetik generell von größter Bedeutung ist. Es geht dabei um das Verständnis der Katharsis nach Aristoteles. Die Forderung an die Tragödie, „daß sie durch Darstellung Mitleid und Furcht erregender Handlungen und Ereignisse von den genannten Leidenschaften das Gemüth des Zuschauers reinigen solle", übersetzt Goethe anders, nämlich dass die Tragödie „nach einem Verlauf […] von Mitleid und Furcht mit Ausgleichung solcher Leidenschaften ihr Geschäft abschließt" (I 22, 335). Aristoteles sei es daher überhaupt nicht um Wirkungsästhetik zu tun, sondern er verstehe unter Katharsis „diese aussöhnende Abrundung, welche eigentlich von allem Drama, ja sogar von allen poetischen Werken gefordert wird" (I 22, 336). Daher könne man – und dies ist die Pointe von Goethes Ausführungen – von der Kunst keine moralische Wirkung erwarten, und es sei falsch, wenn man von ihr (und also vom Künstler) verlange, auf Moralität zu wirken. Der Zuschauer im Theater werde „um nichts gebessert nach Hause gehen" (I 22, 338). Es handelt sich daher bei dieser vermeintlichen Miszelle um ein Manifest der Kunstautonomie und um eine skeptische Stellungnahme zu der gerade in der Rezeptionsgeschichte Goethes und seiner klassischen ‚Humanitätsbotschaft' – etwa im Fall der *Iphigenie auf Tauris* – immer wieder behaupteten sittlichen Funktion der Kunst.

2. Zentrale Themen

In Goethes Werken werden alle zentralen Aspekte des modernen Lebens behandelt, wie etwa die Frage nach der Entwicklung eines Menschen, das Verhältnis der Geschlechter, das Verhältnis des Menschen zu Natur und Geschichte sowie zu Sprache und Kunst. Alle Diskurse der gesellschaftlichen
Modernisierung – ökonomische, juristische, ästhetische, religiöse, soziale,
politische, wissenschaftliche – fanden zunehmend Eingang in seine Texte –
mal mit konservativer, ja restaurativer oder gar regressiver, mal mit progressi-
ver oder geradezu avantgardistischer Akzentuierung, und zwar vor allem in
der modernsten literarischen Gattung, dem Roman, aber auch im zweiten
Teil des *Faust*. Diese Auseinandersetzung mit der Moderne erfolgte immer
im Blick auf die kulturelle Tradition seit der Antike. Die Zeit um 1770, also
um den Beginn von Goethes schriftstellerischer Wirksamkeit, wurde in unterschiedlichen Kontexten als ‚Schwellenperiode‘ des Übergangs zur frühen
Moderne bezeichnet. Dieser Prozess lässt sich auch sprachlich, anhand der
Entwicklung von Goethes Semantik, beschreiben. Aufgrund der Länge von
Goethes Leben, der Ereignisse, die in seine Lebenszeit fallen, sowie des Um-
fangs und der Vielfalt seines Werkes können seine Texte insgesamt als Problemgeschichte der Moderne von 1770 bis 1830 gelesen werden.

Problemgeschichte der Moderne

Wie im vorigen Abschnitt ausgeführt, geht Goethes ästhetischer Historismus mit einer Historisierung der Religionen einher. Die Religion ist ein Thema, das vor allem im Frühwerk, auch unter dem Einfluss des Pietismus, mit
kritischer Akzentuierung relevant ist und sich dann über die klassische Zeit
bis ins Spätwerk fortsetzt. In *Wilhelm Meisters Lehrjahren* tritt ein Abbé,
also ein Geistlicher, als maßgeblicher Funktionär der pseudoreligiösen
Turmgesellschaft auf, in den *Wahlverwandtschaften* ist es Mittler, ein ehe-
maliger Geistlicher, der entgegen seinem Namen eine fatale Rolle spielt,
und in der ‚Pädagogischen Provinz‘ der *Wanderjahre* wird die Rolle der Religion als Erziehungsinstrument erörtert. *Faust* beginnt (im „Prolog im Himmel") und endet (in der „Bergschluchten"-Szene von *Faust II*) im Himmel,
auch wenn es sich dabei um einen Theaterhimmel handelt. Die großen
Hymnen aus Goethes Sturm-und-Drang-Zeit formulieren vor allem unterschiedliche Varianten des Verhältnisses von Mensch und Gott bzw. Göttern
oder Göttlichem.

Religion

Goethe zeigt sich von Anfang an darin als Aufklärer, dass die Verbindlich-
keit einer allgemeinen, universal gültigen religiösen Sinnstiftung endgültig
verloren ist. Vor allem im Drama, von *Satyros* bis zum *Groß-Cophta*, kommt
in geradezu ideologiekritischer Perspektive einer ‚Dialektik der Aufklärung‘
die Idolatrie als drohende Folge des Verlusts religiöser Sinnstiftung in den
Blick. Das Sinnvakuum wird durch neue religiöse Erfindungen gefüllt, die
im Erfolgsfall eine neue Religionsform begründen, aber auch als bloßer Pri-
vatmythos und Fetischismus enden können (wie etwa in *Satyros*). Goethes
Frühhistorismus weiß um die Kontingenz von Religionen und Offenbarungs-
systemen und führt diese Kontingenz gegen ihre stets drohende Absolutset-
zung kritisch ins Feld – wobei diese Kritik auch Selbstkritik eines genialen
Dichtertums ist, das die vakante Rolle des Priesters und Propheten mit übernehmen möchte. Die Vorstellung des Dichters als Seher und Prophet ist alt
und schon der Antike im Topos des *poeta vates* geläufig. Nun erscheint je-

‚Dialektik der Aufklärung‘

doch die Sehergabe nicht mehr als von einem allgemein geglaubten Gott verliehen, sondern durch den Dichter selbst erzeugt. Auch er kann damit zum falschen Propheten werden. In dieser bereits in seinem Frühwerk angelegten kritischen Erkenntnis wurzelt (unter anderem) noch die vehemente Kritik des älteren Goethe an seinen eigenen früheren poetischen Erzeugnissen, wie sie etwa beim *Werther* greifbar ist.

Interkulturalität und Weltliteratur

Die positive Konsequenz religiöser Aufklärung prägt sich in Goethes zunächst interreligiösen und schließlich allgemein interkulturellen Überlegungen aus, die bereits im Frühwerk angelegt sind, wie sich an der Auseinandersetzung mit Mohammed zeigt. Der Aufklärung galt der islamische Prophet als Musterbeispiel eines falschen Propheten und Volksverführers. Als solcher hatte ihn Voltaire 1741 in seinem religionskritischen Drama *Mahomet* dargestellt, dessen Übersetzung und Bearbeitung durch Goethe 1802 erschienen ist. Auch die im aufklärerischen Geist entstandene, 1772 unter dem Titel *Die türkische Bibel* erschienene Koran-Übersetzung von David Friedrich Megerlin war von dieser polemischen und kontroverstheologischen Tendenz geprägt. Goethes Rezension in den *Frankfurter Gelehrten Anzeigen* vom 22.12.1772 war scharf ablehnend: „Wir wünschten, daß einmal eine andere [Übersetzung] unter morgenländischem Himmel von einem deutschen Dichter verfertigt würde, der mit allem Dichter- und Prophetengefühl in seinem Zelte den Koran läse, und Ahndungsgeist genug hätte, das Ganze zu umfassen." (I 18, 104) Nach dem Rezept Herders wird also der ethnologische Blick empfohlen. Die Perspektive der Aufklärung ist nicht dafür geeignet, die islamische Kultur zu beurteilen. Sie kann nur in ihrem eigenen Kontext angemessen rekonstruiert und verstanden werden, um dann, in einem zweiten Schritt, möglicherweise übersetzt werden zu können. Dafür wird nun explizit der Dichter und Prophet – beide Rollen und Fähigkeiten also in eins gefasst – für zuständig erklärt. Voraussetzung für die angemessene Rezeption ist eine analoge Kraft der Empfindung. Nur das Genie kann das Genie verstehen. Bemerkenswert ist, dass mit der Formulierung dieser Übersetzungsaufgabe bereits zu diesem frühen Zeitpunkt Goethes späteres Konzept der Weltliteratur vorbereitet wird. Das Wort selbst wird von ihm erst spät verwendet (vgl. Koch 2002).

Übersetzung

Die Vorstellung des kulturellen Austauschs hat Goethe besonders im Hinblick auf den Orient entwickelt, im *West-östlichen Divan* und dem begleitenden Kommentar, den *Noten und Abhandlungen zu besserem Verständniß*, in denen er unter anderem seine Vorstellungen von den ‚Nationalcharakteren' von Arabern und Persern formulierte. In Bezug auf die orientalische Dichtung mahnt Goethe, dass man sie aus sich selbst heraus verstehen müsse und nicht an der griechischen und römischen Antike messen dürfe. Er entwickelt dort auch eine dreistufige Übersetzungstheorie für den kulturellen Austausch. Die erste und einfachste Art der Übersetzung „macht uns in unserm eigenen Sinne mit dem Auslande bekannt, eine schlicht-prosaische ist hiezu die beste" (I 3/1, 280). Das Beispiel, das er für diese erste, dezidiert nicht-poetische Stufe gibt, ist jedoch mit Luthers Bibelübersetzung nicht glücklich gewählt. Die zweite Stufe bezeichnet Goethe als „parodistisch" (ebd.), indem man fremden Gehalt in eigener Form darstelle, was Goethe den Franzosen zuschreibt, wofür er aber auch Wielands Shakespeare-Übersetzungen als Beispiel anführt. In der dritten und höchsten Stufe möchte man „die Uebersetzung dem Original identisch machen", wodurch der Übersetzer „mehr oder weniger die Originalität seiner Nation" aufgebe, „und so entsteht ein Drittes, wozu der Geschmack der Menge sich erst heran bilden muß" (I 3/1, 281).

Als Pendant zu Goethes Äußerungen zur Weltliteratur ist seine Stellungnahme zur Nationalliteratur zu erwähnen. 1795 beklagte Daniel Jenisch in einem anonymen Aufsatz in Schillers *Horen* mit dem Titel *Über Prosa und Beredsamkeit der Deutschen* das Fehlen einer klassischen deutschen Nationalliteratur. In seiner ebenfalls anonymen Antwort unter dem Titel *Literarischer Sansculottismus* entgegnete Goethe: „einen vortrefflichen Nationalschriftsteller kann man nur von der Nation fordern. Aber auch der deutschen Nation darf es nicht zum Vorwurfe gereichen, daß ihre geographische Lage sie eng zusammen hält, indem ihre politische sie zerstückelt. Wir wollen die Umwälzungen nicht wünschen, die in Deutschland klassische Werke vorbereiten könnten." (I 18, 321) Es fehlt ein kulturelles Zentrum, wie es Paris in Frankreich ist. Goethe wendet diese politische und daher auch kulturelle Partikularisierung ins Positive, indem dadurch individuelle Verschiedenheit und kulturelle Vielfalt gefördert würden. Die Verhältnisse, die er fürchtet und die eine klassische Nationalliteratur hervorbringen würden, wären nach Goethe Verhältnisse, in denen die Individualität unterdrückt wird. Unter diesen Vorzeichen erscheint ihm die kulturelle Lage in Deutschland durchaus erfreulich.

Diese kulturelle Lage ist die Situation nach der Französischen Revolution, die für Goethe das zentrale traumatische Ereignis seines Lebens war, mit dem er sich in allen literarischen Gattungen auseinandersetzte. Die unmittelbarste Reaktion erfolgte in der Lyrik, 1790 in den *Venezianischen Epigrammen*, die er als Forum der Zeitkritik nutzte und in denen neben zahlreichen anderen Themen auch die Ursachen der Revolution angesprochen werden. Das Drama ist zweifellos die für gesellschaftspolitische Auseinandersetzungen geeignetste Gattung, doch die Revolution selbst konnte Goethe nicht auf dem Theater darstellen. *Der Groß-Cophta* (1791) behandelt die Vorgeschichte der Revolution im Ancien régime, wobei Goethe später im Rückblick auf die 1780er Jahre eine seismographische Vorausschau auf die spätere Entwicklung in Anspruch nahm. Seine eigentlichen Revolutionsdramen *Der Bürgergeneral* und *Die Aufgeregten* stehen in der Rezeption in schlechtem Ansehen, wobei auffällig ist, dass *Die Aufgeregten* Fragment geblieben ist und gerade die unmittelbar gesellschaftspolitischen Szenen nicht vollendet sind. Auch beim klassischen Drama *Die natürliche Tochter* wurde nur der erste, vor der Revolution spielende Teil der ursprünglich geplanten Trilogie ausgeführt. Andererseits findet sich im zweiten Teil des *Faust* eine Fülle an zeitgeschichtlichen Bezügen und Anspielungen, auch im Hinblick auf die Julirevolution 1830. Bezeichnend ist, dass die Revolution häufig im Bild einer Naturkatastrophe gefasst wird, was mit der zeitgenössischen konservativen politischen Metaphorik in Einklang steht. So wird die von Goethe abgelehnte geologische Theorie des Vulkanismus auf die Revolution bezogen.

Im epischen Werk stehen die tatsächlichen oder befürchteten Folgen der Französischen Revolution in Deutschland im Mittelpunkt, in dem Novellenzyklus *Unterhaltungen deutscher Ausgewanderten* sowie in dem Epos *Herr-*

Nationalliteratur

Politik und Geschichte: Französische Revolution

mann und Dorothea mit Blick auf die Revolutionsflüchtlinge, die von ihren linksrheinischen Besitztümern vertrieben wurden.

Napoleon   Eine besondere Bedeutung gewann Napoleon für Goethe, auch oder gerade weil dieser sich mit Äußerungen über das persönliche Zusammentreffen beim Erfurter Fürstentag 1808 so auffallend zurückgehalten und die Begegnung wiederum erst viel später, zwischen 1822 und 1825, skizzenhaft festgehalten hat. Im letzten Buch von *Dichtung und Wahrheit* versuchte er das Spezifische Napoleons in dem Begriff des Dämonischen zu fassen, was mit der Konstruktion der Autobiographie in Verbindung steht, zugleich aber die historische Gestalt wie ein schicksalhaftes Naturereignis behandelt.

Lebensgeschichte des Ich   Im siebten Buch von *Dichtung und Wahrheit* bezeichnet Goethe seine schriftstellerischen Werke als „Bruchstücke einer großen Konfession" (I 14, 310). Damit ist nicht nur das ursprüngliche Programm seiner Autobiographie bezeichnet, diese Bruchstücke zu ordnen, zu vervollständigen und zu verbinden; vielmehr schreibt Goethe mit der Betonung des aus der pietistischen Tradition stammenden Bekenntnischarakters seinem gesamten Werk eine autobiographische Tendenz zu, eine Zuschreibung, die die Traditionsbezüge verdeckt und dann vor allem in der Rezeption folgenreich geworden ist. Die Kennzeichnung etwa der frühen Lyrik als Erlebnisdichtung und die Deutung der Frauenfiguren in Goethes Werk im Lichte seiner realen Frauenbeziehungen sind nur zwei besonders prominente Beispiele dafür, wie Goethes Selbstdeutung in der älteren Forschung zu einer biographistischen Interpretation geführt hat.

Liebe   Besonders im Bereich der Liebeslyrik, etwa in den Sessenheimer Gedichten, den *Römischen Elegien*, den *Sonetten* oder dem *West-östlichen Divan*, liegt aufgrund dessen die Suche nach einem biographischen Substrat nahe. Gleichwohl leistet Goethe in seiner Liebesdichtung erheblich mehr als eine subjektive Verarbeitung entsprechender Erfahrungen. Im Rekurs auf formal ganz unterschiedliche poetische Traditionen gestaltet er eine moderne Liebeskonzeption, bei der die konkrete, häufig scheiternde Paarbeziehung nachrangig ist gegenüber einer Auffassung von Liebe als absoluter Sinngebung und daher letztlich Religionsersatz, insbesondere im Frühwerk, prominent im *Werther*. Im Drama entwirft Goethe unterschiedliche Modelle von Rollenbeziehungen in den Geschlechterentwürfen von Mann und Frau; dies gilt etwa für Götz und Elisabeth sowie Weislingen und Maria bzw. Adelheid in *Götz von Berlichingen* sowie die schwachen, untreuen Männer in *Clavigo* und *Stella* – ersterer schwankend zwischen Ehe und Karriere, Fernando in *Stella* zwischen zwei Frauen –, für Tasso mit den beiden Leonoren, für Faust und Margarete; auf dem Gebiet des Romans, in den *Wahlverwandtschaften*, für Eduard und Ottilie, Charlotte und den Hauptmann – die Liste ließe sich mit Beispielen aus allen Gattungen und Werkphasen beliebig verlängern. Vor allem im Drama gewinnen die Frauen dabei immer stärkeres Profil, wie sich spätestens bei Iphigenie und bei Eugenie, der *Natürlichen Tochter*, zeigt. In der Vorweimarer Zeit entwickelt Goethe – in der Lyrik sowie in *Iphigenie auf Tauris* – als Gegenkonzept zu der als zwanghaft empfundenen Unbeständigkeit der Liebe die Vorstellung einer platonischen Liebe nach dem Geschwistermodell, bei dem eine vollständige wechselseitige Erkenntnis der Partner möglich sein soll. Handelt es sich dabei um ein geistiges Konzept, so wendet er sich seit der italienischen Reise programmatisch der Sinnlichkeit in der Liebesdichtung zu, auch dies jedoch nicht nur in der Verarbeitung persönlichen Erlebens, sondern im Rekurs auf die Tradition, in den *Römischen Elegien* etwa der römischen Elegiker, im *Divan* des persischen Dichters Hafis.

Die Unbeständigkeit der Liebe kann bei Goethe metonymisch für die Unbeständigkeit des Lebens im Übergang zur Moderne stehen. Ein wichtiges, obgleich nicht offen geäußertes Motiv seines autobiographischen Projekts liegt bei der Gestaltung dieser Problematik. Aus der von Goethe selbst in seiner Rezeptionssteuerung initiierten grundsätzlich biographischen Perspektive auf sein Werk ist auch zu erklären, warum die Wirkungsgeschichte seiner autobiographischen Schriften so besonders tief und nachhaltig war. Ursprünglich plante er ein monumentales Projekt mit dem Gesamttitel *Aus meinem Leben*, mit dessen Ausarbeitung er 1809 begann. Als erster Band, in dem die Jahre 1749 bis 1764 behandelt wurden, erschien *Dichtung und Wahrheit. Erster Theil* im Jahre 1811. Die Teile zwei und drei folgten 1812 und 1814, danach brach das Unternehmen in der Publikation ab, obwohl Goethe noch 1813/14 und dann wieder in den Jahren 1821, 1824/25 und 1830/31 an einem vierten Teil arbeitete, der dann freilich erst postum, von Johann Peter Eckermann herausgegeben, als 48. Band der *Ausgabe letzter Hand* 1833 erschien. Zu seinen Lebzeiten führte Goethe seine Autobiographie in der Veröffentlichung nur bis zur Jahreswende 1774/75, der postum erschienene vierte Band behandelt die letzten Monate vor dem Aufbruch nach Weimar 1775. Bereits im Jahre 1813 begann Goethe indes die Arbeit an *Aus meinem Leben. Zweyte Abtheilung. Dichtung und Wahrheit* sollte inzwischen also nur mehr die erste Abteilung des Gesamtprojekts umfassen. Von dieser zweiten Abteilung erschienen 1816 und 1817 zwei Teile. Dabei handelt es sich um die *Italiänische Reise*, die indes zunächst nicht unter diesem Titel, sondern nur unter dem Gesamttitel publiziert wurde. 1822 folgte auf diese beiden Teile ein *Fünfter Theil* der zweiten Abteilung; die Teile drei und vier sind nicht erschienen und auch nicht begonnen. Dieser fünfte Teil erhielt später den Titel *Campagne in Frankreich 1792*. Das Gesamtprojekt *Aus meinem Leben* wurde von Goethe aufgegeben und blieb ein Torso. In der *Ausgabe letzter Hand* veröffentlichte er 1829 nur die ersten drei Teile von *Dichtung und Wahrheit* noch unter dem Gesamttitel. Die Bände der zweiten Abteilung wurden nun unter den Einzeltiteln publiziert, wobei die *Italiänische Reise* noch durch einen Band *Zweyter Römischer Aufenthalt* ergänzt wurde, der von 1819–1829 entstanden war. Als Surrogat der aufgegebenen chronologischen Autobiographie verfasste Goethe von 1817–1825 Annalen, in denen er die Darstellung noch einmal 1749 begann und bis zum Jahre 1822 führte. Sie erschienen in der *Ausgabe letzter Hand* 1830 in zwei Bänden unter dem Titel *Tag- und Jahreshefte*, mit dem programmatischen Untertitel *als Ergänzung meiner sonstigen Bekenntnisse*. Die Jahre, die bereits in *Dichtung und Wahrheit* behandelt wurden, sind nur äußerst knapp und summarisch zusammengefasst, danach weitet sich die Darstellung zu einer chronikalischen Registrierung von Tätigkeiten und Begegnungen.

Diese unübersichtliche Gesamtsituation von Goethes autobiographischem Projekt wird nur selten zusammenfassend in den Blick genommen (vgl. Nutt-Kofoth 2005b). Nur einem solchen Gesamtblick aber erschließt

Das autobiographische Projekt
Aus meinem Leben

Das Programm im Vorwort zu Dichtung und Wahrheit

sich die grundlegende Konzeptionsänderung, die die Autobiographie erfuhr. Besonders wichtig ist die Programmatik, die im Vorwort zu *Dichtung und Wahrheit* entwickelt wird. Der Schreibanlass wird in einem fingierten „Brief eines Freundes" formuliert, der auf das Erscheinen der Werkausgabe A bei Cotta Bezug nimmt. Diese Werke wolle man als Leser als ein Ganzes betrachten und „sich daraus gern ein Bild des Autors und seines Talents entwerfen", vor allem auch die jeweiligen Entstehungsbedingungen erfahren und die Überzeugungen des Verfassers kennenlernen. Dies sei aber aus den Werken allein nicht möglich: „Im Ganzen aber bleiben diese Produktionen immer unzusammenhängend; ja oft sollte man kaum glauben, daß sie von demselben Schriftsteller entsprungen seien." (I 14, 11) Dieser Eindruck des ,Proteus' Goethe ist topisch geworden. Daraus entwickelte er nun ein für seine Zeit durchaus neuartiges Programm der Lebensbeschreibung weniger als Rechenschaftsbericht oder zur Gewissenserforschung, wie in der Tradition der Bekenntnisliteratur von Augustin bis Rousseau, sondern als Bearbeitung des modernen Problems der Diskontinuität des Lebensverlaufs, d. h. der Konfessionsaspekt trat in den Hintergrund. Die erste und wichtigste Aufgabe bestand zunächst darin, die Werke in ihrem zeitlichen Verlauf darzustellen, denn Goethe ordnete seine Gesamtausgabe nicht chronologisch, sondern nach Gattungen. Zu viele Quellen aus seinen frühen Lebensjahren waren indes nicht mehr zugänglich, zu viele frühe Arbeiten vernichtet oder verloren, zu vielfältig und weit verzweigt die Sphären seiner Tätigkeiten und Interessen sowie seine Korrespondenzen. Hinzu kamen „die ungeheuren Bewegungen des allgemeinen politischen Weltlaufs" mit der Französischen Revolution als Angelpunkt epochaler Veränderungen. Idealerweise wäre dies alles in einer Lebensbeschreibung zu berücksichtigen – eine Aufgabe, die nur annäherungsweise zu bewältigen ist:

„Das Individuum und sein Jahrhundert"

Denn dieses scheint die Hauptaufgabe der Biographie zu sein, den Menschen in seinen Zeitverhältnissen darzustellen, und zu zeigen, in wiefern ihm das Ganze widerstrebt, in wiefern es ihn begünstigt, wie er sich eine Welt- und Menschenansicht daraus gebildet, und wie er sie, wenn er Künstler, Dichter, Schriftsteller ist, wieder nach außen abgespiegelt. Hiezu wird aber ein kaum Erreichbares gefordert, daß nämlich das Individuum sich und sein Jahrhundert kenne, sich, in wiefern es unter allen Umständen dasselbe geblieben, das Jahrhundert, als welches sowohl den willigen als unwilligen mit sich fortreißt, bestimmt und bildet, dergestalt daß man wohl sagen kann, ein Jeder, nur zehn Jahre früher oder später geboren, dürfte, was seine eigene Bildung und die Wirkung nach außen betrifft, ein ganz anderer geworden sein. (I 14, 13f.)

Dieses Programm einer Vermittlung von Subjekt und Geschichte ist noch bis heute für die Biographieschreibung aktuell (vgl. Hamacher 2012b); zu bedenken ist allerdings, dass dieses Projekt von Goethe selbst in dieser Form nur für seine Vorweimarer Phase durchgeführt wurde, und zu bedenken ist ferner, dass er auch und gerade die *Ausgabe letzter Hand* noch nach demselben Ordnungsprinzip gliederte, das gemäß dem fingierten Schreibanlass des Vorworts von *Dichtung und Wahrheit* durch die Autobiographie ein Gegengewicht hätte erhalten sollen, das für die Jahre nach 1775 in dieser Form fehlt.

Nach den Maßstäben der ursprünglichen Programmatik ist die Darstellung damit nicht nur abgebrochen, sondern das autobiographische Gesamtprojekt gescheitert. Denn intendiert hatte Goethe zunächst etwas ganz anderes als das, was nun mit *Dichtung und Wahrheit* vorliegt. Auskunft und Rechenschaft darüber wollte er in einer im Sommer 1813 entstandenen Vorrede zum dritten Teil liefern, die er jedoch unterdrückte und nicht veröffentlichte:

Scheitern des ursprünglichen Konzepts

> Ehe ich diese nunmehr vorliegenden drei Bände zu schreiben anfing, dachte ich sie nach jenen Gesetzen zu bilden, wovon uns die Metamorphose der Pflanzen belehrt. In dem ersten sollte das Kind nach allen Seiten zarte Wurzeln treiben und nur wenig Keimblätter entwickeln. In zweiten der Knabe mit lebhafterem Grün stufenweis mannigfaltiger gebildete Zweige treiben, und dieser belebte Stengel sollte nun im dritten Bande ähren- und rispenweis zur Blüte hineilen und den hoffnungsvollen Jüngling darstellen.
> Freilich ist es Gartenfreunden wohl bekannt, daß eine Pflanze nicht in jedem Boden, ja in demselben nicht jeden Sommer gleich gedeiht, und die angewendete Mühe nicht immer reichlich belohnt; und so hätte denn auch diese Darstellung, mehrere Jahre früher, oder zu einer günstigern Zeit unternommen, eine frischere und frohere Gestalt gewinnen mögen. Sie ist aber nun, wie es jedem Gewordenen begegnet, in ihre Begrenzung eingeschlossen, sie ist von ihrem individuellen Zustand umschrieben, von dem sich nichts hinzu noch hinweg tun läßt und ich wünsche, daß dieses Werk, eine Ausgeburt mehr der Notwendigkeit als der Wahl, meine Leser einigermaßen erfreuen und ihnen nützlich sein möge. Diesen Wunsch tue ich um so angelegentlicher, als ich mich für eine Zeitlang von ihnen beurlaube: den[n] in der nächsten Epoche zu der ich schreiten müßte fallen die Blüten ab, nicht alle Kronen setzen Frucht an und diese selbst, wo sie sich findet, ist unscheinbar, schwillt langsam und die Reife zaudert. Ja wie viele Früchte fallen schon vor der Reife durch mancherlei Zufälligkeiten, und der Genuß, den man schon in der Hand zu haben glaubt, wird vereitelt. (I 14, 971f.)

Damit unterlegte Goethe seiner Autobiographie ein naturwissenschaftliches, genauer botanisches Ordnungsschema. Von hier aus zeigt sich, wie die unterschiedlichen Werkgruppen und Diskurse ineinandergreifen: Im Rahmen seiner Naturforschungen werden die Probleme seiner Lebensbeschreibung auf anderer Ebene aufgegriffen. Einen Extrakt des ursprünglichen Programms einer Individualitätsentfaltung, wie es dann in der Autobiographie gerade nicht realisiert werden konnte, formulierte Goethe aus der Perspektive seines Spätwerks in dem aus fünf Stanzen (einer feierlich-strengen italienischen Strophenform) bestehenden Gedichtzyklus *Urworte. Orphisch*, der nicht nur als abstrahierender Kommentar zu den autobiographischen Schriften und als eine Art Bildungsroman *in nuce* gelesen werden kann; die damit vorgenommene Besinnung auf letzte und allgemeinste Prinzipien, die sich in der Gestaltung von menschlichem Leben auswirken, liefert vielmehr gewissermaßen ein idealtypisches Modell für jede Biographie. Von hier aus wird verständlich, dass Goethes Leben – genauer kann man jetzt sagen: sein Lebensmodell – als paradigmatisch für jeden Menschen gesehen werden konn-

Idealtypische Ordnungsschemata des Lebens

te (vgl. Hamacher 2010a). Auch das idealtypische Modell der *Urworte* hat indes ein offenes Ende.

Gründe für den Abbruch der Autobiographie

Auf die Frage, weshalb Goethe die Darstellung in *Dichtung und Wahrheit* nicht über den Aufbruch nach Weimar hinaus fortführen konnte, sind in der Forschung viele plausible Antworten gegeben worden: die Rücksicht auf noch lebende Personen, vor allem seinen Dienstherrn, den Herzog Carl August, die Fülle der nicht für die Veröffentlichung bestimmten und geeigneten Dienstgeschäfte in Weimar, überhaupt das zeitweilige Überwiegen der amtlichen und politischen vor der dichterischen Existenz und manches mehr. Diese Gründe gehören alle der dargestellten Zeit an. Hinzu kam indes ein weltpolitisches Ereignis zur Zeit der Darstellung: Napoleons Niederlage in Russland 1813, die Goethe als schicksalhaften Einbruch in die Sinnhaftigkeit der Individualitätsentfaltung empfand, zog unmittelbar die vorläufige Unterbrechung von *Dichtung und Wahrheit* nach sich (vgl. Schnur 1990). Wenn nicht einmal das welthistorische Individuum Napoleon seinen „Dämon" durchsetzen konnte, wie sollte es dann einem Menschen normalen Formats möglich sein, seiner Bestimmung zu folgen und ein sinnvolles Leben zu führen? In diesen Jahren begann sich Goethes dann vor allem im 20. Buch von *Dichtung und Wahrheit* ausgedrücktes Weltverständnis des „Dämonischen" auszubilden, bei dem der „Dämon" nicht mehr Kennzeichen der Lebenskraft des Individuums ist, also das Subjekt charakterisiert, sondern im Gegenteil eine dessen Lebensbahn durchkreuzende objektive Macht des Zufalls. Die Übereinstimmung von Subjekt und Objekt – für Goethe Grundvoraussetzung des menschlichen Lebens – war in der modernen Welt nachhaltig gefährdet, wenn nicht im Bereich der Geschichte unwiederbringlich verloren.

Konzeptionsänderung: Ereignis statt Entwicklung

Für das autobiographische Projekt führte der Abbruch von *Dichtung und Wahrheit* zu einer Konzeptionsänderung. Die Lebensgeschichte wurde nicht mehr als kontinuierliche Entwicklungsgeschichte erzählt – erzählt wurden stattdessen außergewöhnliche Ereignisse, die den Gleichlauf des Lebens unterbrachen: Reisen und Krieg, eben in der *Italiänischen Reise* und der *Campagne in Frankreich*. So konnte die Autobiographie diskontinuierlich und nach einer anderen Konzeption fortgesetzt werden.

Krieg und Naturwissenschaft: *Campagne in Frankreich*

Dass in Gestalt des ersten Koalitionskriegs gegen die französische Revolutionsarmee von August bis Oktober 1792 ausgerechnet eine Kriegsepisode zur autobiographischen Darstellung gelangte, bildet nicht nur ein Zugeständnis an die historische Bedeutung der Ereignisse, sondern zugleich eine Probe aufs Exempel von Selbsterhaltungsstrategien und Bewältigungsmechanismen gerade in jener Situation, in der die Individualität am stärksten gefährdet war. Dazu bedurfte es freilich eines Abstands von dreißig Jahren. Erst 1822 erschien *Aus meinem Leben. Zweiter Abteilung fünfter Teil*, später, in der *Ausgabe letzter Hand*, ohne den Obertitel als *Campagne in Frankreich 1792 / Belagerung von Maynz*. Dass naturwissenschaftliche Beobachtungen, wie zum Beispiel Farbversuche, in dieser Schrift eine wichtige Rolle spielen, ist dabei nicht als Ignoranz gegenüber der politischen Lage und auch nicht einfach als Weltflucht zu deuten. Vielmehr soll die Erkenntnis der Naturgesetze der Absicherung der Existenz gerade in einer Situation existentieller Gefährdung dienen. Wenn es ein Verfahren gibt, das im Krieg, in der *Campagne*, als durchgängige Strategie propagiert wird, so ist es die nüchterne wissenschaftliche Beobachtung, die durch die Erforschung naturgesetzlicher Kontinuitäten bei der Bewältigung historisch-politischer Diskontinuität helfen soll.

Nicht nur an diesem Beispiel sowie dem Metamorphosemodell von *Dichtung und Wahrheit* zeigt sich, dass bei Goethe keine strikte Trennung zwischen literarischen und wissenschaftlichen bzw. naturkundlichen Schriften möglich ist, ja dass beides programmatisch ineinandergreift – und zwar mit zunehmenden Jahren in immer stärkerem Maße. In seine späten Romane *Die Wahlverwandtschaften* und *Wilhelm Meisters Wanderjahre* fanden seine naturwissenschaftlichen Anschauungen ebenso wie in seine Lyrik so weit Eingang, dass Literatur neben der im engeren Sinne wissenschaftlichen Tätigkeit als genuine Wissensform erscheint und umgekehrt wissenschaftlich intendierte Texte als poetische lesbar werden und man bei Goethe generell von einer Wissenspoetik sprechen kann.

Nach ersten Anfängen in der voritalienischen Zeit betrieb Goethe seit den 1790er Jahren seine naturwissenschaftlichen Forschungen meist dann besonders intensiv, wenn die Arbeit an poetischen Projekten stockte. Man kann daher die entsprechenden Tätigkeiten auch als Krisensymptom sehen. Insbesondere der Verunsicherung durch die zeitgeschichtliche Entwicklung im Gefolge der Französischen Revolution versuchte Goethe durch die Hinwendung zur Natur zu begegnen. Die probate Opposition – Willkür der Menschheitsgeschichte hier, Gesetzlichkeit der Natur dort – erfasst indes nur eine Facette dieses komplexen Verhältnisses (vgl. Bubner 1993). Goethe suchte zwar Ordnung in der Natur, vermochte sie aber nicht immer zu finden. Die Gesetzlichkeit musste in vielen Fällen der Natur erst abgerungen werden, nicht anders, wie auch die politische Ordnung gegen das drohende Chaos immer wieder neu zu erringen war. Die Natur – das waren eben auch die chaotischen Elemente, gegen die die Naturgesetze immer wieder von neuem geltend gemacht werden mussten.

Goethe beschäftigte sich zum Teil über Jahrzehnte hinweg mit nahezu allen Bereichen der zeitgenössischen Naturforschung – auch mit solchen, die sich im universitären Fächerspektrum schließlich nicht durchsetzen konnten. Zu bedenken ist dabei, dass die Spezialisierung in Einzeldisziplinen zu seiner Zeit noch nicht annähernd in der Weise erfolgt war, wie sie sich dann seit der zweiten Hälfte des 19. Jahrhunderts vollzog. Aus dem Konnex von Subjekt und Objekt, Mensch und Natur, folgte die Parallelführung von Lebensgeschichte und Wissenschaftsgeschichte. Diese – ein wichtiges Feld seiner wissenschaftlichen Tätigkeit – wird (auto)biographisch konzipiert, die Autobiographie bekommt umgekehrt immer stärker wissenschaftshistorische Züge. Für den biographischen Aspekt der Wissenschaftsgeschichte steht vor allem der dritte, der historische Teil der *Farbenlehre* (nach dem didaktischen und dem polemischen Teil): die *Geschichte der Farbenlehre*, die erste deutsche wissenschaftshistorische Darstellung dieses Zuschnitts überhaupt. Von der Antike bis zur Gegenwart werden alle Exponenten optischer Theorien im Rahmen biographischer Porträts vorgestellt. Zweierlei ist dabei bemerkenswert: Zum einen, dass die Darstellung nicht teleologisch erfolgt, also keine wissenschaftliche Fortschrittsgeschichte im Geiste der Aufklärung geschrieben wird. Vielmehr betont Goethe aufgrund der historischen Befunde, dass schon gewonnene Erkenntnisse wieder in Vergessenheit gerieten, weil

Wissenspoetik: Einheit von Literatur und Wissenschaft

Naturforschung als Krisensymptom

Autobiographie und Wissenschaftsgeschichte

die Zeit für sie nicht reif gewesen sei, die Erkenntnis eines Irrtums nicht verhindere, dass dieser später erneut aufkommen könne, und die Menschheit insgesamt in der Wissenschaft immer wieder von vorn anfangen müsse, wenn auch immer wieder auf höheren Ebenen. Dahinter steht das erwähnte Modell von Polarität und Steigerung, zusammengefasst im Bild der Spirale, einem weiteren zentralen Bild von Goethes Naturforschung. Der zweite bemerkenswerte Aspekt von Goethes Wissenschaftsgeschichte ist die häufig zitierte Erkenntnis: „Die Geschichte der Wissenschaft ist die Wissenschaft selbst" (I 25, 572). Dieses Diktum steht nicht in der *Geschichte der Farbenlehre*, sondern in einem Einzelporträt eines Wissenschaftlers einer anderen für Goethe wichtigen Disziplin, der Geologie, *Karl Wilhelm Nose* (1820). Mit diesem Diktum ist Goethe im 19. Jahrhundert zum Wegbereiter des Historismus geworden, dem zufolge Gegenstände und Sachverhalte durch die Analyse ihrer Entstehung erklärt werden sollten. Der Satz geht indes noch weiter: „Die Geschichte der Wissenschaft ist die Wissenschaft selbst, die Geschichte des Individuums, das Individuum." Die Wissenschaft wird von Goethe subjektanalog verstanden, was den sachlichen Grund der Einheit von Wissenschaftsgeschichte und Biographie bzw. Autobiographie bildet. Die Erkenntnisse beider Bereiche werden aufeinander bezogen, um womöglich die Probleme des einen Bereichs durch Modelle des anderen lösen zu können. Dies sind Probleme der Erkenntnis und der Darstellung, wobei es jeweils um eine Einheit geht, die gefunden werden soll, aber immer wieder verloren zu gehen droht – Kontinuität der Wissenschaftsentwicklung hier, Einheit der Lebensgeschichte dort.

Naturwissen-schaftlicher Entwicklungsgang

Grundsätzlich standen also Goethes naturwissenschaftliche Forschungen auch unter diesem kompensatorischen Aspekt, der sich am stärksten in einem autobiographischen Alternativentwurf ausprägt, der in den Goethe-Ausgaben *Naturwissenschaftlicher Entwicklungsgang* betitelt wurde. Es handelt sich um ein nachgelassenes Schema aus dem Jahre 1821, wohl zu einem größeren Aufsatz, den Goethe in seiner Zeitschrift *Zur Naturwissenschaft überhaupt, besonders zur Morphologie* publizieren wollte und der einen stichwortartigen Überblick über die Wissensgebiete bietet, mit denen er im Laufe seines Lebens in Berührung kam, häufig durch persönliche Begegnungen. Hervorgehoben wird unter anderem der „Glaube an die Verwandtschaft magnetischer und elektrischer Phänomene" (I 25, 50). Sowohl der Magnetismus als auch die Elektrizität weisen den Goethe'schen Grundbegriff der Polarität auf. Die magnetische Wirkung des elektrischen Stroms wurde erst 1820 entdeckt. Der Magnetismus war für Goethe ein „Urphänomen", ein Terminus, der die Grenze der sinnlichen Wahrnehmbarkeit von Erscheinungen und damit die Grenze von Goethes anschauender Naturerkenntnis bezeichnet, die vor bloßen Abstraktionen Halt macht. Die Elektrizität wiederum bezeichnete Goethe 1825 „unbefangen als Weltseele" (I 25, 285), als Manifestation des Weltgesetzes.

Kontinuität und Evolution

Bei der Beschäftigung mit Zoologie und Botanik kommt ein weiterer Grundgedanke hinzu, nämlich derjenige der Kontinuität, des Zusammenhangs aller Naturerscheinungen von der anorganischen Welt bis zum Menschen. In Verbindung mit den Grundbegriffen Polarität und Steigerung führt dies zum Gedanken der Evolution, so dass es zuweilen den Anschein haben könnte, als handele es sich bei Goethe um einen Vorläufer der Evolutionstheorie Darwins. Es ging ihm indes nicht um Vererbung, sondern zum einen um den grundlegenden Gegensatz zur Revolution auch im Reich der Natur, zum anderen um die aus der Spätantike stammende Vorstellung eines Zusammenhangs der Natur im Bild der Stufenleiter (Scala naturae) oder ‚großen Kette der Wesen' (vgl. Wyder 1998). Auch mit der Entdeckung des Zwischenkieferknochens beim Menschen (1784), der nur im Zustand der Embryonalentwicklung sichtbar ist und dessen vermeintliches Fehlen als Beweis für einen kategorialen Unterschied zwischen Mensch und Tier galt, wollte Goethe nicht die Abstammung des Menschen aus dem Tierreich beweisen, sondern den Gedanken der Kontinuität aller Naturerscheinungen. Auf dem Boden dieser alten Tradition nahm Goethe aktiv an der wissenschaftlichen Auseinandersetzung der Zeit um 1800 teil, als in verschiedenen Disziplinen die Verzeitlichung und damit die Abkehr von statischen Klassifikationsmodellen und die Hinwendung zu dynamischen Entwicklungsmodellen an der Tagesordnung war (vgl. Matussek 1998b).

In der zeitgenössischen Diskussion der Ontogenese von Lebewesen nahm er eine vermittelnde Position ein zwischen den Vertretern der Präformationstheorie auf der einen Seite, für die der Organismus im Keim vollständig angelegt war und sich im Wachstum lediglich entfaltete, und auf der anderen Seite den Vertretern der Epigenese, die die Entwicklung eines Lebewesens als Folge von Neubildungen und Differenzierungsprozessen, gesteuert von der „Lebenskraft", annahmen. Goethe führte in dieser Streitfrage erneut polare Leitbegriffe ins Feld: den statischen des Typus, der für die Stetigkeit sorgte, und den dynamischen der Metamorphose, der für die Steigerung einstehen sollte. Dieses Modell entwickelte Goethe wiederum analog seiner Idealvorstellung von der Lebensgeschichte des Subjekts. In der heutigen Biologie tritt die „Lebenskraft" als universelles Bildungsgesetz auf, das die Ontogenese ‚autopoietisch' steuert. Diese Selbstorganisation des Organismus bildet eine Grundkategorie der biologischen Systemtheorie. Goethes erste, von Shaftesbury angeregte Fassung dieses Konzepts stammt bereits aus dem Jahre 1776, aus dem Text *Anhang aus Goethes Brieftasche*, nämlich im Begriff der „innern Form" (I 18, 174), der ästhetisch gemeint, aber dort schon organologisch konzipiert war und in dieser organologischen Metaphorik die Ästhetik und Poetik des 19. und 20. Jahrhunderts beherrschte. Bereits das Straßburger Münster in *Von Deutscher Baukunst* hatte Goethe mit dem Komplementärbegriff zur „innern Form" als „Gestalt" bezeichnet.

Präformation und Epigenese – Typus und Metamorphose; Begriff der „Gestalt"

Die „innere Form" spielt auch bei Goethes frühester wissenschaftlicher – nach heutigen Begriffen: pseudowissenschaftlicher – Beschäftigung eine Rolle, bei der Mitarbeit an Johann Caspar Lavaters Physiognomik (1776), einer riesigen Sammlung von Porträts und Charakteristiken. Geleitet war das aufklärerisch intendierte Unternehmen von Lavaters Überzeugung der Übereinstimmung von Innen und Außen, von Charakter und Physiognomie, was im 19. und 20. Jahrhundert – in der sogenannten ‚Rassenkunde' – eine fatale Wirkungsgeschichte entfaltete. Goethe verhielt sich zu Lavaters Unternehmen neugierig distanziert, doch noch im Alter nahm er an vergleichbaren, damals wissenschaftlich etablierten Forschungen Anteil, nämlich an der Kraniologie, der Schädellehre, und der daraus abgeleiteten Phrenologie (von griechisch ‚phrenos': Geist, Gemüt) des Arztes Franz Josef Gall, der einen Zusammenhang von Schädel- und Gehirnform einerseits und Geist und

Physiognomik und Anthropologie

Charakter andererseits unterstellte. Bestimmte Eigenschaften und Zustände wurden dabei abgrenzbaren Hirnrealen zugewiesen (wie auch heute in der Neuro- und Kognitionswissenschaft). Die Phrenologie spielte eine nicht unerhebliche Rolle bei der – wie man inzwischen weiß: falschen – Identifikation von Schillers Schädel 1826, an der sich Goethe beteiligte (und den Schädel einige Zeit zu Hause aufbewahrte; vgl. Schöne 2002). Die „innere Form" war für Goethe Wesensgesetz der äußeren Gestalt.

Optik und Physik

Noch über den sehr vielfältigen morphologischen Arbeiten standen für Goethe seine physikalischen und optischen. Die 1810 erschienene *Farbenlehre* ist sein umfangreichstes Werk überhaupt – ein enzyklopädisches Projekt, das dem spezialistischen Charakter der modernen Naturwissenschaft widerspricht und keineswegs in allen Bereichen durch die Newton'sche Optik widerlegt ist. Das von Goethe beschriebene, für Sinnesphysiologie und Wahrnehmungspsychologie bedeutende Phänomen der Nachbilder etwa wurde durch neurophysiologische Forschungen bestätigt – von Goethe wurde es entdeckt durch das Axiom des Zusammenwirkens objektiver und subjektiver Faktoren beim Sehen. Auch im Bereich der Beobachtungstheorie – des Zusammenhangs von Subjekt und Objekt und des Einflusses des Experimentators auf das Ergebnis (in dem Aufsatz *Der Versuch als Vermittler von Subjekt und Objekt*) – gilt Goethe in der heutigen Physik als rehabilitiert, also nicht in Bezug auf die Inhalte der Lehre, aber in Bezug auf die wissenschaftstheoretische Einbettung. Die moderne physikalische Auffassung vom Licht als Teilchen und Wellen schließlich kann als quasi-Goethe'sche Polarität verstanden werden, so dass Goethes und Newtons Farbentheorien durch die Quantenphysik versöhnt würden, was nicht unplausibel ist, wenn man weiß, dass Niels Bohr und Werner Heisenberg von Goethe beeinflusst waren.

Von besonderer ästhetischer Relevanz bei seiner Theorie der Farbentstehung war für Goethe die Kategorie des Trüben als eines Mediums (wie etwa Nebel oder Rauch), an dem beim Durchgang des Lichts in der Atmosphäre die Farben zur Erscheinung kommen.

Geologie –
Erdentstehung,
Kristallisation

Mit Geologie und Mineralogie beschäftigte sich Goethe rund fünf Jahrzehnte lang, erarbeitete aber in seinen ca. 100 Texten keine eigenständige Theorie, sondern schloss sich zeitgenössischen Lehrmeinungen an – mit Ausnahmen. Die wichtigsten sind die Auffassung vom Granit als ältestem Erdgestein und die neptunistische Erdentstehungslehre, vertreten von dem Freiberger Mineralogen Abraham Gottlob Werner, die jedoch gegenüber dem Vulkanismus spätestens nach Werners Tod 1817 auf verlorenem Posten stand. Dem Neptunismus zufolge seien die Gesteine (als erster der Granit) in erdgeschichtlicher Frühzeit durch Kristallisation und Sedimentation aus einem heißen, allmählich abkühlenden und sich zurückziehenden Urozean entstanden. Der Begriff der Kristallisation ist ein weiterer der Goethe'schen Grundbegriffe, der dann auch für die literarische Produktionsästhetik eine wichtige Rolle spielte und das spontane ‚Zusammenschießen' eines Kristalls bezeichnet, wenn die passenden Elemente zusammenkamen. Der Granit verhieß für Goethe als Grundfeste des Weltgebäudes geradezu metaphysischen Halt. Bereits 1784/85, während und aufgrund seiner Harzreisen, entstanden Aufzeichnungen über den Granit. Schon hier, also noch vor der Französischen Revolution, suchte Goethe Schutz vor Erschütterungen durch die Erforschung einer übergreifenden Naturordnung: „Ich fürchte den Vorwurf nicht daß es ein Geist des Widerspruches sein müsse der mich von Betrachtung und Schilderung des menschlichen Herzens des jüngsten mannigfaltigsten beweglichsten veränderlichsten, erschütterlichsten Teiles der Schöpfung zu der Beobachtung des ältesten, festesten, tiefsten, unerschütterlichsten Sohnes der Natur geführt hat." (I 25, 313 f.) Der sehr poetische, von Goethe nicht veröffentlichte Text trägt Züge eines kosmogonischen Hymnus. Goethes bedeutendste Stellungnahme zu den geologischen Theorien seiner Zeit findet sich indes an ganz anderem Ort, nämlich im Roman *Wilhelm Meisters Wanderjahre.*

Für die Meteorologie interessierte sich Goethe vor allem in seinen letzten Lebensjahren, als das Großherzogtum mit einem Netz an Messstationen überzogen wurde. In seinem nachgelassenen *Versuch einer Witterungslehre* (1825) lehnte er die zeitgenössisch herrschende Lehre extraterrestrischer Einflüsse auf das Klima ab: „die Witterungs-Erscheinungen auf der Erde halten wir weder für kosmisch noch planetarisch, sondern wir müssen sie nach unseren Prämissen für rein tellurisch [d.h. irdisch] erklären." (I 25, 276) Nur wenn keine überirdische Macht im Spiel ist, ist der Mensch nach Goethe den feindlichen Elementen ebenbürtig und kann den Kampf gegen sie aufnehmen, die Gesetzmäßigkeit der Natur gegen die Anarchie der Elemente ins Feld führen. Die universelle Gesetzmäßigkeit, die dann auch die Vorhersage außergewöhnlicher oder gar katastrophischer Naturereignisse ermöglichen soll, ist Goethe zufolge am Barometer ablesbar, dessen Steigen und Fallen auf die wechselnde Anziehungskraft der Erde auf die Atmosphäre, auf ein pulsierendes „Aus- und Einatmen" der Erde (I 25, 278) reagiere. Dabei ist das Barometer ein für Goethes Wissenschaftsverständnis im Grunde höchst dubioses Instrument, da es etwas misst, was den menschlichen Sinnen üblicherweise entzogen ist: den Luftdruck. Dass Goethe ausgerechnet auf dessen Messergebnissen ein Weltgesetz aufbaut, liegt an seiner Wetterfühligkeit. Das eigentliche und genaueste Barometer – das ist die Pointe dieser Auffassung – bildet nämlich der eigene Körper, und daher ist die sinnliche Wahrnehmung dieses Weltgesetzes möglich: „Wenn wir in einem bessern Clima wohnten; so wäre viel anders, ich bin der dezidirteste Barometer der existirt." (WA IV 5, 99), so schreibt er bereits am 28.3.1781 an Charlotte von Stein. Indem diese Metapher wörtlich genommen wird, bildet der menschliche Körper eine Art zentrale Messstation der Welt: „Der Mensch an sich selbst, insofern er sich seiner gesunden Sinne bedient, ist der größte und genaueste physikalische Apparat, den es geben kann […]" (I 13, 166). Im Aus- und Einatmen teilen sich Erdkörper und menschlicher Körper die elementaren Lebensäußerungen – ein eindrückliches Beispiel dafür, wie Goethe seine Grundbegriffe durch alle Bereiche der Welt hindurchführt.

Meteorologie: Der Körper als Messstation der Welt

3. Gattungen und Schreibweisen

Lyrik

Das lyrische Schaffen Goethes ist außerordentlich vielseitig. Von seinen ersten poetischen Versuchen bis zu seinen letzten Lebensjahren hat er in allen zeitgenössischen lyrischen Genres gedichtet, zum Teil bestimmte Formen

Veränderungen des Lyrikbegriffs

und Strömungen auch entscheidend geprägt. Eine solche Prägung wurde in traditionellen literaturgeschichtlichen Darstellungen vor allem für die erste Hälfte der 1770er Jahre, Goethes sogenannte Sturm-und-Drang-Phase, geltend gemacht. In dieser Zeit entwickelte sich eine Auffassung der Gattung Lyrik, die sich maßgeblich von derjenigen früherer Epochen bis zur Aufklärung unterschied und die noch heute im Alltagsverständnis nachwirkt. Wenn man im Hinblick darauf von einer Revolution der Dichtersprache sprechen könnte, so unterliegt ein solcher Eindruck indes zum Teil einer historischen Täuschung, die dadurch zustande kommt, dass oft nicht bedacht wird, dass gerade viele der zu ihrer Zeit innovativsten Gedichte Goethes zunächst nur einem kleinen Kreis von Eingeweihten bekannt waren und erst zu einem erheblich späteren Zeitpunkt publiziert wurden.

Traditionen der Lyrik in Leipzig Goethes erste überlieferte lyrische Dichtungen sind Schülerarbeiten, die die noch aus dem Geist des Spätbarock stammende rhetorisch-poetische Ausbildung dokumentieren, die ihm zuteil wurde. In seiner Leipziger Studienzeit kündigt sich bereits der spätere Formenreichtum seiner lyrischen Produktion an, wobei das kulturelle Umfeld im „Klein-Paris", der bedeutenden Handels- und Universitätsstadt, prägend war. Man hat von einem „bürgerlichen Rokoko" gesprochen, einer „Witzkultur" (I 1, 758), innerhalb derer die Dichtung der geselligen, geistreichen Unterhaltung diente und sich von anderen (vor allem religiösen und moralischen) Zielvorgaben befreite. Eine solche Geselligkeitskultur behielt für Goethe auch in späteren Jahren immer ihren Wert. Zugleich mischten sich bereits persönlichere Töne darunter. 1767 legte Goethes zeitweiliger Leipziger Mentor Ernst Wolfgang Behrisch eine erste kalligraphierte Sammlung von Liedern an, das Buch *Annette*. Biographisches Substrat war Goethes Liebschaft mit der Leipziger Gastwirtstochter Anna Katharina Schönkopf, doch handelt es sich noch in keiner Weise um ‚Erlebnisdichtung‘, sondern das private Erleben bildete nur den Anlass, um poetische Virtuosität zu entwickeln und zu erproben. Einen anderen Ton schlagen die ebenfalls 1767 auf den Abschied Behrischs verfassten *Oden an meinen Freund* an, deren Vorbild die freirhythmischen, pathetischen Oden Klopstocks waren, die mit ihren Nominalkomposita und Partizipbildungen die Literatursprache im 18. Jahrhundert maßgeblich beeinflussten. Die dritte wichtige Gruppe von Leipziger Dichtungen leitet bereits in die Frankfurter Genesungszeit nach der krankheitsbedingten Rückkehr aus Leipzig 1768 über: die mit Melodien versehenen *Neuen Lieder*, im Oktober 1769 mit der Jahreszahl 1770 erschienen. „Jetzt stand ihm alles zur Verfügung, was die lyrische Sprache der Zeit zu bieten hatte, die poetische Sozialisation war abgeschlossen. Künftig konnte er das jeweils passende Register wählen, das Instrument selbst weiterentwickeln." (Eibl, in: I 1, 794)

Straßburg: Herder, Volkspoesie Diese Weiterentwicklung fand dann nach intensiven hermetischen Studien (vgl. Zimmermann 1969/1979) zunächst in Straßburg statt, wo vor allem die Begegnung mit Johann Gottfried Herder für Goethe prägend war. Goethe beteiligte sich an dessen Bemühungen um eine Archäologie der Volkspoesie und zeichnete im Elsass mündlich tradierte Volksballaden auf. Dahinter stand Herders Überzeugung, dass man sich auch in der als eine dekadente Spätzeit empfundenen Aufklärungskultur noch den kulturellen Ursprüngen nähern könne, da die gottnahe Kindheit der Kultur im Volk lebendig sei. Die Aufnahme dieser Traditionen führte zu literarischen Innovationen, und zwar zunächst in der Lyrik, die der Mündlichkeit am nächsten steht.

Die dadurch beförderte Lösung von traditionellen Formen und Genres kann zu dem Eindruck beitragen, dass Lyrik fortan vor allem dem Ausdruck individuellen Erlebens diene – im Falle Goethes der Liebschaft mit der Sessenheimer Pfarrerstochter Friederike Brion. Der autobiographische Bezug von Goethes Straßburger Lyrik wurde von ihm selbst durch seine romanhafte, eine biographische Legende schaffende Darstellung im 10. und 11. Buch von *Dichtung und Wahrheit* suggeriert. Eine solche Deutung greift schon bei einem so populären Gedicht wie *Mayfest* (später *Mailied*) zu kurz, einem Ausdruck kosmischer Harmonie im ganzheitlichen Erleben der Liebe (vgl. Buschmeier/Kauffmann 2010, 68f.). *,Erlebnislyrik': Sessenheimer Gedichte*

Tradition und Innovation werden bei dem Gedicht *Kleine Blumen, kleine Blätter* besonders deutlich, dessen früheste Fassung in einer Abschrift aus Friederike Brions Nachlass überliefert ist und das (wie auch einige andere Gedichte aus dieser Phase, etwa *Mayfest*) in überarbeiteter Fassung im Januar 1775 in Johann Georg Jacobis Zeitschrift *Iris* erstmals gedruckt wurde, dort unter dem Titel *Lied, das ein selbst gemahltes Band begleitete*. Damit wird erneut auf die gesellige Funktion der Dichtung hingewiesen, die Bestandteil eines durch den Gedichttitel bezeichneten galanten Spiels ist. In der letzten Strophe wird diese Geselligkeitskultur selbstreflexiv, ein Übergang von den sozialen und lyrischen Konventionen auf eine persönliche Ebene der Individualisierung und der Gefühlsaussprache und daher auch eine neue Liebeskonzeption kündigen sich an – ideengeschichtlich im Übergang vom Rokoko zur Empfindsamkeit und zum Sturm und Drang: *Kleine Blumen, kleine Blätter*

> Fühle was dies Herz empfindet,
> Reiche frey mir deine Hand.
> Und das Band, das uns verbindet,
> Sey kein schwaches Rosenband. (DjG 2, 200)

Nur unwesentlich verändert nahm Goethe das Gedicht 1778 in seine handschriftliche *Erste Weimarer Gedichtsammlung* auf (s. u.), nun unter dem Titel *Zu einem gemahlten Band*. Während dort die Verse 3 und 4 der dritten Strophe lauten: „Einen Kuss geliebtes Leben / Und ich bin belohnt genung" (ebd., 255; so auch, mit Varianten in Orthographie und Interpunktion, in der *Iris*-Fassung), lauten sie in Goethes erster Gesamtausgabe, den *Vermischten Gedichten* von 1789 (unter dem Titel *Mit einem gemalten Band*): „Einen Blick, geliebtes Leben, / Und ich bin belohnt genung." (I 1, 289) Diese Änderung im Detail ist symptomatisch für Goethes Entwicklung im Übergang zur Klassik: „Kuss" wurde durch „Blick" ersetzt, was in Bezug auf die Körperlichkeit der Liebe eine Abschwächung bedeutet, in Bezug auf den weltanschaulichen Gehalt indes eine verallgemeinernde Erhöhung, insofern „für Goethe der Blick (in der Doppelbedeutung des Wortes ,Augenblick') besondere Bedeutung als Offenbarung der Seele bzw. der Wahrheit hat" (I 1, 837).

Auch bei einem anderen berühmten Gedicht dieser Zeit sind die Überarbeitungen besonders signifikant, nämlich bei dem ebenfalls 1775 in der Zeitschrift *Iris* veröffentlichten Gedicht, das in der Ausgabe von 1789 den Titel *Willkomm und Abschied* erhielt. Die zeitgenössischen Lesern vermutlich bekannte Bedeutung dieser Begriffe als euphemistische Bezeichnungen *Willkomm und Abschied* für die Prügelstrafen, die Gefangene bei der Inhaftierung und bei der Haftentlassung erhielten, hat Eckhardt Meyer-Krentler 1987 erstmals wieder ermittelt (und diese Titelgebung als Selbstbestrafungsphantasie Goethes wegen seiner Gewissensbisse um die verlassene Friederike gedeutet). Es handelt sich bei diesem Gedicht zunächst nicht um die biographische Erzählung einer Liebesbegegnung, sondern in den ersten drei Strophen um eine diskontinuierliche Abfolge von Bildern des Naturerlebens, mit durch Personifikationen ausgedrückten spannungsreichen Korrelationen von innerem Gefühl und äußerer Wahrnehmung, die in der dritten Strophe in der Liebesbegegnung harmonisch übereinstimmen. In der vierten Strophe wird bereits der Abschied thematisiert, 1775 mit den Versen:

> Der Abschied, wie bedrängt, wie trübe!
> Aus deinen Blicken sprach dein Herz.
> In deinen Küssen, welche Liebe,
> O welche Wonne, welcher Schmerz!
> Du giengst, ich stund, und sah zur Erden,
> Und sah dir nach mit naßem Blick;
> Und doch, welch Glück! geliebt zu werden,
> Und lieben, Götter, welch ein Glück. (DjG 2, 205f.)

1789 lautete diese letzte Strophe wie folgt:

> Doch ach! schon mit der Morgensonne
> Verengt der Abschied mir das Herz:
> In deinen Küssen, welche Wonne!
> In deinem Auge, welcher Schmerz!
> Ich ging, du standst und sahst zur Erden,
> Und sahst mir nach mit nassem Blick:
> Und doch, welch Glück geliebt zu werden!
> Und lieben, Götter, welch ein Glück! (I 1, 283)

Erst in der späteren Fassung wird, in den beiden ersten Versen dieser Schlussstrophe, explizit die gemeinsam verbrachte Liebesnacht erwähnt. Nur auf den ersten Blick ist es jedoch so, als sei die frühe Fassung hier dezent verhüllend, vielmehr zitiert die spätere Fassung das aus dem Mittelalter stammende Genre des ‚Tagelieds‘, das die Trennung der Liebenden beim Morgenanbruch schildert, wobei es sich um einen poetischen Topos ohne konkreten biographischen Bezug handelt. Tatsächlich ist also in Goethes Überarbeitung wiederum eine Verallgemeinerung zu erkennen, wie auch im weiteren Verlauf der Strophe: „Wonne" und „Schmerz", in der ersten Fassung in den „Küssen" vereinigt, werden jetzt auf „Küsse[ ]" und „Auge" verteilt, der Schmerz dadurch vergeistigt und veredelt. Die Abschiedssituation schließlich wird genau umgekehrt: In der ersten Fassung ist das lyrische Ich die weinende Verlassene, in der zweiten die Geliebte. Damit ist die jenseits jeder biographischen Identifikationsmöglichkeit liegende Austauschbarkeit der Situation deutlich vor Augen geführt. Die zweite Fassung entspricht im Unterschied zur ersten den konventionellen Geschlechterrollen (und dürfte dabei näher an der biographischen Realität liegen, wenn es denn noch um eine solche zu tun ist). Die beiden Schlussverse formulieren ein sentenziöses Fazit, das endgültig vom konkreten Erlebnis wegführt, ja dieses im Hinblick auf eine allgemeine Lehre vor allem in der Leiderfahrung relativiert. Mit Blick zurück auf die ersten drei Strophen des Gedichts wird man sagen können, dass das „Glück" der Liebe in erster Linie darin besteht, dass sie als Voraussetzung einer harmonischen, nicht bedrohlichen Naturwahrnehmung und somit eines ‚normalen' Weltverhältnisses erscheint. Die im Titel *Willkomm und Abschied* kodierte ‚Schuld' besteht darin, dass der Schmerz der Geliebten poetisch gerechtfertigt und aus Liebe Literatur wird.

Hymnen und Oden: *Wandrers Sturmlied*

In den beiden letzten Versen der zweiten Strophe fallen Begriffe, die für die weitere Entwicklung von Goethes Sturm-und-Drang-Lyrik inhaltlich besonders wichtig sind: „Mein Geist war ein verzehrend Feuer, / Mein ganzes Herz zerfloß in Gluth." (DjG 2, 205) So 1775, und 1789: „In meinen Adern welches Feuer! / In meinem Herzen welche Glut!" (I 1, 283) Diese im Herzen befindliche Glut als zentrale Kraft der Empfindung steht unter anderem im Zentrum der *Prometheus*-Hymne (s. Kap. V.3). Die Termini ‚Hymne' und ‚Ode' wurden im 18. Jahrhundert synonym verwendet, oder genauer: Was heute als ‚Hymne' gilt, trug die Bezeichnung ‚Ode', die inzwischen weitgehend für die durch Metrik und Strophenform streng geregelten antiken Oden reserviert bleibt. Die Tradition wurde durch Herder vermittelt, der Gesänge, die kulturellen Ursprüngen zugerechnet wurden, mit diesem Begriff belegte, unter anderem auch die biblischen Psalmen. Für Goethe besonders wichtig war der griechische Dichter Pindar, wie besonders an der ersten der großen Sturm-und-Drang-Hymnen, *Wandrers Sturmlied*, erkennbar ist. Pindar besang im hohen, erhabenen Stil die Sieger der olympischen Wettkämpfe. Formal ist die Orientierung an Pindar bei Goethe im mehrfach triadischen Aufbau zu erkennen (bei Pindar in der Abfolge von Strophe, Antistrophe und Epode) und stilistisch durch die kühnen syntaktischen Konstruktionen, die den Nachvollzug der Handlungs- und Gedankenführung schwierig machen – und zwar nicht erst für heutige Leserinnen und Leser, sondern für Goethe selbst, der das Gedicht lange Zeit nicht veröffentlichte. Erst nach einer unautorisierten fehlerhaften Publikation 1810 nahm er es 1815 in seine Gesamtausgabe auf.

Die Tradition zeigt sich zunächst in der hymnischen Anrufung zu Beginn, einer Variation des klassischen Musenanrufs: „Wen du nicht verlässest Genius / Nicht der Regen nicht der Sturm / Haucht ihm Schauer übers Herz." (DjG, 2, 228, Vs. 1–3) Der Genius ist im antiken Verständnis ein Schutzgeist des Menschen, der nun als „Wärme" zu einer menschlichen Empfindungsqualität verinnerlicht wird, die die Korrespondenz von Subjekt und Objekt sichern soll, hier veranschaulicht anhand der Herausforderung, den feindlichen Elementen im Hagelsturm zu trotzen. Als Gegenbild erscheint „[d]er kleine schwarze feurige Bauer", den die Gaben von „Vater Bromius" am „helleuchtend umwärmend Feuer" erwarten (Vs. 42 f.). „Vater Bromius" ist der Weingott Bacchus, der in der folgenden Strophe „Jahrhunderts Genius" genannt wird: „Bist, was innre Glut / Pindarn war / Was der Welt / Phöb Apoll [also der Sonnengott] ist." (Vs. 54–58) Das lyrische Ich erstrebt hingegen „innre Wärme / Seelen Wärme / Mittelpunckt!" (Vs. 59–61), um Apoll ‚entgegenglühen' zu können. Das Ich soll also eine nun als ‚Glut' bezeichnete Kraft der Empfindung entwickeln, die zu der Sonne in Korrespondenz stehen kann. In der letzten Sequenz wird der Regengott „Jupiter Pluvius" besungen, mit dem das Lied begonnen habe, aus dem es quelle und in dem es

ende: „Dich! Dich strömt mein Lied" (Vs. 76), der Ursprung genialer poetischer Inspiration, gegen den der castalische Quell, der am Olymp entsprin-
gende Dichterquell, „ein Nebenbach" sei (Vs. 78). Diese „[s]turmathmende
Gottheit" (Vs. 91) habe weder Anakreon noch Theokrit besucht, antike
Dichter, die für die im 18. Jahrhundert beliebten geselligen Poesieformen
der galanten Anakreontik und der idyllischen Hirten- und Schäferdichtung
der Bukolik standen. Dem wird in der letzten Strophe Pindar als poetisches
Vorbild entgegengesetzt, wobei das von ihm besungene Bild des Wagenren-
nens verwendet wird. „Glühte deine Seel Gefahren Pindar!" (Vs. 109) Pin-
dars Seelenglut war so stark, dass sie den Elementen trotzte. Anders beim
lyrischen Ich:

> Muth! – Glühte? –
> Armes Herz!
> Dort auf dem Hügel
> Himmlische Macht
> Nur so viel Glut
> Dort meine Hütte
> Dort hin zu waten! (Vs. 110–116)

Das lyrische Ich muss eine göttliche Instanz um Hilfe anrufen, damit die
schützende Hütte erreicht werden kann, die der zuvor genannte Bauer gar
nicht erst verlassen haben wird. Die Forderung, sich poetisch in der Orientierung an Pindar den Elementen auszusetzen, ist daher riskant, wenn nicht
gefährlich: Die geniale Kraft der Empfindung, die Glut, droht durch den Regen ausgelöscht zu werden (so dass nur noch der Ersatz durch die Glut des
Weines bliebe).

Erste Weimarer
Gedichtsammlung

Die Hymne ist ein poetologisches, gegen die herrschenden poetischen
Strömungen der Zeit gerichtetes Programmgedicht der Genie-Ideologie, das
indes als solches nicht wirken konnte, weil es von Goethe zunächst nicht
publiziert wurde. Solche Wirkungskraft wurde – aber auch erst etliche Jahre
später – der im Vergleich zu *Wandrers Sturmlied* im sprachlichen Duktus bereits deutlich gemäßigten *Prometheus*-Hymne zuteil, in der Hütte, Herd und
Glut ebenfalls zentrale Bedeutung haben (s. Kap. V.3). Erstmals gesammelt
wurden die Hymnen von Goethe 1778 in der 28 Gedichte umfassenden sogenannten *Ersten Weimarer Gedichtsammlung*, die ein Resümee seiner lyrischen Produktion aus der Vorweimarer Zeit zog, aber nur am Weimarer Hof
zirkulierte und nicht veröffentlicht wurde (nach dieser Fassung wurde hier
auch *Wandrers Sturmlied* zitiert, dessen erster Textzeuge, noch ohne Titel,
eine Briefbeilage an Friedrich Jacobi vom 31.8.1774 ist). Diese Sammlung
beginnt mit einer Reihe von Rollengedichten des Genies. Den Anfang macht
Mahomets Gesang, in dem der Begründer des Islam (wie in Goethes Dramenfragment *Mahomet*) nicht im Sinne der europäischen Aufklärung als religiöser Betrüger erscheint, sondern als Gefolgschaft stiftendes und Kultur
schaffendes Genie, dessen außergewöhnliche Lebensbahn bis zur Selbstauflösung im Absoluten im Bild des Stromes von der Quelle bis zur Mündung
gefasst wird. An zweiter Stelle steht *Wandrers Sturmlied*, gefolgt von *Künstlers Morgenlied*, *An Schwager Kronos*, *Prometheus* und *Ganymed*. Nach
drei kleinen Gedichten folgen *Seefahrt* und das große Dialoggedicht *Der*

Wandrer, bevor auf den hohen Ton in der Gedichtsammlung kleinere Formen folgen.

Die lyrische Produktion Goethes unmittelbar vor dem Aufbruch nach Weimar und dann im ersten Weimarer Jahrzehnt, bis zum Aufbruch zur italienischen Reise 1786, ist zu einem wesentlichen Teil von Selbstvergewisserung im Hinblick auf die Rolle des Ich in einer veränderten und sich verändernden Welt geprägt. Anhand der Themen wird deutlich, dass sich nun ein Verständnis von Lyrik durchzusetzen beginnt, das bis heute virulent ist: dass diese Gattung nämlich der intimen Selbstaussprache eines individuellen Subjekts diene. Darauf beschränkte sich Goethes lyrische Produktion nie; in jenen Jahren aber trat diese Funktionsbestimmung von Dichtung zeitweise deutlich in den Vordergrund. Biographische Anlässe, die jedoch immer zu paradigmatischen Konstellationen verallgemeinert werden, bilden das kurzzeitige Verlöbnis mit Lili Schönemann (1774/75) und die Schweizer Reise 1775. Das lyrische Ich erlebt sich als unbeständig, und zwar in erster Linie in der Liebe. Im März 1775 wurde in der Zeitschrift *Iris* ein Gedicht veröffentlicht, das gewissermaßen die Summe der bisherigen Existenz und ihrer Problematik am Beispiel der Liebe zieht: *Neue Liebe, Neues Leben*, in dem die Unerklärlichkeit des Individuums, des lyrischen Ichs, für sich selbst formuliert wird, eine notwendige, als zwanghaft erlebte, undurchschaute Unbeständigkeit, auf deren Hintergrund eine Beständigkeit in Liebesdingen unmöglich und als gewaltsame, entfremdende Fessel erlebt werden muss – und zwar so lange, wie die Flexibilität des Ich-Konzepts nicht erfolgreich mit der Liebeskonzeption verbunden werden kann. Aus dem Schweizer Reisetagebuch stammt ein Gedicht, das eine Lösung im Verhältnis zur Natur entwirft und das in der Erstveröffentlichung in den *Vermischten Gedichten* (1789) den Titel *Auf dem See* erhielt. Die ersten beiden Verse der titellosen Erstfassung formulieren ein starkes paradoxes Bild für das zugleich kindlich (embryonal) passive wie erotisch aktive Verhältnis von Ich und Natur: „Ich saug an meiner Nabelschnur / Nun Nahrung aus der Welt" (I 1, 169). Das Bild wird in der zweiten Fassung gemildert: „Und frische Nahrung, neues Blut / Saug' ich aus freier Welt" (I 1, 297). Mit diesem Auftakt ist in der Anordnung der Gedichtsammlung ein adversativer Anschluss (sowohl biographisch als auch kulturell im Gegensatz von Rokoko-Geselligkeit und freier Natur) an den Schluss des vorhergehenden Gedichts, *Lilis Park*, gegeben (vgl. zu diesem „thematischen Domino" I 1, 1006 f.): „Nicht ganz umsonst reck' ich so meine Glieder, / Ich fühl's! Ich schwör's! Noch hab' ich Kraft." (I 1, 296) Die zweite Strophe von *Auf dem See* führt – metrisch durch den Wechsel vom Jambus zum Trochäus markiert – als Reminiszenz in die Vergangenheit, bevor in der dritten Strophe eine Verschmelzung von Subjekt und Natur stattfindet, in der das lyrische Ich zur „reifende[n] Frucht" wird (I 1, 297) (zum Vergleich der beiden Fassungen Buschmeier/Kauffmann 2010, 69 f.).

In Goethes erstem Weimarer Jahrzehnt ist die (ganz überwiegend unveröffentlichte) Lyrik stark persönlich geprägt, ja oft privat adressiert, und gewinnt dabei gleichzeitig weltanschaulich sinnbildlichen Wert. Eine wichtige Gruppe bilden die Gedichte, die er Briefen an Charlotte von Stein beilegte, darunter so berühmte wie *An den Mond*, vom dem sie eine eigene Version anfertigte, oder, im gedanklichen Gehalt besonders bedeutsam, *Warum gabst du uns die Tiefen Blicke*, das seinem Brief vom 14.4.1776 beilag und

Selbstvergewisserung des Ich

das in der Deutungstradition als ‚Anamnesis-Gedicht' bezeichnet wird, weil die tiefe Vertrautheit der beiden Liebenden, das vollständige Erkennen des Wesens des jeweils anderen, in das Bild der Wiedererinnerung an einen früheren Seelenzustand gefasst wird: „Ach du warst in abgelebten Zeiten / Meine Schwester oder meine Frau." (I 1, 230) Die Spezifik einer solchen Beziehung wird im Gedicht vor allem darin gesehen, dass sie im Unterschied zu einem ‚normalen' Liebesverhältnis unveränderbar ist, der Zeit nicht unterliegt.

Übergang zur Klassik: *Ilmenau*

Zur Feier des Geburtstags von Herzog Carl August am 3.9.1783 ist *Ilmenau* entstanden, von Goethe erst 1815 in seine Werkausgabe aufgenommen. Das Gedicht zieht eine Bilanz der ersten Weimarer Jahre und ist – in doppelter Adressierung: an den Herzog (in der Tradition von Casualpoesie und ‚Fürstenspiegel') und an das lyrische Ich selbst, das sich in einer therapeutischen Selbstaussprache verdoppelt, um in der Integration von Vergangenheit und Gegenwart die moralische Einheit der Person zu gewinnen – ein gewichtiges Zeugnis der biographischen, ethischen und poetischen Neuorientierung im Übergang zur Klassik. Ilmenau war das bevorzugte Ziel der herzoglichen Jagdzüge, wobei besonders die Wildschweinjagd die Existenzgrundlage der ärmlichen Landbevölkerung gefährdete. Zur Entstehungszeit des Gedichts knüpften sich jedoch Hoffnungen auf einen wirtschaftlichen Aufschwung an die Wiederbelebung des Ilmenauer Silberbergbaus, der 1784 wiedereröffnet wurde, allerdings die ökonomischen Hoffnungen Goethes, der sich maßgeblich dafür engagierte, nicht erfüllte. Die Aufgabe, die das lyrische Ich dem Adressaten wie auch sich selbst stellt, ist, „ein neues Leben" anzufangen (I 1, 263, Vs. 20, sowie 268, Vs. 168), und zwar vor dem Hintergrund der im Mittelteil geschilderten Erinnerung an die Vergangenheit einer Jagdgesellschaft, bei der das gegenwärtige lyrische Ich sein vergangenes befragt, das ihm unter anderem wie folgt Auskunft gibt:

> Wer kennt sich selbst? wer weiß was er vermag?
> Hat nie der Mutige Verwegnes unternommen
> Und was du tust sagt erst der andre Tag
> War es zum Schaden oder Frommen.
> Ließ nicht Prometheus selbst die reine Himmels Glut
> Auf frischen Ton vergötternd niederfließen
> Und konnt er mehr als irdisch Blut
> Durch die belebten Adern gießen?
> Ich brachte Feuer vom Altar
> Was ich entzündet ist nicht reine Flamme
> Der Sturm vermehrt die Glut und die Gefahr
> Ich schwanke nicht indem ich mich verdamme. (I 1, 266, Vs. 102–113)

Hier äußert sich – in der Anspielung auf *Prometheus* besonders deutlich erkennbar – Goethes poetische Selbstkritik im Übergang vom Sturm und Drang zur Klassik, das Bemühen, eine verantwortliche öffentliche Existenz in der Vereinigung der Rollen von Dichter und Minister zu gewinnen. Eine besondere soziale Herausforderung für den bürgerlichen Dichter ist dabei die Erlernung der höfisch-politischen adligen Verhaltenslehren (die etwa im Bürgerlichen Trauerspiel dem Verdikt unmoralischer Täuschungsabsicht unterlagen), was einige Jahre später in dem Drama *Torquato Tasso* ein wichtiges Thema wird: „Doch ach ein Gott versagte mir die Kunst / Die arme Kunst mich künstlich zu betragen." (I 1, 266, Vs. 118f.) Inzwischen, seit 1782, war der ‚Emporkömmling' Goethe selbst ein Adliger. In der vorletzten Strophe wird (explizit an den Fürsten, implizit an das lyrische Ich) die für Goethe im weiteren Verlauf seines Lebens typische Ethik der Entsagung formuliert:

> Der kann sich manchen Wunsch gewähren,
> Der kalt sich selbst und seinem Willen lebt
> Allein wer andre wohl zu leiten strebt
> Muß fähig sein viel zu entbehren. (I 1, 268, Vs. 183–186)

Dabei geht es nicht zuletzt auch um die Aufgabe, erwachsen zu werden; Goethes, wie man heute sagen würde, spätpubertäre Männerkumpanei mit dem Herzog zu Beginn seiner Weimarer Jahre zog nicht nur Kritik von Seiten des Hofes auf sich, sondern handelte ihm auch einen harschen brieflichen Verweis Klopstocks ein – woraufhin Goethe den Kontakt zu dem bewunderten Dichter abbrach.

Ebenfalls in diesen Kontext lyrischer Selbstverständigung gehört die Hymne *Harzreise im Winter*, die 1789 in den *Vermischten Gedichten* erstmals veröffentlicht wurde und in Form und Inhalt an die Genie-Hymnen des Sturm und Drang anschließt. Biographischer Anlass ist Goethes Harzreise im November/Dezember 1777, unter anderem zur Inspektion des Harzer Bergbaus, im Zuge derer er sich von der Reisegesellschaft mit dem Herzog entfernte und den – im Winter damals als unbesteigbar geltenden – Brocken erstieg, was er in Briefen an Charlotte von Stein als Schicksalsbefragung inszenierte. Dementsprechend wurde die Hymne in der Forschung als ‚Auguralhymne' gedeutet (vgl. Schöne 1982), als lyrische Orakelbefragung mit dem Ergebnis einer Bestätigung des göttergleichen Selbstbewusstseins und damit einer Monumentalisierung der poetischen Existenz im Übergang zur Klassik (vgl. Schmidt 1985, Bd. 1, 284–303). Es geht dabei um unterschiedliche, glückende und scheiternde Lebensverläufe. Die vorgezeichnete „Bahn" (I 1, 322, Vs. 7) lässt sich erst im Rückblick erkennen: Der gesamte Lebenslauf wird damit zur permanenten Orakelbefragung (die für Goethe auch in anderen Zusammenhängen eine wichtige Bedeutung hatte). Als helfende Macht erscheint die Liebe, aber nicht an eine Person gebunden, sondern als anonyme Instanz. Der Bezug des Anredepronomens in der Schlussstrophe bleibt in bezeichnender Schwebe:

Harzreise im Winter

> Du stehst mit unerforschtem Busen
> Geheimnisvoll offenbar
> Über der erstaunten Welt,
> Und schaust aus Wolken
> Auf ihre Reiche und Herrlichkeit,
> Die du aus den Adern deiner Brüder
> Neben dir wässerst. (I 1, 324)

Damit ist zum einen der Brocken gemeint („des gefürchteten Gipfels / Schneebehangner Scheitel", wie er in der Strophe davor genannt wird), zum anderen jedoch auch in Selbstadressierung das lyrische Ich.

Der lyrische Ertrag der italienischen Reise waren die als Erinnerung an die römische Zeit verfassten *Elegien*, die Goethe nach seiner Rückkehr zwi-

Erotica Romana/ Römische Elegien

schen Herbst 1788 und Ende 1790 verfasste. Von den vierundzwanzig Elegien sollten zunächst zweiundzwanzig 1795 in Schillers Zeitschrift *Die Horen* veröffentlicht werden. Zwei weitere wurden unmittelbar vor der Publikation aus Dezenzgründen ausgeschieden, so dass schließlich zwanzig der in der Handschrift zunächst *Erotica Romana* betitelten Gedichte unter dem schlichten Titel *Elegien* gedruckt wurden. Der Titel *Römische Elegien* wurde von Goethe erst später zur Unterscheidung von einer zweiten Elegien-Gruppe gebraucht. Der Genrebegriff *Elegie* wurde zu Goethes Zeit unterschiedlich verwendet. Zunächst handelte es sich dabei um eine Formbezeichnung für ein in Distichen, d. h. einer Abfolge von Hexametern und Pentametern, verfasstes Gedicht. Inhaltlich war bereits die Bedeutung ‚Klagedichtung‘ vorherrschend, doch in der Antike, bei den in Goethes Elegien erwähnten römischen ‚Triumvirn‘ Catull, Tibull und Properz, wurden auch Liebesdichtungen als Elegien bezeichnet. Goethe vereinigt beide Bedeutungen: Die Elegien sind in erster Linie Ausdruck der Klage über den Verlust eines antiken Liebesideals, dessen Fortwirken im zeitgenössischen Rom thematisiert wird. Die Vereinigung von Antike und Moderne – hier auf dem Gebiet der Liebe – bildet ein zentrales Projekt der Weimarer Klassik. Nicht nur die metrische Form war dabei antikisierend, sondern sogar die Typographie der Publikation in den *Horen*, denn sie wurden in Antiqua, also mit lateinischen Lettern gedruckt, was bislang nur für fremdsprachige, im Besonderen eben antike Texte üblich gewesen war. Inhaltlich ist die Liebeskonzeption von einer dezidierten Einbeziehung der Körperlichkeit geprägt, was selbst nach der Sekretierung der erotisch freizügigsten Gedichte noch skandalisierend wirkte: Herder ließ einem zeitgenössischen Bericht zufolge verlauten, „[d]ie ‚Horen‘ müßten nun mit dem u gedruckt werden" (I 1, 1092).

1.–5. Elegie   In der ersten Elegie wird die Ankunft des lyrischen Ichs in Rom geschildert, wobei die doppelte Lesbarkeit der Stadt exponiert wird, deren Steine und Bauwerke zunächst stumm sind, die dann aber zu sprechen beginnen. Der „Genius" Roms ist der Liebesgott, was in dem Palindrom ROMA – AMOR ausgedrückt ist. Die berühmte fünfte Elegie bringt die Erfüllung dessen, was in der ersten angekündigt wurde: „Froh empfind' ich mich nun auf klassischem Boden begeistert, / Lauter und reizender spricht Vorwelt und Mitwelt zu mir." (I 1, 405) Diese Verbindung von Vergangenheit und Gegenwart führt zur Engführung von Kunst und Liebe, zur synästhetischen Vereinigung der Sinne (genauer von Distanz- und Nahsinn: das Auge wird fühlend, die Hand sehend), damit auch von Körper und Geist, von poetischem Akt und Liebesakt (auch hier chiastisch: Lieben am Tag, Dichten in der Nacht): „Oftmals hab' ich auch schon in ihren Armen gedichtet / Und des Hexameters Maß, leise, mit fingernder Hand, / Ihr auf den Rücken gezählt" (I 1, 407). In den dazwischen liegenden Elegien, die narrative Sequenz ausfüllend, stand in der ursprünglich zweiten, die vor dem Druck zurückgezogen wurde, die rasche sexuelle Erfüllung (es erklang bereits „des geschaukelten Betts lieblicher knarrender Ton"; I 1, 394), dann biographischer Überdruss (in der vierten Elegie der Handschrift, im Druck abgemildert an die zweite Stelle gerückt) sowie der Trost der Geliebten, dass sie sich so schnell ergeben habe. Die Veränderung der ursprünglich vierten Elegie zur zweiten des *Horen*-Drucks ist besonders bedeutsam: In der Handschrift beklagt sich das lyrische Ich offen darüber, dass er überall als Autor des *Werther* erkannt wurde, und freut sich über sein römisches Inkognito bei seiner Geliebten: „Glücklich bin ich entflohn sie kennet Werthern und Lotten / Kennet den Namen des Manns der sie sich eignete kaum." (I 1, 400) Diese offen autobiographischen Bezüge sind im Druck getilgt, was durchaus programmatisch zu verstehen ist. Wie sehr die Suche nach einer Referenzialisierbarkeit der Ereignisse bei Goethes Romaufenthalt in die Irre führt, zeigt sich vor allem an der Figur der Geliebten, die in der achtzehnten Elegie „Faustine" genannt wird (I 1, 429), bei der es sich aber nicht um eine individuelle Person, sondern um ganz unterschiedliche Verkörperungen weiblicher erotischer Rollen handelt – mal um ein junges Mädchen, das noch unter der Obhut ihres Onkels steht (in der fünfzehnten und sechszehnten Elegie), mal um eine Witwe und alleinerziehende Mutter (in der sechsten), in der zweiten sogar fast um eine Prostituierte; zumindest wird offen ausgesprochen, dass sich „Mutter und Tochter" am „Gold" des „nordischen Gastes" erfreuen: „Und der Barbare beherrscht römischen Busen und Leib." (I 1, 397)

In der siebten Elegie ist die Tendenz der Bearbeitung gegenüber der achten der Handschrift ebenfalls besonders signifikant: In den *Erotica Romana* lautet der Eingang: „O wie machst Du mich, Römerin, glück[lich]." Daraus wurde im Druck: „O wie fühl ich in Rom mich so froh!" Der Gegensatz zwischen Nord und Süd besteht ursprünglich vor allem zwischen unfreiwilliger erotischer Enthaltsamkeit – „Da ein sittliches Bette dem darbenden Armen vergebens / Lohn der einsamen Nacht ruhige Stunden verhieß" – und Erfüllung: „Und mir leuchtet der Mond bis an dein stilles Gemach", während er später vom Körperlichen ins Geistige verschoben wird: „Und ich [im Norden] über mein Ich, des unbefriedigten Geistes / Düstre Wege zu spähn, still in Betrachtung versank" – und in Rom: „Und mir leuchtet der Mond heller als ehmals der Tag." (I 1, 408–411)

Die dreizehnte Elegie wurde als einzige vorher gesondert veröffentlicht, im Juli 1791 in der *Deutschen Monatsschrift* unter dem Titel *Elegie. Rom 1789*, obwohl auch sie keineswegs in Rom entstanden ist, wo Goethe 1789 ja gar nicht mehr war. Die Themen des Zyklus erscheinen hier in Engführung, vor allem die Verbindung von Antike und Moderne und das Verhältnis von ästhetischer und erotischer Schönheit. Die ursprünglich sechzehnte Elegie wurden wegen des Themas der Geschlechtskrankheiten vor dem Druck zurückgezogen: „Jetzt wer hütet sich nicht langweilige Treue zu brechen! / Wen die Liebe nicht hält, hält die Besorglichkeit auf." (I 1, 422) Die Syphilis, die in der Antike noch nicht bekannt war, verhindert die antike freie Liebe in der Gegenwart.

Die neunzehnte Elegie zeigt Fama im Streit mit Amor. Der erotisch freizügige Lebenswandel fordert üble Nachrede heraus. Die letzte Elegie behandelt daher das Verhältnis von Geheimnis und Öffentlichkeit anhand des Mythos vom König Midas, dessen Geheimnis (sein verlängertes Ohr) vom Diener in die Erde gesprochen wird, woraufhin die aus der Erde sprießenden Rohre es dem Wind verraten. Das lyrische Ich vertraut sein Geheimnis Hexameter und Pentameter an, gibt es also in den Elegien der Öffentlichkeit preis – wofür Goethe, wie erwähnt, in Weimar seinerseits üble Nachrede erntete. Dabei waren nicht nur die beiden erotisch freizügigsten Elegien sekretiert worden; von vornherein nicht zur Publikation bestimmt war ein Nachtrag, die *Priapea*, zwei Elegien auf den römischen Fruchtbarkeitsgott

7. Elegie

13. Elegie

19.–20. Elegie und *Priapea*

Priapus, der in der ersten Elegie aufgefordert wird, den Liebesgarten des lyrischen Ichs zu bewachen und die moralischen „Heuchler", die eindringen wollen, „von hinten / Mit dem Pfahle der dir rot von den Hüften entspringt", zu bestrafen (I 1, 440). In der zweiten Elegie soll Priapus den Dienst, den das lyrische Ich ihm leistet, mit unerschöpflicher Potenz belohnen.

Venezianische Epigramme

Die *Venezianischen Epigramme* sind der lyrische Ertrag von Goethes zweiter Italienreise 1790, als er die Herzoginmutter Anna Amalia in Venedig abholen sollte und Italien konträr zu seiner ersten Reise erlebte. 24 Epigramme erschienen bereits 1791 in der Berliner *Deutschen Monatsschrift*, die Gesamtpublikation erfolgte schließlich 1795 in Schillers *Musen-Almanach für das Jahr 1796*. Formal und inhaltlich sind die Epigramme komplementär zu den Elegien zu sehen. Wie diese bestehen sie aus Distichen, zum Teil aber aus nur einem, ansonsten aus wenigen. Neben die römischen Elegiker tritt nun der Satiriker Martial als antikes Muster. Inhaltlich sind die Epigramme nach der Zeitaufhebung in den Elegien durch einen dezidierten Gegenwartsbezug auf das katholische Italien geprägt, während das als antikischer Neu-Heide identifizierbare lyrische Ich seine Geliebte diesmal in der Ferne, im Norden, zurücklassen musste (als Muse dient jetzt, im 27. Epigramm, die Langeweile). Der Gegenwartsbezug ist auch darin wichtig, dass inzwischen (1789) die Französische Revolution ausgebrochen war. Die *Venezianischen Epigramme* sind Goethes erste und in mancher Hinsicht expliziteste literarische Stellungnahme zur Revolution. Das lyrische Genre des Epigramms wird Goethe auch in der Folge vor allem zur satirischen Gegenwartskritik nutzen, so vor allem in den teilweise mit Schiller zusammen verfassten *Xenien* (1796), in denen das kulturpolitische Projekt der Weimarer Klassik unter Einsatz von reichlich Polemik publizistisch verbreitet wurde.

Das erste der *Venezianischen Epigramme* formuliert ein den *Elegien* vergleichbares Programm der Verlebendigung des Toten. Das zweite schildert die hoffnungsvolle Ankunft, bevor das vierte in der Opposition von erstem und letztem Vers die Enttäuschung zum Ausdruck bringt und nationale Klischees geltend macht:

> Noch ist Italien, wie ichs verließ, noch stäuben die Wege,
> Noch ist der Fremde geprellt, stell er sich wie er auch will;
> Deutsche Rechtlichkeit suchst du in allen Winkeln vergebens,
> Leben und Weben ist hier, aber nicht Ordnung und Zucht;
> [...]
> Schön ist das Land, doch ach! Faustinen find ich nicht wieder,
> Das ist Italien nicht mehr, das ich mit Schmerzen verließ. (I 1, 444)

Im 14. Epigramm wird die politische Thematik mit einem Sinnbild aufgegriffen: „Diesen Amboß vergleich ich dem Lande, den Hammer dem Fürsten, / Und dem Volke das Blech, das in der Mitte sich krümmt." (I 1, 446) Auf das 36. Epigramm folgt eine längere erotisch konnotierte Sequenz über eine junge Akrobatin, ein Mitglied einer Gauklertruppe mit Namen Bettine. Ab dem 50. Epigramm (über die „Freiheits-Apostel"; I 1, 454) behandeln dann mehrere die Auswirkungen der Französischen Revolution, wobei die Dummheit des Pöbels im 55. Epigramm als Folge des Betrugs der Regierenden dargestellt wird. Das 66. ist massiv antichristlich, nachdem sich zuvor schon implizit abgezeichnet hat, dass politische und religiöse Kritik Hand in Hand gehen:

> Vieles kann ich ertragen! die meisten beschwerlichen Dinge
> Duld ich mit ruhigem Mut, wie es ein Gott mir gebeut;
> Wenige sind mir jedoch wie Gift und Schlange zuwider,
> Viere, Rauch des Tobaks, Wanzen und Knoblauch und † (I 1, 457)

– wobei in der Handschrift nicht das Kreuzzeichen, sondern „Christ" steht. Es folgen Epigramme über die „Lazerten" (wörtlich ‚Eidechsen'), die venezianischen Prostituierten. Im 77. Epigramm wird die naturwissenschaftliche Tätigkeit als alternative Möglichkeit der Sinngestaltung genannt.

Bei den *Venezianischen Epigrammen* ist die Zahl der sekretierten Stücke noch weit größer als bei den *Elegien*. In der *Weimarer Ausgabe* wurden einige davon zunächst nur zensiert, mit Anstandslücken, ediert. Bis zur Freigabe für den Nachtragsband 53 der ersten Abteilung der WA wurden manche Epigramme mit Rasiermesser oder Schere verstümmelt. Zwei Themenkomplexe wurden als nicht nur anstößig, sondern skandalös empfunden: Goethes nirgendwo so explizit geäußerte Kritik am Christentum und an monotheistischen Religionen mit Absolutheitsanspruch generell sowie natürlich die sexuell expliziten Stellen, wobei besonders skandalös war, dass beides verbunden wurde und der Katholizismus in den Epigrammen Züge eines nekrophilen Kults erhält: „Armes Mädchen was soll dir ein Teil des gekreuzigten Gottes? / Rufe den heilsamern Teil jenes von Lampsacus her." (I 1, 465) Lampsacus ist der Geburtsort des Priapus, so dass der Phallus den christlichen Reliquien entgegengesetzt wird. Die Reihe der Bettinen-Epigramme wird ebenso auf obszöne Weise fortgesetzt wie die Lazerten-Epigramme. Venedig wird schließlich als Frau dargestellt; der Fremde penetriert die Stadt wie einen weiblichen Körper – mit dem Vergleich von Verkehrswegen und weiblichem Genital: „Hättest du Mädchen wie deine Canäle Venedig und F + [zu lesen als: ‚Fötzchen'] / Wie die Gäßchen in dir, wärst du die herrlichste Stadt." (I 1, 474) Während die Reihe der veröffentlichten Epigramme mit der Sehnsucht des lyrischen Ichs nach der zu Hause mit Kind wartenden Geliebten endet, steht im nachgelassenen Konvolut der Fürstenpreis an letzter Stelle, eine Huldigung des Fürsten, der ihm „August und Mäzen" ist (I 1, 478).

Eine weiteres wichtiges lyrisches Ensemble Goethes aus den 1790er Jahren bilden die ebenfalls zum größten Teil in Schillers *Musen-Almanach* zum ersten Mal veröffentlichten Idyllen und Elegien, die seit den *Neuen Schriften* von 1800 den Titel *Elegien II* trugen (zur Unterscheidung von den *Elegien I*, den *Römischen Elegien*). Idyllen stellen eine ursprüngliche Idealwelt, ein ‚goldenes Zeitalter' dar. Insofern die Elegie deren Verlust in der Gegenwart betrauert, stehen Idylle und Elegie miteinander in Verbindung. *Alexis und Dora* wurde im Erstdruck im *Musen-Almanach für das Jahr 1797* (dem so genannten „Xenien-Almanach") mit der Genrebezeichnung „Idylle" versehen. Die Sprechsituation der Eingangssequenz ist mehrdeutig, sie scheint von einem Erzähler, der nicht zur erzählten Welt gehört, zur internen Perspektive des Alexis zu gleiten, bis sich in Vers 25 ein Gedankenstrich findet. Die darauf folgenden Verse werden häufig als ‚versetzter Prolog' gedeutet:

Sekretierte Epigramme

Elegien II: Alexis und Dora

So legt der Dichter ein Rätsel,
Künstlich mit Worten verschränkt, oft der Versammlung ins Ohr.
Jeden freut die seltne Verknüpfung der zierlichen Bilder,
Aber noch fehlet das Wort, das die Bedeutung verwahrt,
Ist es endlich gefunden, dann heitert sich jedes Gemüt auf,
Und erblickt im Gedicht doppelt erfreulichen Sinn. (I 1, 617, Vs. 25–30)

Diese Charakteristik der Dichtung wird nun mit der Liebe verglichen. Man kann sich bei der Lektüre des Gedichtes an der exoterischen Bedeutungsschicht erfreuen, ohne die esoterische Bedeutung zu gewahren, zu deren Erfassung ein Rätsel gelöst werden muss. Alexis war auf ähnliche Weise mit seiner Nachbarin Dora von Jugend auf vertraut, ohne in Liebe für sie zu entbrennen oder sie besitzen zu wollen. Dies ändert sich buchstäblich im letzten Moment. Er geht auf Handelsreise, hat sich schon von seinen Eltern verabschiedet, wird zum Schiff gerufen, dessen Segel sich schon blähen und dessen Anker sich schon lichten. Da ruft ihn Dora in ihren Garten, sie reicht ihm Früchte, und Amor drückt die beiden „gewaltig zusammen" (I 1, 619, Vs. 95). Während er immer dringender zum Schiff gerufen wird, verbinden sich die beiden auf ewig. Die Frage, was diesen plötzlichen Umschlag verursacht, hat in der Goethe-Forschung eine poetologisch wichtige Kontroverse ausgelöst. Albrecht Schöne (1982) sah hier das Rätsel versteckt und bezeichnete die „Myrte" (Vs. 84), die sich über Doras Früchtekorb bog, als das Rätselwort, das den doppelten Sinn enthülle. Die Myrte ist der Strauch der Aphrodite, und unter diesem Vorzeichen würden nun Orangen und Feige zu Sexualsymbolen. Die plötzlich entdeckte Liebe zwischen Alexis und Dora sei also körperlich vollzogen worden, und so sei die Eifersucht des Alexis auf dem Schiff erklärlich: „Ja ein Mädchen ist sie! und die sich geschwinde dem einen / Gibt, sie kehret sich auch schnell zu dem andern herum." (I 1, 621, Vs. 147f.) Mit Blick zurück auf den Vergleich ist dann jedoch fraglich, was an diesem enthüllten doppelten Sinn gemütserheiternd und erfreulich sein soll. Wenn man die zitierte Lektüreanweisung wörtlich nimmt und ein Rätsel löst, ist die Auflösung in Bezug auf die Liebe eher unerfreulich – Besitzdenken und Eifersucht sind die Folge.

Poetik des
Geheimnisses

In den letzten Versen der Elegie werden die Musen noch einmal angerufen: „Linderung kommt einzig, ihr Guten, von euch." (Vs. 158) Linderung kommt nach der Poetik von *Alexis und Dora* daher, dass man schwer verständliche Dichtung nicht als zu lösendes Rätsel betrachtet, bei dem es darauf ankommt, dass der Interpret seine Bildung und Gelehrsamkeit unter Beweis stellt und sich daran erfreuen kann. Dichtung ist nicht Rätsel, sondern Geheimnis. Ein Rätsel lässt sich lösen, ein Geheimnis nicht, sonst verliert es seinen Reiz, zumal bei Goethe, der meist von ‚offenbarem Geheimnis' gesprochen hat. Damit kann man auch den „Zustimmungszwang", den Schöne für seine Deutung beansprucht hatte (1982, 91), getrost als verfehlt zurückweisen. Schiller erblickte dagegen in dem gesperrt gedruckten und wiederholten Wort *ewig* (Vs. 101 und 109), mit dem Dora den Liebesschwur besiegelt, das Schlüsselwort und brachte dies mit dem Augenblick in Verbindung, der als Liebesaugenblick eine so bedeutsame Rolle spielt und zum ewigen, der Zeit enthobenen wird. Wie das ‚offenbare Geheimnis' ist auch der ‚ewige Augenblick' eine für Goethe typische oxymorale Kollokation (vgl. Anglet 1991). Als solcher wird er bereits in der Eingangsrede des Alexis aufgerufen. Das Geheimnis liegt darin, dass es sich bei Doras Garten um einen der Zeit enthobenen Ort handelt, weshalb auch die Liebesbegegnung von Alexis und Dora von dem Drängen und der Eile ringsum nicht berührt wird. Insofern ist er auch nur eingeschränkt zugänglich, öffnet sich nur für Alexis, schließt sich hinter ihm wieder und öffnet sich für keinen anderen. Seine Eifersucht ist also gegenstandslos, und diese Erkenntnis ist die Linderung, die die Musen vielleicht nicht ihm, zumindest aber dem Leser bieten können.

Von ähnlich großer poetologischer Bedeutung ist die im *Musen-Almanach für das Jahr 1799* veröffentlichte Elegie *Die Metamorphose der Pflanzen*, das erste große naturwissenschaftliche Lehrgedicht Goethes (auch dies in antiker Tradition, nämlich Lukrez' *De rerum natura*). Auch hier wird ein „Rätsel" präsentiert (Vs. 7), nämlich dasjenige der verwirrenden Ordnung des Pflanzenreichs. Der Geliebten wird anhand der Entwicklung einer Pflanze das Gesetz der Metamorphose erläutert, das über Raupe und Schmetterling auf den Bereich des Menschen erweitert und vor allen Dingen auf die Entwicklung einer Paarbeziehung von der Bekanntschaft bis zur Liebe bezogen wird. Damit werden, wie öfter bei Goethe, mehrere Komplexe verbunden: nicht mehr nur Liebe und Dichtung, wie schon in den *Römischen Elegien*, sondern auch Liebe und Naturforschung sowie Poesie und Naturwissenschaft.

Die Metamorphose der Pflanzen

Ungefähr aus derselben Zeit wie die zweite Elegien-Gruppe stammt ein großer Teil von Goethes Balladendichtung, vor allem aus dem gemeinsamen ‚Balladenjahr' mit Schiller 1797, dessen Früchte im *Musen-Almanach auf das Jahr 1798* veröffentlicht wurden. Goethe hat sich, wie erwähnt, in seiner Straßburger Zeit unter dem Einfluss Herders mit der Volksballade beschäftigt, und erste gewichtige Kunstballaden stammen aus den voritalienischen Jahren, wie vor allem *Der Erlkönig*, der 1782 als Rollenlied Dortchens das Singspiel *Die Fischerin* einleitete und 1789 separat in die *Vermischten Gedichte* aufgenommen wurde. *Die Braut von Corinth* (mit der Genrebezeichnung „Romanze") ist aufgrund der vampirischen Thematik (mit Entgegensetzung von Heidentum und Christentum, patriarchaler und matriarchaler Kultur und Liebestod im Feuer) von besonderer Bedeutung. Das komplementäre Gegenstück bildet *Der Gott und die Bajadere*, im Untertitel als „indische Legende" bezeichnet, mit der Pointe einer Vereinigung der Prostituierten mit dem geliebten Gott im Flammentod. Der Tod durch Verbrennen als Übergang in eine höhere Existenzform ist eine später häufiger gebrauchte Metapher Goethes. Dass das populäre Genre der Ballade – berühmt vor allen Dingen *Der Zauberlehrling* mit dem Thema von Dilettantismus und Meisterschaft – gravierende weltanschauliche Bedeutsamkeit gewann, drückt sich auch darin aus, dass sich Goethe 1821 in einem Aufsatz (in der Zeitschrift *Über Kunst und Altertum*) grundsätzlich mit dem Genre auseinandersetzte und die Ballade als „Ur-Ey" bezeichnete, als Typus ähnlich der hypothetischen Urpflanze: „weil hier die Elemente noch nicht getrennt, sondern, wie in einem lebendigen Ur-Ey, zusammen sind, das nur bebrütet werden darf, um, als herrlichstes Phänomen, auf Goldflügeln in die Lüfte zu steigen." (I 21, 39) Diese ‚Bebrütung' hat Goethe sicherlich mit der Entwicklung von den Straßburger Volksballaden bis zu seinen späten weltanschaulichen

Balladen

Kunstballaden geleistet. In der germanistischen Rezeption wurde die Äußerung indes häufig anders gedeutet: so als sei Goethe davon ausgegangen, dass die Gattungen Lyrik, Epik und Drama sich tatsächlich historisch aus der Ballade entwickelt hätten, in der sie noch vereinigt gewesen seien.

Sonette   Goethes Werkausgabe von 1815 bringt eine entscheidende Differenzierung der Genrebezeichnungen in seinen Gedichtsammlungen. Der erste Band wird mit „Liedern" eröffnet, es folgen „Gesellige Lieder", „Balladen", „Elegien I und II", „Episteln", „Epigramme. Venedig 1790", „Weissagungen des Bakis" (eine erste größere Gruppe von Spruchdichtungen) und „Vier Jahreszeiten" (eine Auswahl aus den *Xenien*). Den zweiten Band eröffnet die Rubrik „Sonette". Der größte Teil ist im Dezember 1807 entstanden. Das aus der Frühen Neuzeit stammende und in der deutschen Barockdichtung beliebte Genre stand zu Zeiten der Aufklärung aufgrund seines artifiziellen Aufbaus in schlechtem Ansehen. Eine Wiederbelebung erfolgte erst durch die Romantiker um 1800, die zeitweilig zur Modeerscheinung einer regelrechten „Sonettenwut" (so Goethe selbst im elften der Sonette: I 2, 256) ausartete. Der ‚Sonettenkrieg' war nicht frei von chauvinistischen Untertönen: Das streng geregelte Sonett galt als Genre, das für unmittelbare Gefühlsaussprache nicht geeignet sei, was auf die romanische Welt bezogen wurde, aus der das Sonett historisch stammt.

Goethe nimmt in seinen Sonetten diese Herausforderung auf, indem er den Zyklus zur Darstellung einer Liebesbegegnung wählt. In den Dialogen zwischen „Zweifelnden" und „Liebenden" im vierzehnten und „Mädchen" und „Dichter" im fünfzehnten Sonett wird das Genre selbstreflexiv: Die Liebenden entgegnen auf die vorgebrachten Zweifel, dass gerade die genau reglementierte Form des Sonetts eine besondere Herausforderung der Empfindungskraft darstelle: „Das Allerstarrste freudig aufzuschmelzen / Muß Liebesfeuer allgewaltig glühen." (I 2, 258) Den Einwänden des Mädchens, dass die geschilderten Gefühle bloße Rhetorik seien, entgegnet der Dichter mit dem Gleichnis eines Feuerwerkers (d. h. Sprengmeisters), der bei aller Kunstfertigkeit von dem letztlich nicht zu beherrschenden Element mit in die Luft gesprengt wird. In diesen für ein Sonett charakteristischen spielerisch-virtuosen Schlusspointen zeigt sich jedoch gerade besonders eindrucksvoll, dass die Funktionsbestimmung der Lyrik von der unmittelbaren Gefühlsaussprache nun wieder stärker an eine gesellige Rolle des Dichters rückgebunden wird.

In der Sammlung von 1815 folgen auf die Sonette „Kantaten", „Vermischte Gedichte" (unter denen sich die sprachlich deutlich regulierten Sturm-und-Drang-Hymnen befinden), „Aus Wilhelm Meister", „Antiker Form sich nähernd", „An Personen", „Kunst", „Parabolisch", „Gott, Gemüt und Welt" (diese drei Begriffe stehen metonymisch für das Ganze des Universums), „Sprichwörtlich" und „Epigrammatisch".

West-östlicher Divan   1819 erschien die erste Ausgabe von Goethes größtem Gedichtbuch, des *West-östlichen Divans*. Das persische Wort ‚Divan' bedeutet ‚Versammlung', womit die Gedichtsammlung gemeint ist, im weiteren Sinne des Titels aber auch die Versammlung zweier Kulturen. Goethes reale Reise nach Westen, in die Rhein- und Maingegenden, und die imaginäre Reise in den Orient verlaufen dabei parallel. Beides ist eine Reise zum Ursprung: in Goethes persönliche Herkunftswelt hier, zu den Ursprüngen der Menschheitsgeschichte dort. Das erste Gedicht, *Hegire*, hat expositorische und programmatische Funktion für das gesamte Buch. Der Titel ist die französische Bezeichnung für ‚Hedschra' (‚Auswanderung'), Mohammeds Flucht aus Mekka nach Medina im Jahre 622, der Beginn der islamischen Zeitrechnung. Goethes Handschrift des Gedichts ist datiert auf den 24.12.1814, den Tag der Geburt Jesu, so dass islamische und christliche Zeitrechnung sowie die Ursprünge der beiden Religionen parallelisiert werden. Überdies setzt sich das lyrische Ich damit implizit mit dem Propheten gleich – Dichtung tritt in Konkurrenz zur Religion, oder anders: Die Religion wird zur Poesie. Hintergrund der in der ersten Strophe genannten Fluchtsituation in den „reinen Osten" mit seiner „Patriarchenluft" (Vs. 3f.) sind die napoleonischen Kriege mit dem Ende des Sturzes Napoleons 1814. Im Pronomen „du", das zur Flucht aufgefordert wird, verbinden sich Selbstanrede des lyrischen Ich und Leseranrede. Die beiden letzten Verse der ersten Strophe fassen das Programm des gesamten Zyklus zusammen: „Unter Lieben, Trinken, Singen, / Soll dich Chisers Quell verjüngen." (Vs. 5f.) Die ‚westliche' Variante von „Lieben, Trinken, Singen" lautet: ‚Wein, Weib und Gesang', und in der Tat sind das drei vorherrschende Themen des *Divan*. Chiser ist der Hüter der Quelle des Lebens, wodurch Dichter und Schenke implizit verbunden werden. In der vierten Strophe wird aus der Zeitreise in die orientalische Vergangenheit eine geographische Reise in den gegenwärtigen Orient, wenn das lyrische Ich als Händler „[v]on der Wüste zu den Städten" reist (Vs. 24). In den Gefahren dieses Wegs trösten die Lieder des Hafis (wörtlich: ‚Bewahrer des Korans'), des persischen Dichters des 14. Jahrhunderts, dessen 1814 in der Übersetzung des Orientalisten Joseph von Hammer erschienene Gedichte die entscheidende Anregung für Goethe waren. Mit den „Bädern" und den „Schenken" als Handlungsorten (Vs. 31), der Entschleierung der Geliebten und dem Verweis auf das (islamische) Paradies – dessen Zugang hier die Dichtung erwirken kann – erfolgen weitere Vorausdeutungen.

Das Gedicht *Selige Sehnsucht* beschließt das erste Buch, das *Buch des Sängers*. Der Titel ist ein Oxymoron: Seligkeit ist nach zeitgenössischem Wortverständnis erst das Ziel der Sehnsucht und nicht dieser selbst inhärent. Auch der erste Vers ist paradox – „Sagt es niemand, nur den Weisen" – und bezeichnet Goethes Verständnis von Esoterik und Exoterik. Scheinbar handelt es sich um eine Aufforderung zur Geheimhaltung, die das Gedicht als esoterische Dichtung kennzeichnet. Aber wer will schon zur verhöhnenden „Menge" des zweiten Verses gehören? Jeder fühlt sich geschmeichelt, wenn er als Weiser angesprochen wird, denn das Gedicht wurde ja keineswegs sekretiert, sondern es ist publiziert und richtet sich an alle. Jeder ist angesprochen, jede kann die Geheimbotschaft vernehmen, wenn er oder sie es möchte. Gleichwohl ist das Gedicht damit nicht der Banalität preisgegeben, denn auch wenn sich die Botschaft an alle richtet, lässt sie sich nicht in der Weise eindeutig auflösen, wie ein Rätsel gelöst werden kann, was an das Verhältnis von Geheimnis und „Rätsel" in *Alexis und Dora* erinnert. Die esoterisch-exoterische Geheimlehre, in der – wie zum Beispiel in den oben erwähnten Balladen – der „Flammentod" (Vs. 4) eine zentrale Bedeutung hat, wird als „Stirb und werde!" formuliert (Vs. 18).

Wenn im ersten Gedicht des *Buchs Hafis*, *Beyname*, der Name Hafis als ‚Bewahrer des Korans' erläutert wird und der westliche Dichter sich analog

Esoterik und Exoterik

Liebesdialog mit
Marianne von
Willemer

als Bewahrer der Bibel begreift, so ist damit keine religiöse Funktionalisierung der Dichtung verbunden; im Gegenteil bedeutet das eine Aufwertung der Poesie gegenüber der Religion, deren eigentlicher Gehalt nur durch die Dichter bewahrt wird. Das Gedichtpaar *Offenbar Geheimniß* und *Wink* führt die poetologische Thematik von Esoterik und Exoterik fort: Im ersten Gedicht werden die „Wortgelehrten" kritisiert, die die Gedichte des Hafis „mystisch", d. h. allegorisch deuten, statt Liebe und Weingenuss wörtlich zu nehmen. Das zweite Gedicht gesteht diesen Interpreten dagegen zu, dass es „sich wohl von selbst verstehn" müsse, „daß ein Wort nicht einfach gelte", also eine allegorische Lesart möglich sei. Darin steckt indes ein (auch durch den fehlenden Reim in den Versen 3 und 4 markierter) Selbstwiderspruch: Was sich von selbst verstünde, hätte doch nur eine Bedeutung. Das Geheimnis liegt im Bild zwischen den Stäben des Fächers – auf der Vergleichsebene zwischen den Buchstaben des Wortes, also zwischen den Zeilen. Das Geheimnis kann nur in der Gemeinschaft der Liebenden – in den Augen, die durch den Flor des Fächers zu erblicken sind – erfasst werden, was in der esoterischen Bedeutungsschicht auf die im weiteren Verlauf des *Divan*, im *Buch Suleika*, realisierte gemeinschaftliche poetische Produktion bezogen werden kann. Marianne von Willemer, das ‚Vorbild' der Suleika (während das lyrische Ich in die Rolle des Hatem schlüpft), steuerte nicht als solche gekennzeichnete eigene Gedichte zum Liebesdialog bei, was sie Herman Grimm anvertraute, der ihre Autorschaft erst nach ihrem Tod, 1869, bekanntgab. Der poetische Liebesdialog lässt sich anhand von Suleikas Gedichten auf den Ost- und Westwind und der Antwort im Gedicht *Hochbild* nachvollziehen: In Marianne von Willemers Gedichten hat ein Tausch der Positionen stattgefunden. Die orientalische Geliebte befindet sich im Westen, der Ostwind bringt Kunde vom Geliebten (im Gedicht *Was bedeutet die Bewegung?*), während der feuchte Westwind ihre Tränen nach Osten trägt (im Gedicht *Ach! um deine feuchten Schwingen*). Der Staub soll belebt, Ost und West sollen verbunden werden. Goethes Antwort steht dazwischen, im Gedicht *Hochbild*, womit der Regenbogen gemeint ist, der den männlichen Sonnengott und die weibliche Regengöttin zugleich verbindet und trennt. Die Liebenden bleiben getrennt, sie können sich nicht vereinigen, aber zwischen ihnen entstehen poetische Reflexe. In den als „Perlen" (Vs. 15) bezeichneten Regentropfen spiegelt sich das Bildnis der Sonne. Da ‚Perle' eine orientalische Metapher für ‚Gedicht' ist, ist darin eine Anspielung darauf verborgen, dass sich Goethe in Marianne von Willemers Gedichten spiegelt. Diese poetische Verbindung bei unaufhebbarer räumlicher Trennung kann für das gesamte Programm von Goethes Beschäftigung mit dem Orient und seine Vorstellung des Verhältnisses von West und Ost in der Konzeption einer ‚Weltliteratur' stehen. Seine orientalistische Kulturpoetik hat er in den *Noten und Abhandlungen zu besserem Verständniß des West-östlichen Divans* formuliert, die den Gedichtband als Kommentar begleiten. Eine erweiterte Fassung des *Divan* erschien im Rahmen der *Ausgabe letzter Hand* 1827.

Trilogie der
Leidenschaft

Goethes letzte Gedichtsammlung von 1827 wird von der sehr heterogenen Gruppe „Lyrisches" eröffnet. Besonders gewichtig ist die *Trilogie der Leidenschaft*, die drei ursprünglich separat entstandene Gedichte vereinigt: *An Werther*, *Elegie* (als *Marienbader Elegie* bekannt) und *Aussöhnung*. *An Werther* – als letztes der drei, 1824, entstanden – schildert eine erneute, resignative Begegnung mit dem „vielbeweinte[n] Schatten" (I 2, 456, Vs. 1). Der Schluss leitet zur *Elegie* über: „Wie klingt es rührend wenn der Dichter singt, / Den Tod zu meiden, den das Scheiden bringt! / Verstrickt in solche Qualen halbverschuldet / Geb' ihm ein Gott zu sagen was er duldet." (I 2, 457, Vs. 49f.) Diese Verse werden im Motto der 1823 entstandenen *Elegie* aufgenommen: „Und wenn der Mensch in seiner Qual verstummt, / Gab mir ein Gott zu sagen was ich leide." Diese Verse stammen vom Protagonisten des Dramas *Torquato Tasso* (Vs. 3432f.), mit einer bezeichnenden Änderung: Tasso spricht nicht davon, „was", sondern „wie" er leidet. Im Vergleich zu der Künstlerfigur des klassischen Dramas wird nun eine Objektivierung intendiert: Es geht nicht mehr um den empfindsamen Gefühls- bzw. Leidensausdruck, sondern um eine Benennung der Problematik, die im genrehaften Titel *Elegie* bereits ausgedrückt ist. Diese Bezeichnung ist nun rein inhaltlich als Klagedichtung zu verstehen, als Klage um den Verlust eines Ideals, das als verlorenes „Paradies" (Vs. 7) der Liebe geschildert wird. Die ansonsten bei Goethe ebenfalls geltende formale Kennzeichnung der Elegie ist hier nicht mehr in Kraft: Sie ist nicht in Distichen verfasst, sondern in Stanzen mit jambischen Elfsilblern, dem Endecasillabo. Der radikale Ausdruck der Klage und des völligen Selbst- und Weltverlusts („Mir ist das All, ich bin mir selbst verloren"; I 2, 462, Vs. 133) wird nur durch den dritten Teil der Trilogie, *Aussöhnung*, gemildert, wobei der Musik eine das Leid lösende Funktion zugeschrieben wird.

Die folgenden Rubriken der Sammlung von 1827 sind „Loge" und „Gott und Welt", welch letzterer in ihrer Komposition die aus der Naturforschung gewonnene Weltanschauung des späten Goethe in lyrischer Form zu entnehmen ist. Nach einer Reihe von kosmologischen Gedichten und solchen, die die Ordnung der Natur in Form eines Lehrgedichts erläutern (*Die Metamorphose der Pflanzen* wird nun durch *Metamorphose der Tiere* ergänzt), formulieren die *Urworte. Orphisch* gewissermaßen einen idealtypischen Lebenslauf in der fünfstrophigen Abfolge von *Daimon/Dämon, Tyché/Das Zufällige, Eros/Liebe, Ananké/Nötigung* und *Elpis/Hoffnung*. Die *Urworte* sind bereits 1817 entstanden, wurden von Goethe im zweiten Heft seiner Zeitschrift *Zur Morphologie* 1820 erstmals veröffentlicht und noch im selben Jahr in *Über Kunst und Alterthum* erneut publiziert und mit einem erläuternden Kommentar versehen. Wie auch zeitlich benachbart beim *Divan*, zeigt sich hier eine gegenläufige Bewegung: Naturwissenschaftliche Lehren werden in lyrischer Form didaktisch verbreitet, den Gedichten hingegen wird zum Verständnis der Autorintention ein Kommentar beigegeben. Für ersteres bildet neben den *Metamorphose*-Gedichten *Entoptische Farben* ein gutes Beispiel: Die Polarisationsphänomene des Lichts in einem Glaskörper zwischen Spiegeln erachtete Goethe als atmosphärischen Ursprungs und bezog die naturwissenschaftliche Beobachtung auf den Bereich der menschlichen Beziehungen, wo die Augen der Liebenden die Spiegel ersetzen und in ihrem Wechselblick in der dazwischen liegenden Welt „[w]undersame Spiegelungen" (I 2, 506) entstehen. In der letzten Strophe wird daraus die Folgerung einer Entsprechung von Mikro- und Makrokosmos gezogen, verbunden mit der Aufforderung, den Makrokosmos, also das All, auf sich beruhen zu lassen, da man auch in der „kleinen Welt" des Menschen die kosmischen Gesetze erkennen kann.

Weltanschauliche Lehrdichtung

Weitere Rubriken lauten „Kunst", „Epigrammatisch", „Parabolisch", „Aus fremden Sprachen", „Inschriften, Denk- und Sende-Blätter" und „Zahme Xenien". Nicht mehr in die Sammlung aufgenommen wurden die im Kontext des Romans *Wilhelms Meisters Wanderjahre* stehenden Gedichte *Vermächtnis* und *Im ernsten Beinhaus war's*, welch letzteres, am 25./26.9.1826 entstanden, den Roman im Druck abschloss, mit der folgenden Bemerkung „Ist fortzusetzen." Grundsätzlich ist der Kettenreim der Terzinen beliebig fortsetzbar, doch formulieren die letzten vier Verse ein sentenzenartiges Fazit, die Terzinen werden zum Vierzeiler mit Kreuzreim erweitert, so dass die Bewegung angehalten wird und eine Fortsetzung weder formal noch inhaltlich passend erscheint:

Im ernsten Beinhaus war's

> Was kann der Mensch im Leben mehr gewinnen
> Als daß sich Gott-Natur ihm offenbare?
> Wie sie das Feste läßt zu Geist verrinnen,
> Wie sie das Geisterzeugte fest bewahre. (I 2, 685)

Wenn man dieses Schlussresümee nicht mitzählt, befindet sich die mit ‚doch' markierte adversative Wendung des Gedichts genau in der Mitte, in Vers 15: „Doch mir Adepten war die Schrift geschrieben, / Die heil'gen Sinn nicht jedem offenbarte" (I 2, 684). Es handelt sich wieder um das Verhältnis von Exoterik und Esoterik, um den Fall eines ‚offenbaren Geheimnisses', das in der Erscheinung offen zutage liegt und sich doch nur dem erschließt, der richtig sehen kann und eingeweiht ist. Der tote Schädel erweist sich dann im Sinne des Resümees als „gottgedachte Spur", die „Orakelsprüche" spendet, wodurch die Vergänglichkeitserfahrung überwunden werden kann. Mit der ‚Spurenlese' am Schädel ist wiederum die lyrische Umsetzung einer zeitgenössischen wissenschaftlichen Theorie gegeben, der Schädellehre oder ‚Phrenologie'. Dass das Gedicht 1833 in Goethes nachgelassenen Werken noch einmal unter dem Titel *Bei Betrachtung von Schillers Schädel* gedruckt wurde, stellt eine (vermutlich von Goethe nicht autorisierte) biographische Verengung dar (vgl. Schöne 2002). Dass es um weltanschaulich Grundsätzliches geht, zeigt schon die Terzinenform, die Goethe nur äußerst selten und für inhaltlich gewichtige Dichtung verwendete. Diese Form mit dem Kettenreim ist besonders gut dafür geeignet, einen Überlieferungsprozess darzustellen, eine Verkettung von der Vergangenheit zur Gegenwart.

Chinesisch-deutsche Jahres- und Tageszeiten

Von den Gedichten aus Goethes letzten Lebensjahren ragen zwei Gruppen heraus: zunächst die 1829 im *Berliner Musenalmanach für das Jahr 1830* veröffentlichten *Chinesisch-deutschen Jahres- und Tageszeiten*, in denen die Konzeption einer ‚Weltliteratur' so ausgemünzt wird, dass gerade nichts spezifisch Nationales hervortritt, sondern das allgemein Menschliche konturiert wird, das auf der ganzen Welt identisch ist, wie auch die Jahres- und Tageszeiten universale Geltung haben, auch wenn sie unterschiedlich eintreten. Universale Geltung wird dabei insbesondere der Liebe zugeschrieben. Das sechste Gedicht enthüllt die Signifikanz der Wendung nach Osten: Es ist die Richtung, in die sich der „Liebesblick" wendet: „Wohin mein Auge spähend brach, / Dort ewig bleibt mein Osten." (I 2, 697) Auch wenn sich das lyrische Ich am fernsten östlichen Punkt, in China, aufhält, trifft es dort überwiegend auf die bekannte Tier- und Pflanzenwelt und bleibt mit seiner Sehnsucht weiterhin ‚orientiert', d.h. ganz wörtlich nach Osten, gen Orient gewendet.

Die beiden ‚Dornburger Gedichte' *Dem aufgehenden Vollmonde* und *Dornburg. September 1828* schrieb Goethe während seines Aufenthalts auf den Dornburger Schlössern an der Saale im Sommer 1828 nach dem Tod des Großherzogs Carl August. Es handelt sich um einen kleinen Zyklus von Nacht und Tag, Mondaufgang und Sonnenumlauf. Das erste Gedicht schickte Goethe am 23.10.1828 mit dem Hinweis auf den gemeinsamen Vollmond-Kult an Marianne von Willemer. Das zweite Gedicht besteht aus einem einzigen langen Satz, der als Temporal-, aber auch als Konditionalsatz gelesen werden kann, insofern verschiedene meteorologische Bedingungen formuliert werden, damit der Tag mit einem schönen Sonnenuntergang beendet werden kann. Die zentrale Bedingung wird in der letzten der drei Strophen formuliert: der Dank des Menschen (als lyrisches Du sowohl der Leser als auch in Selbstadressierung das lyrische Ich), seine Hinwendung zur Natur, die Übereinstimmung von Subjekt und Objekt. Auf engstem Raum und in einfacher lyrischer Bildlichkeit formuliert dieses Gedicht in nuce wesentliche Gesetzlichkeiten von Goethes Naturanschauung, insbesondere der Farbenlehre (vgl. Philippi 2001).

Goethes erste Gesamtausgabe, *Goethe's Schriften*, wurde 1787 mit der *Zueignung* eröffnet, einem Stanzengedicht, das zu dem unvollendeten Epos *Die Geheimnisse* gehört, zu dem es in der Gesamtausgabe von 1806 gestellt wurde, bevor es in den Ausgaben von 1815 und 1827 die Gedichtbände einleitete, die ihrerseits die Gesamtausgaben eröffneten. Dem lyrischen Ich erscheint in der *Zueignung* die allegorische Gestalt der Wahrheit, deren unmittelbarer Anblick dem menschlichen Auge ebenso „Pein" bereitet (I 1, 10, Vs. 52) wie der Blick in die Sonne. Die den menschlichen Sinnen fassbare Einkleidung ist Aufgabe der Dichtung, wobei bereits zu diesem vergleichsweise frühen Zeitpunkt Goethes naturwissenschaftliche Anschauungen – in Meteorologie und Farbenlehre – mit der poetologischen Aussage verknüpft werden. Die verschleierte ‚Trübe', die dem menschlichen Auge erträglich ist, ist in der *Farbenlehre* der Bereich zwischen Licht und Finsternis, in dem die Farben entstehen. In diesem mittleren Bereich der Erscheinungen ist auch die Dichtung angesiedelt, zu der das lyrische Ich durch das Geschenk der Wahrheit befähigt wird: „Aus Morgenduft gewebt und Sonnenklarkeit, / Der Dichtung Schleier aus der Hand der Wahrheit." (I 1, 11, Vs. 95 f.)

Drama

Goethes erste, in Leipzig unternommene dramatische Versuche sind Anfängerarbeiten, von denen sich nur Bruchstücke erhalten haben, etwa Fragmente aus einer biblischen Tragödie *Belsazar* (1765). Auch in anderen Gattungen bearbeitete der junge Goethe religiöse und biblische Themen. Dramengeschichtlich symptomatisch ist, dass er zunächst mit dem klassischen französischen Tragödienvers, dem Alexandriner, arbeitete und schließlich erste Versuche mit dem Blankvers, nach englischem Vorbild, anstellte.

Das einzige vollständig überlieferte Stück aus dieser frühen Phase ist das Schäferspiel *Die Laune des Verliebten* (1767/68). Gegen die idyllische Hirtendichtung der Bukolik, für die in der griechischen Antike Theokrit steht, sollte sich Goethe wenige Jahre später in seiner poetologischen Hymne

Dornburger Gedichte

Zueignung

Das Schäferspiel *Die Laune des Verliebten*

Wandrers Sturmlied im Horizont der Genieideologie programmatisch aussprechen. Dennoch hat er diesen dramatischen Versuch trotz früher selbstkritischer Aussagen nicht verworfen, sondern 1805 am Weimarer Hoftheater zur Aufführung gebracht und 1806 in seine Werkausgabe aufgenommen, nachdem das Stück am 20.5.1779 auf dem Weimarer Liebhabertheater mit Corona Schröter in der Rolle der Egle und Goethe selbst in der Rolle des Eridon eine erste Aufführung erlebt hatte – im selben theatralen Kontext mithin, in dem neben vielen anderen Stücken Goethes auch *Iphigenie auf Tauris* (in der Prosafassung) erstmals zur Aufführung gelangte. Der Text ist nur in einer Abschrift für die späte Inszenierung überliefert, die dann auch mit wenigen Änderungen gedruckt wurde, so dass unklar ist, wie stark Goethe das Stück gegenüber der ersten Fassung bearbeitete. Rückschlüsse von seiner Bearbeitungspraxis bei anderen Dramen sprächen eher dafür, von einer Neubearbeitung auszugehen. Gleichwohl ist das für die 1760er Jahre typische Genre noch erkennbar mit der Form des Alexandriners, der einfachen Figurenkonstellation zweier Liebespaare, einer Liebesverwicklung, die im Handlungsverlauf gelöst wird, und einer einfachen, arkadischen Szenerie, die auf einen idyllischen Naturzustand des Menschen hindeutet. Dabei weist das Stück über das typische Genremuster hinaus und auf Problemstellungen voraus, die für Goethes Dramen in den kommenden Jahren charakteristisch sind. Die „Laune" im Titel ist eine die harmonische Geselligkeit störende, insofern ‚asoziale' Charaktereigenschaft, ein Temperament, das die Verwicklung herbeiführt und das es daher zu mäßigen gilt: Eridons Eifersucht. Es geht darum, eine allzu starke empfindsame Liebe, die die Geselligkeit stört, auf ein sozial verträgliches Maß herabzustimmen. Was hier im Schäferspiel noch harmlos ausgeht, wird sich in späteren Dramen als Problem erweisen: das Ausgeliefertsein an die Sinnlichkeit bei mangelnder Selbsterkenntnis, was zu einer zwanghaften Untreue führt. „Ein Schritt weiter, und schon zeichnen sich schwere Vertrauenskrisen ab [...]" (Reinhardt 2008, 34). Goethe hat durch seine Selbstdeutungen der verbreiteten Auffassung zugearbeitet, als habe er, der ja Eridon auf der Bühne verkörperte, damit die Problematik seiner eigenen Frauenbeziehungen dramatisch gestaltet, doch sind diese möglichen autobiographischen Motive weniger relevant als der Umstand, dass in der Modellsituation des Schäferspiels einfache menschliche Probleme gezeigt werden, die auch für ein heutiges Theaterpublikum noch von Belang sind.

Das Lustspiel *Die Mitschuldigen*   Auch mit seinem nächsten Stück, dem in Frankfurt als Nachklang der Leipziger Zeit entstandenen Lustspiel *Die Mitschuldigen* (1768/69), schrieb sich Goethe nicht in den zeitgenössischen Kanon ein, sondern bediente eher Genres der niederen Bühnenunterhaltung. Komödien in einem Akt, wie die Erstfassung der *Mitschuldigen*, wurden auf den zeitgenössischen Theatern als Nachspiele zu Tragödien aufgeführt. Die zweite Fassung (1769) in drei Aufzügen war bereits ambitionierter und wurde dann am 28.11.1776 auf dem herzoglichen Liebhabertheater aufgeführt, mit Goethe in der Rolle des Alcest. Nach neuerlicher Überarbeitung erschien die dritte Fassung als erste Druckfassung 1787 in den *Schriften*. Dramaturgisch interessant ist die heterogene Genremischung aus Farce, Typenkomödie und rührendem Lustspiel. Die kostümierte Figur des Söller, der einen Karnevalsball besucht, steht in der Tradition der ‚lustigen Person' aus der italienischen Commedia dell'arte, des Harlekins, den Gottscheds Theaterreform von der Bühne der

Aufklärung verbannen wollte. Söllers Spiel- und Trunksucht verleihen dem Stück indes ernstere Züge, indem die Probleme und Verwicklungen durchaus existentieller und nicht nur farcenhafter Natur sind. Hier zeigt sich die Tradition der Typenkomödie, der auch der neugierige Wirt entstammt, in der menschliche Laster durch Verlachen moralisch kritisiert werden. Das empfindsame Paar Sophie und Alcest schließlich entstammt dem rührenden Lustspiel. Dargestellt ist eine durch und durch materialistische, auf den „großen Dietrich, Geld!" (I 4, 89, Vs. 342) fixierte Gesellschaft, in der empfindsame Gefühle keine Chance haben, in einer Liebesbeziehung verwirklicht zu werden. Das Lustspiel geht zwar gut aus, im Hinblick auf den Zustand der Gesellschaft birgt das Ende indes wenig Hoffnung.

Goethes dramatische Produktion in seiner Frankfurter Zeit war – mit der großen Ausnahme des *Götz von Berlichingen* – an der niedrigen, ‚karnevalistischen‘ Tradition orientiert, die auch in den *Mitschuldigen* erkennbar ist. Im einen wie im anderen Fall – bei den Farcen und Fastnachtsspielen wie beim Geschichtsdrama des *Götz* – stand dahinter die von Herder inspirierte Hinwendung zu volkstümlichen Überlieferungen.

Die nächsten größeren Dramen nach *Götz, Clavigo* und *Stella*, gehören formal und thematisch zusammen und knüpfen an das Bürgerliche Trauerspiel Lessing’scher Prägung an. *Clavigo* ist das erste Stück Goethes, das er unter eigenem Namen veröffentlichte, und wurde in der Rezeption sofort an dem völlig konträren *Götz von Berlichingen* gemessen – mal lobend, überwiegend aber tadelnd. Was dramaturgisch auf den ersten Blick ein Rückschritt zu sein scheint, ist ein Beleg dafür, dass Goethe der Bruch mit den dramaturgischen Konventionen kein Selbstzweck war. Es kam ihm nun auch darauf an, spielbare Stücke zu schreiben. Wenn man seinem Bericht in *Dichtung und Wahrheit* Glauben schenken darf, hat er es in nur einer Woche verfasst. Er las in einem Frankfurter Freundeskreis den soeben 1774 erschienenen Reisebericht von Pierre Augustin Caron de Beaumarchais vor und brachte in der kommenden Woche das fertige Stück mit, in das ganze Teile des übersetzten Reiseberichtes wörtlich eingingen. *Clavigo* ist daher geradezu als „Dokumentartheater" bezeichnet worden (Reiß, in: GHb 2, 107). An dieser ‚Montagetechnik‘ zeigt sich, dass Kreativität nicht automatisch mit Originalität gleichzusetzen ist und die Genieästhetik keineswegs nur zu vorbildlosen Schöpfungen führte. Goethe machte denn auch (in einem Brief an Friedrich Jacobi vom 21.8.1774) völlig zu Recht geltend, dass die übernommenen Teile von seinem eigenen Stück nicht zu trennen, also in sein ‚geistiges Eigentum‘, das es als solches im juristischen Sinne des Urheberrechts noch nicht gab, übergegangen seien.

Inhaltlich entfernt sich *Clavigo* nicht so weit von *Götz*, wie es zunächst den Anschein hat: Der Protagonist trägt in seiner Unbeständigkeit, seinem Schwanken zwischen Privatheit und Öffentlichkeit (hier ganz modern zwischen Ehe und Karriere), Bürgertum und Adel deutliche Züge Weislingens, was Goethe auch selbst konstatierte. Clavigo, ein Neuankömmling in Madrid, verliebt sich in eine bürgerliche französische Frau, Marie, und verspricht ihr die Ehe. Er macht als Intellektueller und Literat am Hof Karriere und bricht das Heiratsversprechen aus Karriererücksichten. Der Hof erscheint als Sphäre selbstbestimmter Tätigkeit, souveränen Handelns und eines autonomen Selbstentwurfs, der privat-familiäre bürgerliche Raum, in

Farcen und
Fastnachtsspiele

Bürgerliches
Trauerspiel und
‚Dokumentar-
theater‘: *Clavigo*

den Clavigo durch die Heirat Maries eintreten würde, dagegen als Raum der Fremdbestimmung. Maries Familie sinnt auf Wiederherstellung der durch den Bruch des Heiratsversprechens verletzten bürgerlichen Ehre, und ihr aus Frankreich angereister Bruder Beaumarchais tritt als ihr Sachwalter auf. Der wankelmütige Clavigo erneuert sein Versprechen, bricht es jedoch abermals. Marie bleibt kein anderer Ausweg als die hysterische Inszenierung, die sie nicht überlebt. Reuig wirft sich Clavigo an ihren Sarg und erhält von Beaumarchais den Todesstoß.

Unlösbarkeit der Problematik und Selbstreflexion des dramatischen Genres

Die Problematik erweist sich als vorläufig unlösbar. Drei Konzeptionen prallen aufeinander: Clavigos Freund Carlos versteht die Liebe als Bedürfnisbefriedigung, Beaumarchais vertritt den Vorrang der Ehe vor der Liebe. Keines dieser Vorbilder kann Clavigo helfen, der eine dritte Konzeption entwickeln möchte – er steht vor dem Problem, wie eine empfindsame Liebe auf Dauer gestellt werden kann, die nicht auf Tugend basiert. Genau dies ist offenbar nicht möglich, Clavigo kann sich diese Unmöglichkeit aber nicht erklären, er versteht den Wandel seines eigenen Ich nicht. Der Treuebruch ist keine Lösung für ihn, weil er die Unerklärlichkeit des Wandels erst recht vor Augen führt. Der Tragödientod markiert die objektive Unlösbarkeit des Problems. Es ist ein deutlich als solcher markierter Theaterschluss mit leicht opernhaftem Gepräge – ein nächtlicher Leichenzug mit Musik. Gesiegt hat nicht etwa die Moralität im Sinne des Bürgerlichen Trauerspiels – Goethe reflektiert vielmehr das Genre und seine standardisierten Lösungen.

Stella. Ein Schauspiel für Liebende

Goethe hat später die Option vertreten, er hätte solche Dramen gewissermaßen am Fließband produzieren können. Dies hat er zwar nicht realisiert, aber ein weiteres Drama gibt es, das in diese Kategorie fällt und sie doch zugleich bereits wieder sprengt: *Stella* – „Ein Schauspiel für Liebende", so der Untertitel. Das Stück ist 1775 entstanden, vor seiner Reise in die Schweiz, und Anfang 1776 erschienen, als er bereits in Weimar war. Nachdem er das Stück für den vierten Band der *Schriften* 1787 überarbeitet hatte, schrieb er vor allem den Schluss für die erste Weimarer Aufführung 1806 um. Zugrunde liegt ein altes Komödienmotiv: ein Mann zwischen zwei Frauen. Der erste Akt beginnt im Posthaus, d.h. einem Wirtshaus mit Postkutschenstation. Madame Sommer, wie sie zunächst genannt wird, da sie inkognito reist (eigentlich heißt sie Cezilie), kommt mit ihrer Tochter Luzie an, die zu einer in der Nachbarschaft des Posthauses wohnenden Baronesse als Kammerjungfer in Dienst soll, während ihre Mutter an ihre zerbrochene Ehe zurückdenkt. Ihr Mann hat sie verlassen, als Luzie sieben Jahre alt war. Auch die Baronesse (Stella) wurde vor drei Jahren von ihrem Geliebten verlassen. Bei Madame Sommers Mann und Stellas Geliebtem handelt es sich um Fernando. Er möchte zu Stella zurückkehren, nachdem er jahrelang, schuldgetrieben, auf vergeblicher Suche nach Frau und Kind war, die er tot glaubt. Er ist ein ähnlicher Männertyp wie Clavigo – auch er hat das Problem, seine Individualität als diskontinuierliche Abfolge von Selbstzuständen zu erleben, die eine dauernde Beziehung unmöglich machen. Und auch er pendelt zwischen bürgerlicher Familie und adliger Libertinage. Beim Aufeinandertreffen zwischen Stella und Madame Sommer im zweiten Akt wird klar, dass beide in ihrer Liebe zu dem Mann, von dem sie verlassen wurden, beständig sind, dass sie ihre Identität aus dieser gewesenen Übereinstimmung mit dem geliebten Mann beziehen. Auf Stellas Porträt ihres Geliebten erkennt Madame

Sommer dessen Identität. Im dritten Akt knüpfen Fernando und Stella unmittelbar an ihre frühere Beziehung an. Für Stella hat sich nichts geändert. Fernando hat bereits zweimal die Aporie nicht ertragen, die unendlichen Möglichkeiten des Lebens durch eine konkrete, Verantwortung fordernde Realität einschränken zu müssen. Nun will er die soeben erst wiedergefundenen Totgeglaubten, Frau und Tochter, nicht lassen. Er möchte mit ihnen fort, hat aber ja andererseits bereits Stella wiedergesehen. Im vierten Akt erfolgt die Zuspitzung: Fernando gesteht Stella, dass er mit Frau und Kind abreisen möchte. Sie fällt in Ohnmacht. Im fünften Akt drohen Katastrophen: Man sieht Stella mit einem Messer, Fernando mit Pistolen. Cezilie (alias Madame Sommer) tritt jedoch auf und möchte die Verwicklungen lösen, indem sie auf ihren Mann verzichtet und abreist. Fernando ist dazu nicht fähig. Daraufhin erzählt Cezilie eine Sage als Vorbild der Schlusslösung einer Ménage à trois.

Dieser Schluss wird deutlich als literarische Utopie markiert. Natürlich wurde er so gelesen, als würden Hurerei, Ehebruch, womöglich Bigamie propagiert – eine identifikatorische Lektüre ohne Fiktionsbewusstsein, wie im Falle des *Werther*. Goethe spielte mit der Provokation eines Rezeptionsverhaltens, vor dem er in anderen Zusammenhängen ausdrücklich gewarnt hatte: In der ersten Fassung des *Triumphs der Empfindsamkeit* hatte auch *Stella* neben dem *Werther* im Bauch der Puppe gesteckt (s. u.). In der Aufklärung wurde vom Theater die exemplarische Demonstration von Tugend und Moral erwartet. Die Uraufführung fand am 8.2.1776 am Hamburger Nationaltheater statt. Der aus dem Streit mit Lessing bekannte Hauptpastor Johann Melchior Goeze sorgte dafür, dass weitere Aufführungen des Stückes untersagt wurden. Der Rezensent der *Hamburgischen Nachrichten* sprach von einem Verstoß „gegen alle Grundsätze der christlichen Religion, der biblischen und philosophischen Moral, der bürgerlichen Verfassungen, ja des gesunden Menschenverstandes" (DjG 1, 760). Mehr ging nicht. Es gab jedoch auch etliche positive Stimmen, die offenbar bereits über ein anderes, ästhetisches Rezeptionsverhalten verfügten.

Bei aller Provokation der zeitgenössischen Moral sollte nicht übersehen werden, dass die Schlusslösung durch die Vorbilderzählung geradezu göttlich beglaubigt ist. Liebe hat – noch oder wieder – eine religiöse Bedeutung, die radikal individualistische Lösung ist in der überindividuellen, göttlichen Ordnung aufgehoben. Natürlich kann man es auch so sehen, dass dadurch die Schraube der Provokation sogar noch eine Windung weiter gedreht wurde. Wie auch immer: Für die Weimarer Aufführung 1806 änderte Goethe den Schluss radikal: Stella vergiftet sich – sie opfert sich; Fernando erschießt sich – wie Werther. Dadurch gelang das Kunststück, die Unlösbarkeit der Problematik so scharf wie im *Werther* vor Augen zu stellen und doch der zeitgenössischen Moral zu genügen. Das Stück trug nun nicht mehr den Untertitel „Schauspiel für Liebende", sondern die Genrebezeichnung „Ein Trauerspiel".

Wie bereits erwähnt, wurden viele der frühen Dramen Goethes auf dem herzoglichen Weimarer Liebhabertheater zum ersten Mal aufgeführt. Die von der Herzogin Anna Amalia, der Mutter Carl Augusts, initiierte adlige Festkultur war für Goethes dramatisches und theatrales Schaffen ein fruchtbares Umfeld, in dem das Genre des Singspiels – als eine Art Gesamtkunstwerk mit Musik, Gesang, Tanz und aufwendigen Dekorationen – besonders

Theater und Moral: vom „Schauspiel" zum „Trauerspiel"

Sing- und Festspiele und das Therapiespiel *Lila*

kultiviert wurde. Beispiele aus der Vorweimarer Zeit sind *Erwin und Elmire* und *Claudine von Villa Bella*, beide als „Schauspiel mit Gesang" bezeichnet. Wichtige festliche Anlässe in Weimar waren Geburtstage der herzoglichen Familie, vor allem der Herzogin Louise am 30. Januar, der jeweils in die Karnevalszeit fiel. Für ihren 20. Geburtstag 1777 wurde das in einer Manuskriptfassung von 1782 als „Festspiel mit Gesang und Tanz" bezeichnete Stück *Lila* konzipiert, das jedoch über diesen Entstehungsanlass hinausgewachsen ist und in seiner Bedeutung über diesen konkreten Kontext ebenso hinausweist wie über das Genre des Singspiels. In der Erstfassung war es noch ein Mann, Sternthal, dessen melancholisches Gemüt zu heilen war, erst in der zweiten Fassung ist die Patientin eine Frau, und erst jetzt bekam das Stück auch den Titel *Lila*. Lila ist durch die Nachricht vom Tod ihres Mannes in eine tiefe Melancholie gefallen, die sich zum völligen Weltverlust mit Wahnvorstellungen steigert, als sich die Nachricht als falsch erweist und ihr Mann wieder auftaucht. Dadurch ist zugleich die soziale Gemeinschaft nachhaltig gestört. Die Melancholie galt bis ins 18. Jahrhundert hinein als eine physiologische Krankheit, entstanden aus dem gestörten Gleichgewicht der vier Körpersäfte schwarze Galle, gelbe Galle, Blut und Schleim, nämlich einem Überwiegen der schwarzen Galle. Entsprechend waren die Therapien auf den Körper ausgerichtet, doch bei Lila schlagen sie nicht an. Alle bisherigen Behandlungsversuche der Ärzte haben keinen Erfolg, und mit entsprechender Skepsis wird Verazio aufgenommen, der eine neuartige Therapie in Aussicht stellt. Tatsächlich will er nicht, wie seine Vorgänger, „sezieren, klystieren, elektrisieren" (I 5, 39), sondern schlägt eine psychische Kur vor: „Es ist hier nicht von Kuren noch von Quacksalbereien die Rede. Wenn wir Phantasie durch Phantasie kurieren könnten, so hätten wir ein Meisterstück gemacht." (I 5, 44) Die Wahnvorstellungen Lilas sollen also durch Phantasie kuriert werden, indem ihr „die Geschichte ihrer Phantasien" in einem Spiel im Spiel vorgespielt wird (I 5, 45). Mit dieser neuartigen Psychotherapie in Form einer Theatrotherapie, die Lila wieder an die Wirklichkeit heranführt und in die Gesellschaft integriert, hat das Stück teil an einem medizinischen Paradigmenwechsel, was auch an den homöopathischen Tropfen zum Ausdruck kommt, die der als Magus verkleidete Verazio Lila reicht. Eine wichtige Rolle beim Heilungsprozess spielt die Musik, was auf eine lange Tradition zurückgeht.

Literatursatire und Orakelsucht: Der Triumph der Empfindsamkeit

In *Lila* ist es nicht zuletzt eine übersteigerte Form der Empfindsamkeit, die zum Wahn führt. Die Phantasie löst die Krankheit aus und kann sie kurieren. Damit sind auch Literatur und Theater zugleich Ursache des Wahns wie Mittel dagegen, sie sind gefährlich und rettend, krank machend und heilend. Diese Ambivalenz wird in der Literatursatire *Der Triumph der Empfindsamkeit* virtuos gestaltet. Die Erstaufführung fand genau ein Jahr nach der Premiere von *Lila*, am 30.1.1778 zum Geburtstag der Herzogin Louise, statt. In diesem Stück gibt es zwei ‚Kranke', d. h. Figuren mit einem gestörten Weltverhältnis, einen Mann und eine Frau: die Königin Mandandane und den Prinzen Oronaro. Mandandane kann kuriert werden, Oronaro nicht. Mit dieser Problematik verbindet sich ein anderes zeitgenössisch relevantes Thema, das für Goethe selbst – auch biographisch, wie die Hymne *Harzreise im Winter* und deren Entstehungskontext zeigt – von besonderer Bedeutung war: die Orakelsucht als gesellschaftliches Phänomen. Dass eine Orakelbefragung zumeist kein klares Ergebnis erbringt und interpretationsbedürftig ist, zeigt sich dann auch bei *Iphigenie* – und darin liegt die Modernität von Goethes Gestaltung der Thematik. Die Zufälligkeit des Lebens kann nicht mehr unter Berufung auf ein weltanschauliches Deutungssystem hintergangen werden, auch nicht durch esoterische hermetische Lehren, wie sie Goethe selbst zeitweise intensiv rezipiert hatte.

Der Spruch, den König Andrason vom Orakel über das Schicksal seiner Ehe mit Mandandane erhält, ist zunächst unverständlich. Er vermutet, dass sie ein Verhältnis mit Prinz Oronaro hat, doch die Hoffräulein entdecken, dass dessen Leidenschaft nicht der wirklichen Mandandane, sondern einer nach ihr gebildeten ausgestopften Puppe gilt. In deren Brust steckt ein leinener Sack, in dem sich „Zauberbücher" mit „Empfindsamkeiten" befinden, zuunterst als „Grundsuppe" neben Rousseaus *Die neue Heloïse* Goethes *Die Leiden des jungen Werthers* (in einer Variante des Dramas auch *Stella*) (I, 5, 111 u. 978), was die Hoffräulein sofort lesen wollen, woran Andrason sie aber hindert. Er will die Schriften sogar verbrennen, hat dann jedoch eine erneute Erleuchtung und verzichtet darauf mit Blick auf den zweiten Teil des Orakels. Inzwischen hat auch der Prinz das Orakel besucht und einen nicht minder rätselhaften Spruch erhalten. Er legt sich eine Deutung zurecht, der er durch eine „große und männliche Tat" (I 5, 119) gerecht werden möchte. Auf Mandandane zu verzichten fällt ihm jedoch leicht, da er nur die Puppe geliebt hat, die Andrason ihm überlässt, so dass sich die Orakelsprüche erfüllen. Es geht alles gut aus, doch die vordringlichste Lehre, die Andrason aus dem Geschehen zieht und zum Schluss des Dramas formuliert, lautet: „daß ein Tor erst dann recht angeführt ist, wenn er sich einbildet, er folge gutem Rat oder gehorche den Göttern." (I 5, 123) Die vermeintlichen Götterlehren werden als das enthüllt, was sie sind, nämlich Literatur. Indem die Lösung der dramatischen Verwicklungen zugleich die Lösung der rätselhaften Orakelsprüche bringt, erweisen sich diese als zunächst geheime Handlungs- und Geschehensanweisung. Damit wird der Umstand deutlich ausgestellt, dass niemand anders als der Dramenautor der Urheber der Orakelsprüche ist. Was für die Dramenfiguren eine göttliche Offenbarung zu sein scheint, ist in Wahrheit Poesie. Diese ist so lange harmlos und unschädlich, wie sie tatsächlich als solche gilt und nicht für Selbstaussprache des Göttlichen genommen wird. Diese Verkennung wird im *Triumph der Empfindsamkeit* aufgelöst, damit aber auch die Vergöttlichung des Dichters abgewehrt. Die darin enthaltene poetische Selbstkritik wird am Fetisch des Prinzen, der ausgestopften Puppe, virulent. Andrason hält die in ihr enthaltenen Schriften nicht ohne Grund für gefährlich und will sie gegenüber den Hoffräulein sekretieren, ja sogar verbrennen, denn in ihnen liegt „diese magische Gewalt [...], die den Prinzen an eine abgeschmackte ausgestopfte Puppe fesselt" (I 5, 112); die Bücher haben die Kraft, „den hoch und fein empfindenden Prinzen an sich zu ziehen, wie sonst magische Zeichen, geweihte Kerzen, Alraune und Totenköpfe, Geister und Schätze an sich zu ziehen pflegen!" (I 5, 113) Die Folgen, die Bücher wie *Werther* für empfindsame Leser haben können, werden am Verhalten des Prinzen drastisch sichtbar. Sie sind, da sie die Essenz der Puppe bilden, verantwortlich für seine sexuelle Perversion. Er ist nicht nur unfähig zu persönlichen Beziehungen, sondern auch zu einem sachgerechten Umgang mit der Natur, wie an der

Poetische Selbstkritik

„Reisenatur" (I 5, 83), die er verpackt mit sich führt, zu sehen ist. Sein Welt-verhältnis ist völlig gestört, er ist lebens- und beziehungsunfähig. Sein Feti-schismus erweist sich als therapieresistent. Mandandane hingegen kann ge-heilt werden: Der vierte Akt enthält ein zunächst separat entstandenes „Mo-nodrama", *Proserpina*, das mit der Haupthandlung kaum verknüpft zu sein scheint, doch symbolisiert der Handlungsraum der Unterwelt eben die Aso-zialität Mandandanes. Sie wird aus der autistischen Welt des Monodramas befreit. Indem dramenintern die zeitgenössische empfindsame Mode des Monodramas kritisiert wird, wird auch hier Poesiekritik geübt.

Geschichtsdrama: *Egmont*

Die bedeutendsten, im ersten Weimarer Jahrzehnt begonnenen Dramen konnte Goethe erst in bzw. nach Italien fertigstellen. Außer der bereits er-wähnten *Iphigenie auf Tauris* sind dies *Egmont* und *Torquato Tasso*. *Egmont* wurde bereits 1775 in Frankfurt begonnen, nach Goethes eigenen Aussagen während er auf die sich verspätende Delegation wartete, die ihn nach Wei-mar bringen sollte. Warum es ihm in den ganzen voritalienischen Jahren nicht gelang, das Stück fertigzustellen, obwohl offenbar weite Partien bereits ausgeführt waren, lässt sich nicht im Einzelnen rekonstruieren, da keine Vor-arbeiten erhalten sind, sondern nur das Manuskript, das er in Italien erst nach Fertigstellung der *Iphigenie* beendete und das Herder für die Publika-tion in den *Schriften* 1787 überarbeitete. Die Genrebezeichnung lautet *Trau-erspiel*. Insbesondere der – von Schiller stark kritisierte – opernhafte Schluss lässt den Einfluss der Weimarer Theaterpraxis erkennen. Kongenial ist die Bühnenmusik Ludwig van Beethovens. Richard Wagner bezeichnete *Eg-mont* als Vorbild seines Musikdramas. Andererseits verbindet *Egmont* als Geschichtsdrama viel mit *Götz von Berlichingen*, zumal der Stoff ebenfalls aus dem 16. Jahrhundert stammt, hier aus der Zeit der spanischen Herrschaft über die Niederlande. Auch der Einfluss Shakespeares ist noch deutlich zu spüren, unmittelbar in der Eröffnungsszene, die ‚von unten', aus der Sicht von Bürgern und Soldaten, in die Thematik einführt. Zwei politische Kon-fliktlinien, zwischen denen sich die Bürger positionieren, überlagern sich: Zum einen geht es um den Konfessionsstreit zwischen Katholiken und Pro-testanten, in den Extremen zugespitzt zwischen der spanischen Gegenrefor-mation und Inquisition und den radikalreformatorischen Bilderstürmern. Zum anderen droht eine Radikalisierung der spanischen Herrschaft, die unter Karl V. mit der Regentschaft seiner unehelichen Tochter Margarethe von Par-ma für die Niederländer erträglich war. Sein Sohn und Nachfolger Philipp II. möchte seine Halbschwester Margarethe absetzen und schickt den Herzog von Alba mit spanischen Truppen ins Land. Der Schreiber Vansen tritt im zweiten Aufzug als intellektueller Aufwiegler der gemäßigten Bürger auf, die am Ende der ersten Szene noch die Parole „Sicherheit und Ruhe! Ordnung und Freiheit!" ausgegeben hatten (I 5, 467), wobei die Reihenfolge der er-strebten Werte bezeichnend ist. Nach Vansens agitatorischen Worten lautet die Parole: „Freiheit und Privilegien! Privilegien und Freiheit!" (I 5, 486) Diese aus alten Schriften begründete Rechtsposition, die den Provinzen und ihren Fürsten weitgehende Autonomie zusicherte, ist ähnlich der Position zu sehen, für die Götz kämpft. Die zentralistischen Bestrebungen der Spanier begünsti-gen demgegenüber zum einen die katholische Geistlichkeit, zielen aber auch auf effiziente Verwaltungsstrukturen. Dieser Konflikt zwischen überkomme-nen territorialen Gewohnheitsrechten und moderner bürokratisch-rationalistischer Herrschaft war in den 1770er und 80er Jahren, also zur Entstehungszeit des Dramas, durch die Expansionspolitik des Kaisers Joseph II. in den nun nicht mehr spanischen, sondern österreichischen Niederlanden wieder aktuell (vgl. I 5, 1260–64). Die Reformpolitik von oben im Geiste des aufgeklärten Absolutismus – die im Übrigen auch die deutschen Kleinstaaten, nicht zuletzt Sachsen-Weimar, bedrohte – scheiterte. Im Drama etabliert das Regime unter Herzog Alba einen totalitären Überwachungsstaat, gegen den sich die niederländische Freiheitsbewegung nicht progressiv, sondern restaurativ wendet.

Egmont tritt als beim Volk beliebter, charismatischer Prinz auf, der alles andere als ein Rebell, sondern vielmehr ein sinnen- und genussfroher Provinzfürst ist, der dem spanischen Kaiser gegenüber loyal gesinnt ist, auch voll Stolz die prachtvolle spanische Uniform mit dem Goldenen Vlies trägt, vor allem aber unter der Diskrepanz von öffentlicher und privater Existenz leidet. Seine Geliebte, Clärchen, ist eine Bürgerstochter. Sein politisches Handeln ist vom Schicksalsglauben bestimmt. In die historische Konfliktsituation ist hier die persönliche Problematik Egmonts verwoben, die bei gegensätzlicher Prioritätensetzung grundsätzlich derjenigen Clavigos gleicht, wobei Egmont nicht gewillt ist, politisch klug zu handeln, und es daher ablehnt, mit Wilhelm von Oranien zusammen zu fliehen, so dass er Alba in die Falle geht. Die öffentliche Sphäre wird von Egmont als Sphäre der Entfremdung wahrgenommen. Sein negatives Bild des Volkes, „das nicht weiß was es will", und der Menge, „mit der nichts anzufangen ist" (I 5, 509), unterscheidet sich nur noch graduell und in den Konsequenzen der Herrschaftsform (mit der Forderung nach Selbstverwaltung der Provinzen), nicht aber grundsätzlich im Hinblick auf das Menschenbild von demjenigen seines Antipoden Alba, der der Auffassung ist, man müsse die Menschen einengen, „daß man sie wie Kinder halten wie Kinder zu ihrem Besten leiten kann. Glaube nur," so Alba gegenüber Egmont, „ein Volk wird nicht alt, nicht klug, ein Volk bleibt immer kindisch." (I 5, 525) Clärchen erkennt bereits im dritten Aufzug hellsichtig, zu welcher Konsequenz Egmonts Haltung führt, der seine Identität nicht in seiner politischen Rolle und öffentlichen Verantwortung, sondern allein in der Liebe mit ihr sucht: „So laß mich sterben! Die Welt hat keine Freuden auf diese!" (I 5, 509) Eine solche Absolutheit der Liebe kann – dies hatte bereits *Werther* gezeigt – nur im Tod verwirklicht werden. Nach Egmonts Verhaftung bestätigt sich das negative Bild des Volkes, das sich dem Schreckensregime Albas fügt. Clärchen nimmt zwar die männliche Rolle an, die Egmont sich von ihr zu seiner Befreiung erhofft – „Ach Clärchen, wärst du Mann" (I 5, 536) –, findet indes keine Verbündeten und tötet sich. In einer musikalisch untermalten Vision in der Nacht vor seiner Hinrichtung erscheint Clärchen ihm in einer Allegorie als Göttin, die ihm den Siegeskranz reicht. Egmont stirbt einen Opfertod für die Freiheit, eine Siegessymphonie beschließt das Stück. Die Erscheinung seiner Geliebten lässt ihn im Tod wieder zu seiner öffentlichen Rolle finden, nachdem er zuvor in seinem Vermächtnis an Albas unehelichen Sohn Ferdinand über Clärchen, von deren Tod er noch nicht wusste, dergestalt verfügt hatte, dass Ferdinand seine Nachfolge bei ihr antreten solle.

Torquato Tasso ist das erste Künstlerdrama der deutschen Literatur. Sein dramatischer Gehalt besteht fast ausschließlich im Dialog, weshalb es häu-

Öffentliche und private Existenz

Künstlerdrama: Torquato Tasso

fig als Lesedrama gilt. Die Konfiguration ist in Oppositionen sorgfältig ausbalanciert: Der Dichter Tasso steht gegen den Politiker Antonio, die beiden Frauen – die beide Leonore heißen: die zarte, intellektuelle Prinzessin und die lebensfrohe Herzogin – werden ebenso kontrastiert wie die beiden Dichter, deren Büsten von den Frauen geschmückt werden: Der antike Dichter Vergil erhält einen Lorbeerkranz von der Prinzessin, der Renaissance-Epiker Ariost einen Blumenkranz von der Herzogin Leonore Sanvitale. Tasso wird von der Prinzessin mit dem Lorbeerkranz Vergils gekrönt, während Antonio das gesellige, galante Dichtungsverständnis Ariosts präferiert. Die poetologische Referenz auf konträre Dichtertypen begegnet bei Goethe häufiger – zum Beispiel in der programmatischen Hymne *Wandrers Sturmlied* mit der Opposition Pindar einerseits und Anakreon/Theokrit andererseits. Diese Konstellation ist hier historisch differenziert, womit zugleich eine Stellungnahme zu der *Querelle des anciens et des modernes* vorliegt (vgl. Kap. IV.1). Tasso ist zwar die zur Identifikation einladende Hauptfigur, doch auch Antonios Position hat ihre Berechtigung, ebenso natürlich diejenige des fürstlichen Mäzens Alphons. Es ist evident, dass Goethe eigene Erfahrungen der Situation als Weimarer Hofdichter verarbeitet hat – aber hier wie anderswo erschöpft sich das Drama nicht in diesen Entstehungsbezügen. Tassos Problematik wird über das Künstlertum hinaus universalisiert zu der Individualitätsproblematik des modernen Menschen, die bereits in *Clavigo* und *Stella* thematisiert worden war.

Liebe und Poesie   Im ersten Auftritt unterhalten sich die Prinzessin und Leonore über Tassos Liebeslieder, die mit einem Namen an beide Frauen adressiert sind. Damit wird seine Dichtung als spezifisch modern, nämlich mehrdeutig gekennzeichnet. Diese Mehrdeutigkeit verhindert, dass sein Gefühl auf eine Person beschränkt werden kann. Die Liebeskonzeption ist im Kern noch dieselbe wie in den *Leiden des jungen Werthers*. Das Versprechen der schönen Dichtung, die wahre Liebe, ist für deren Adressatinnen schal: Für die wahre Liebe ist eine Leonore wie die andere, so gegensätzlich sie sind, und es darf auch nicht nur eine gemeint sein, sonst wäre die Liebe nicht wahr, denn das Wahre ist nur das Ganze, das Ganze aber übersteigt die Fassungskraft eines einzelnen Menschen und ist im Leben unerfüllbar. Ebenso wie mit seiner Liebe ist es mit Tassos Dichtung bestellt, wie im zweiten Auftritt entfaltet wird. Er kann sein Epos nicht vollenden, nicht „zum Ganzen ründen" (I 5, 740, Vs. 275). Die vollendete Ganzheit des Gedichts wäre gleichbedeutend mit dessen vollkommener Schönheit, wobei sich *Voll*endung und *Be*endung widersprechen: Jeder Abschluss wäre eine Begrenzung und kann nur vorläufig sein. Tasso ist daher ästhetisch im Recht, wenn er die endgültige Beendigung seines Werks bis zuletzt verweigert. Seine Aporie besteht darin, dass sein ästhetisches Ethos künstlerischer Vollendung die Vollendung seiner Persönlichkeit verhindert, wie Herzog Alphons geltend macht. Denn Voraussetzung für seine weitere Persönlichkeitsentwicklung wäre, dass das Werk als beendetes rezipiert werden und auf die Welt wirken und sich der „Charakter" des Dichters im „Strom der Welt" (I 5, 741, Vs. 305), in Auseinandersetzung mit Zustimmung und Ablehnung seines Werks, bilden und er dadurch Ruhm erwerben könnte.

Zu Beginn des dritten Auftritts, als Tasso erstmals die Bühne betritt, scheint zunächst eine Lösung möglich. Er übergibt sein Epos an Alphons, obwohl er es für unvollendet erkennt. Der äußere Grund ist, dass er nicht undankbar sein möchte. Scheint Tasso sich für den Augenblick mit der Unvollkommenheit eines Zwischenergebnisses seiner künstlerischen wie menschlichen Entwicklung zufriedengeben zu können, so tritt doch sogleich eine neue Aporie auf: Das Werk gehöre, so sagt er, „in jedem Sinn" Alphons (Vs. 398). Die Autonomie der Kunst basiert auf ihrer materiellen Heteronomie. Der Lorbeer, mit dem Tasso von der Prinzessin gekrönt wird, symbolisiert sämtliche Aporien, die verbal zum Teil schon lösbar schienen, durch das Requisit aber wieder augenfällig werden, so dass der Schmuck seinem Träger schließlich unerträglich wird: Er stammt von der Herme Vergils, eines Toten, und erinnert so daran, dass der wahre dichterische Ruhm erst der Nachruhm sein kann, weil das Werk zu Lebzeiten immer mit dem Makel des Unvollkommenen behaftet ist. Ferner ist die Lorbeerkrone doppeldeutig und kann auch den Helden bekränzen, erinnert mithin an die Herrscherrolle, die Tasso nicht ausfüllen kann. Dies wird dann den Grund für Antonios Eifersucht bilden. Und schließlich erinnert der Lorbeer an die Heteronomie der durch ihn geehrten Kunst.

Autonomie und Heteronomie der Kunst

Als Antonio auftritt, wird die erotische Faszination der Macht deutlich, die mehr noch als die Dichtung als Verkörperung der Schönheit und Auslöserin der Liebe erscheinen kann. Der Kunst wird in diesem Kontext nur eine dienende, schmückende Funktion zugewiesen, als Panegyrik der Macht. Ungewollt verstärkt die Prinzessin noch die darin liegende Demütigung Tassos, denn sie ruft ausgerechnet Antonio zu seinem kompetenten Interpreten aus: „Du [sc. Antonio] / Sollst uns dereinst in Tassos Liedern zeigen, / Was wir gefühlt und was nur du erkennst." (Vs. 743–45) Gerade in den sorgfältigen Ausbalancierungen der Oppositionen, dem Bestreben nach Harmonie blitzt plötzlich die provokative Kraft dieses Dramas auf: Der Machtmensch und Politiker soll der einzige sein, der die Kunst erkennt, die er doch verachtet.

Kunst und Macht

Die Aufgabe, die Tasso gestellt ist, scheint vor allem die Gestaltung menschlicher Beziehungen zu sein. Damit wird ein Konzept der höfischen Verhaltenslehre aufgerufen, das aus der Moralistik der Renaissance stammt und situationsadäquates, mit der jeweiligen gesellschaftlichen bzw. höfischen Rolle übereinstimmendes Verhalten lehrt. Tasso ist hier gegenüber den adligen Höflingen im Nachteil, weil er keine Erziehung genießen konnte, die ihm diese Verhaltenslehren vermittelte. Antonio als Höfling reagiert entsprechend zurückhaltend auf das Freundschaftsangebot Tassos, der die grundlegende Problematik des menschlichen Zusammenlebens unterschätzt, wenn er behauptet, „leicht hab' ich dich [Antonio] erkannt" (I 5, 769, Vs. 1251), denn gerade diese Erkenntnis des Wesens eines Individuums ist in der Welt, in der Antonio lebt, nicht möglich, vor allem aber nicht nötig – und in der sich entwickelnden modernen Welt, in die hinein Goethes Drama geschrieben ist, schwieriger denn je. Tassos und Antonios Persönlichkeitskonzeptionen sind unvereinbar und stellen wechselseitig eine Provokation füreinander dar. Wird dieser Hintergrund nicht erkannt, scheint es sich entweder um einen bloßen Eifersuchtsstreit oder um einen Generationenkonflikt zu handeln. Beides spielt natürlich mit und trägt zur Komplexität des Konflikts bei, wäre aber kaum so vieler Worte wert, wie in dem Drama um den Streit von Tasso und Antonio gemacht werden. Die Prinzessin willigt in Leonores Vorschlag, die beiden Männer dadurch zu trennen, dass Tasso

Verhaltenslehre, Menschenbild und Rollenmanagement

auf Reisen geschickt wird. Die Auflösung des Musenhofs hat Konsequenzen, bedeutet sie doch die Autonomisierung der Kunst, die Auflösung ihres Adressatenbezugs. Die durch ihre Schönheit erregten Gefühle richten sich nicht mehr an eine konkrete Adressatin – oder selbst zwei konkrete Adressatinnen wie im Falle der beiden Leonoren.

Tassos Lernprozess

Der vierte Aufzug zeigt Tasso in einem schmerzlichen Lernprozess befindlich: „ich bin nicht mehr ich selbst / Und bin's doch noch so gut als wie ich's war." (I 5, 799, Vs. 2254 f.) Er muss sich von dem idealistischen Konzept der Einheit der Person verabschieden, das ihn im Hinblick auf Antonio glauben machte, „[d]er sei ein Mensch, der menschlich Ansehn trägt" (I 5, 797, Vs. 2206). Nach der aufklärerisch-idealistischen Vorstellung der Übereinstimmung von Außen und Innen glaubte man vom Aussehen eines Menschen auf seinen Charakter, von seinen Mienen auf seine Gedanken und Empfindungen schließen zu können. Tassos physiognomische Erkenntnis Antonios aber ist gescheitert – das „menschlich Ansehn" war eine Maske, dem höfischen Verhaltenskodex entsprechend. Steht dies im Einklang mit einem gegenüber der zweiten Hälfte des 18. Jahrhunderts älteren und scheinbar überholten Menschenbild, so lässt sich für eine gegenwärtige Rezeption gerade hier wieder anschließen. Tasso muss eine ideen- und sozialgeschichtlich signifikante Identitätskrise durchleiden. Seine Identität ist nicht stabil, und dennoch bleibt er der, der er war, das heißt die Einheit seiner Person kann nur aus einer diskontinuierlichen Abfolge von Selbstzuständen erfahren werden, sie ist erst im Nachhinein aus dem Lebensverlauf rekonstruierbar.

Klassik als spannungsvolles Konzept

Im fünften Aufzug verschiebt sich die dramatische Situation noch einmal zugunsten Tassos, dem keineswegs, wie es zwischendurch scheinen konnte, einfach aufgegeben ist, sich mit einem modernen Menschenbild zu arrangieren. Mit dem eindringlichen Gleichnis vom Seidenwurm erhebt er ein unwiderlegliches Plädoyer für seine in der Tradition der Aufklärung und des Idealismus stehende Auffassung eines individuellen, unzerstörbaren Wesenskerns des Menschen. Da er sich zu seinem Wesen bekennen kann, glaubt er nun auch das Wesen der Prinzessin wieder zu erkennen, von der er sich ebenfalls schon verraten glaubte. Doch abermals verfehlt er das Maß, gerät ins Schwärmen, missversteht die Liebe der Prinzessin im enthusiastischen Sinne und nähert sich ihr körperlich, woraufhin sie ihn von sich stößt und flieht. Am Ende vergleicht sich Tasso mit einer „sturmbewegte[n] Welle" (I 5, 833, Vs. 3435). Damit wird das klassizistische Schönheitsideal zitiert, wie es Johann Joachim Winckelmann in den *Gedancken über die Nachahmung der Griechischen Wercke in der Mahlerey und Bildhauer-Kunst* von 1755 mit einer berühmten Formulierung ausdrückte: „Das allgemeine vorzügliche Kennzeichen der Griechischen Meisterstücke ist endlich eine edle Einfalt, und eine stille Grösse, so wohl in der Stellung als im Ausdruck. So wie die Tiefe des Meers allezeit ruhig bleibt, die Oberfläche mag noch so wüten, eben so zeiget der Ausdruck in den Figuren der Griechen bey allen Leidenschaften eine grosse und gesetzte Seele." (Winckelmann 1968, 43) Diese, von Winckelmann am Gesicht des Laokoon veranschaulichte ruhige Tiefe aber ist Tasso nicht mehr zugänglich – ein deutliches Indiz dafür, dass es sich auch und gerade bei der harmonisierenden Klassik um ein spannungsreiches Konzept handelt.

Abgesehen von *Torquato Tasso* ist Goethes dramatische Produktion in den 1790er Jahren von dem von ihm als traumatisch empfundenen Ereignis der Französischen Revolution bestimmt. Hier ist zunächst auf das „Lustspiel" *Der Groß-Cophta* zu verweisen, in dem die aus den religionskritischen Stücken des Frühwerks vertraute Thematik des falschen Propheten wieder aufgenommen wird, nun mit deutlicherer Charakterisierung des sozialen Raums, in dem solche zwielichtigen Prophetien mit der Aussicht auf Erfolg auftreten können. Die Charakteristik betrifft den Zustand der Gesellschaft im weitesten Sinne und im Hinblick auf ihre Stabilität. Diese muss nachhaltig gefährdet sein, damit der Anspruch eines religiösen Führers geglaubt wird. Im Unterschied etwa zu *Satyros* tritt hier ein historisches Substrat hinzu, das der Vorgeschichte der Französischen Revolution angehört: die Hochstapelei des Grafen Cagliostro einerseits und die Halsbandaffäre in Frankreich andererseits. *Der Groß-Cophta* wurde 1791, also nach der Französischen Revolution – als erstes Stück unter Goethes Hoftheaterdirektion überhaupt – uraufgeführt, war jedoch bereits vor der Französischen Revolution, 1787, als Oper unter dem Titel *Die Mystifizierten* geplant, gehört also wiederum zunächst dem höfisch-aristokratischen Theaterkontext zu.

Vorgeschichte der Französischen Revolution: Der Groß-Cophta

Im Nachhinein hat Goethe in Bezug auf den *Groß-Cophta* in Anspruch genommen, bereits 1785 die Revolution vorausgeahnt zu haben. Mehr noch als die Frage, ob man Goethe dieses politische Sensorium zugestehen möchte, ist in der Forschung umstritten, ob er im *Groß-Cophta* als reaktionärer Verfechter oder als vehementer Kritiker des Ancien régime anzusehen sei. Das Stück wird meist als Kritik an einer verkommenen absolutistischen Gesellschaft gesehen, die die Voraussetzungen selbst verschuldet hat, welche die von Goethe beklagte Revolution unausweichlich machten. Wo dem falschen Propheten geglaubt wird, ist auch der gesellschaftliche und materielle Betrug möglich – und umgekehrt: In der korrupten, verdorbenen Gesellschaft kann jede Hochstapelei als Offenbarung auftreten. Die dargestellte Gesellschaft ist deutlich die des niederen Adels des Ancien régime, der als moralisch besonders verkommen gezeichnet wird – der Herrscher selbst bleibt von der Kritik ausgenommen, er weiß nichts von der Intrige mit dem Halsband.

Auch nach der Jahrhundertwende beschäftigte sich Goethe noch dramatisch mit der Revolution. Das Trauerspiel *Die natürliche Tochter*, zwischen 1801 und 1803 entstanden und am 2.4.1803 in Weimar unter dem Titel *Eugenie* uraufgeführt, sollte ursprünglich den ersten Teil einer Trilogie bilden, doch von der Fortsetzung sind nur knappe Notizen erhalten. Formal und dramaturgisch gehört das Drama neben *Iphigenie* und *Tasso* zu den ‚klassischsten' Goethes, was sich bereits am Druckbild zeigt. Das Drama wurde im Erstdruck nicht in Fraktur, sondern in Antiqua gesetzt, wie die Werke der klassischen Antike. Inhaltlich greift Goethe, wie schon im *Groß-Cophta*, einen Stoff aus der Vorgeschichte der Französischen Revolution auf. Die Leidensgeschichte einer Adligen wird zum Mittel der Auseinandersetzung mit der Revolution, die Goethe auf dem Theater nur indirekt möglich ist. Es dürfte kaum ein Zufall sein, dass die Teile der Trilogie, in denen die Revolution hätte auf die Bühne gebracht werden sollen, nicht ausgeführt wurden. Außer der Protagonistin werden alle Figuren nur mit ihren Titeln bzw. Funktionsbezeichnungen eingeführt, und auch der Eigenname der Titelheldin, Eugenie, trägt mit seiner Bedeutung ‚die Wohlgeborene' eher allgemeinen als indivi-

Die natürliche Tochter

duellen Charakter. Auch Ortsnamen werden nicht genannt, die Hafenstadt in den beiden letzten Aufzügen wird nicht identifiziert. Das Geschehen ist damit von einer historischen Spezifik gelöst und ins Allgemeine stilisiert.

Diplomatie, Anerkennung und Intrige

Die ,natürliche' ist im Sprachgebrauch der Zeit eine uneheliche, nicht legitimierte Tochter, und zwar die Tochter des Herzogs aus der Verbindung mit einer Fürstin. Da die Fürstin im Adelsstand höher steht als der Herzog, handelte es sich für sie um eine Mesalliance, weshalb der Herzog erst nach ihrem Tod beim König um die Legitimierung seiner Tochter nachsuchen kann. Dies ist einerseits eine diplomatische und politische Frage: Durch die Legitimierung bindet der schwache Regent den Herzog, seinen Oheim, an sich, der offenbar zu seinen Kritikern gehörte. Der König möchte die Legitimierung indes erst bei der Feier seines Geburtstags verkünden. Andererseits ist die Legitimierung für Eugenie von existentieller Bedeutung: Im Rahmen der Adelskultur erfolgt die Anerkennung nicht in privaten Beziehungen, wie unter Bürgerlichen, sondern durch öffentliche Repräsentation bei Hofe. Die Gegenpartei des Königs und des Herzogs will ihre Legitimierung um jeden Preis verhindern. Wer die Drahtzieher der Entführung sind, bleibt jedoch offen, da es von Eugenies Bruder im vierten Aufzug heißt: „Den bösen Willen hat er, nicht die Macht." (I 6, 374, Vs. 2344)

Politische Mündigkeit und ,innere Emigration' als Entsagung

Im vierten Aufzug befindet sich die Hofmeisterin mit der entführten Eugenie in der Hafenstadt, wo sie den Gerichtsrat dazu bewegt, Eugenie die Ehe anzutragen, damit sie vor der Verbannung bewahrt bleibt. Eugenie setzt jedoch zunächst ihre Hoffnung darauf, dass das „liebend Volk" (I 6, 374, Vs. 2348) ihr zur Freiheit verhelfe. Die Konfrontation mit der Volksmenge selbst wird nicht auf der Bühne gezeigt; sie liegt zwischen dem Ende des vierten und dem Beginn des fünften Aufzugs. Das Volk hilft ihr jedoch nicht; es bestätigt sich vielmehr die negative Einschätzung der Hofmeisterin, die das Volk als „rohe Menge" bezeichnet (I 6, 374, Vs. 2352). Nacheinander lehnen hernach der Gouverneur als Vertreter der bürgerlichen weltlichen und die Äbtissin als Vertreterin der kirchlichen Obrigkeit die Eugenie bereits zugesagte Hilfe ab, nachdem die Hofmeisterin ihnen den Brief mit dem Verbannungsbefehl gezeigt hat, der „[d]es Königs Hand und Siegel" trägt (I 6, 382, Vs. 2595). Die Kausalität des Geschehens wird gleichwohl nicht aufgeklärt: Hat der König seine Meinung bezüglich Eugenies geändert? Wurde der König von der Gegenpartei erpresst? Oder ist der Brief gefälscht? In Erinnerung an die Halsbandaffäre und deren Verarbeitung im *Groß-Cophta* ist auch dies durchaus denkbar. Eugenie will eher die Verbannung wählen als den gesellschaftlichen Abstieg in der Ehe mit dem Gerichtsrat in Kauf zu nehmen. Bevor sie ihren Fuß auf das Schiff setzt, erbittet sie noch ein Schicksalszeichen, worauf – durch diese Einbettung deutlich als symbolische Figur gekennzeichnet – ein Mönch auftritt, von dem sie „ein Orakel [...], keinen Rat" fordert (I 6, 385, Vs. 2694). Er entwirft daraufhin eine Vision von Untergang und Zerstörung des Reichs und empfiehlt ihr, das Exil zu wählen. Hierdurch wird Eugenie – nach Maßgabe figurenpsychologischer Wahrscheinlichkeit unvermittelt – zur Verantwortung für das vom Umsturz bedrohte Reich geführt; sie wird politisch mündig: „Nun bist du Boden meines Vaterlands / Mir erst ein Heiligtum, nun fühl' ich erst / Den dringenden Beruf mich anzuklammern." (I 6, 390, Vs. 2845–47) Sie willigt daher in die Ehe mit dem Gerichtsrat ein, diktiert ihm jedoch die Bedingungen: Es soll eine Scheinehe, ihr Verhältnis nur ein geschwisterliches sein. Eugenie wird auf dem Landgut des Gerichtsrats wohnen, wo er sie nur nach ihrer ausdrücklichen Erlaubnis besuchen darf. Ihm wird daher ein beträchtliches moralisches Opfer zugemutet, was an die Entsagung denken lässt, der sich Iphigenie unterzieht und die sie ihrerseits Thoas auferlegt. Diese Thematik eines *Opus supererogatum* verbindet das erste klassische Drama Goethes mit seinem letzten.

Ein Genre, das sich von Goethes erstem Weimarer Jahrzehnt bis zum *Faust II* (mit der „Mummenschanz" im ersten Akt) durchzieht, sind die Maskenzüge, die zunächst – jeweils an den Geburtstag der Herzogin Louise am 30. Januar geknüpft – karnevalistischen Charakter tragen. Bereits der erste Maskenzug von 1781, *Ein Zug Lappländer*, ist als Vorläufer der im Kolonialzeitalter beliebten exotistischen Völkerschauen zu sehen – mit dem Unterschied, dass die fremden Völker in Weimar nicht in originalen Vertretern auf die Bühne geführt, sondern von Schauspielern verkörpert wurden. Durch die verwandtschaftlichen Beziehungen des Hauses Sachsen-Weimar-Eisenach mit Russland spielte der Osten in diesen Völkerschauen wiederholt eine wichtige Rolle. Der *Maskenzug russischer Nationen* 1810 etwa war dem 24. Geburtstag der russischen Erbprinzessin Maria Pawlowna, der Gattin des Erbprinzen Carl Friedrich von Sachsen-Weimar, am 16. Februar gewidmet. Es handelt sich dabei um eine Gemeinschaftsproduktion: Von den vierzehn Beiträgen unterschiedlicher Autoren stammen drei von Goethe. Der große *Maskenzug* von 1818 anlässlich des Besuches von Maria Feodorowna, der Gattin des russischen Zaren Paul I. und Mutter von Maria Pawlowna, wurde von „dichterische[n] Landes-Erzeugnisse[n]" gebildet, sprich den allegorisch verkörperten Werken der Dichter der Weimarer Klassik, Wieland, Herder, Schiller und Goethe, sowie den einheimischen „Künste[n] und Wissenschaften" (I 6, 830), so dass es sich um eine auch ökonomisch und kulturpolitisch zu verstehende ‚Leistungsschau' des Herzogtums handelte. Im kulturpolitischen Sinne wurde durch diese ‚interkulturellen' Kontakte eine elitäre Verbindung von hochkultureller Entwicklung und autochthoner Volkskultur intendiert, unter Beibehaltung kultureller Vielfalt, die durch Napoleons Eroberungsfeldzüge gefährdet wurde.

Zum historischen Kontext der antinapoleonischen Befreiungskriege ebenso wie zum höfischen Kontext der Maskenzüge gehört *Des Epimenides Erwachen*, das als allegorisches Festspiel ursprünglich eine Auftragsarbeit darstellt: August Wilhelm Iffland plante als Intendant des Berliner Nationaltheaters die feierliche Inszenierung der Rückkehr Friedrich Wilhelms III. nach Berlin im Juni 1814 nach dem Sieg über Napoleon. Die Uraufführung fand jedoch erst am 30.3.1815 statt, nach Ifflands Tod, als Napoleon aus der Verbannung zurückgekehrt und wieder in Paris eingezogen war. Die zweite, Weimarer Fassung datiert vom 30.1.1816, nachdem Napoleon endgültig besiegt war. Die Huldigungen im neunten Auftritt des zweiten Aufzugs gelten in dieser Fassung dem Weimarer Herzogpaar, während die Anspielungen in der Berliner Fassung auf Zar Alexander I. und Kaiser Franz I. zielten.

Epimenides war dem Mythos zufolge ein kretischer Hirte, der in seiner Jugend auf der Suche nach einem verirrten Schaf in eine Höhle geriet und in einen etwa fünfzigjährigen Schlaf versetzt wurde. Nach dem Erwachen wurde er als Orakel verehrt. Nach der von Goethe weitergesponnenen Version des Mythos durfte Epimenides zwischen der Erkenntnis der Gegenwart und

Völkerschauen und Kulturpolitik: Maskenzüge

Allegorisches Festspiel: *Des Epimenides Erwachen*

Reaktion auf die napoleonischen Kriege

der Zukunft wählen und entschied sich für die Gegenwart. In Goethes Festspiel wird Epimenides erneut in Schlaf versetzt, wobei noch unklar ist, ob es ein zweiter Schlaf zur Erlangung prophetischer Gabe oder der Tod sein wird. Ein Heereszug kommt auf die Bühne, „[i]m Costüm der sämtlichen Völker, welche von den Römern zuerst bezwungen und dann als Bundesgenossen gegen die übrige Welt gebraucht werden" (I 6, 740) – die kriegerische Variante der Maskenzüge und Völkerschauen. Nach dem Dämon des Krieges treten die Dämonen der List auf – als Kardinal, Diplomat, Dame, Hofmann, Jurist, den Vertretern von Klerus, Adel und Bürgertum, nebst der Lustigen Person – sowie der Dämon der Unterdrückung. Letzterer wird zunächst durch die Liebe verjagt, doch als der Glaube hinzutritt und mit der Liebe uneins ist, gelingt es ihm, die Tugenden zu fesseln, so dass nur die Hoffnung als letzte der Kardinaltugenden noch frei ist. Ihr gelingt es, sich mit vorgespiegelten Visionen der Einbildungskraft – also mit Hilfe von Dichtung – gegen den Dämon der Unterdrückung zu behaupten, so dass sie im zweiten Aufzug ihre Schwestern befreien und damit die allgemeine Freiheit wiederherstellen kann. Epimenides wird wieder erweckt, findet sich jedoch zwischen den Ruinen nicht zurecht und kann nur „wildes Chaos hier, / Das letzte Grauen endlicher Zerstörung" erblicken (I 6, 763, Vs. 717). Als einziger Anhaltspunkt der vergangenen Ordnung dient ihm ein Marmorbild, ein Basrelief, das von der Zerstörung unberührt geblieben ist: „Der Vater ruht auf seinem breiten Polster, / Die Frau im Sessel, Kinder stehn umher / Von jedem Alter; Knechte tragen zu, / Das Pferd sogar es wiehert an der Pforte; / Die Tafel ist besetzt, man schwelgt und ruht." (I 6, 763, Vs. 722–26). Aus dieser patriarchalischen Idylle wird mithin die Wiederherstellung der bürgerlichen Ordnung erwartet – so wie in Goethes Epos *Herrmann und Dorothea*. Die Hoffnung führt wiederum ein Heer auf die Bühne, „welches die verschiedenen neuern zu diesem Kriege verbündeten Völker bezeichnet" (I 6, 765). „Volkes Stimme" wird „Gottes Stimme" genannt (ebd., Vs. 777f.), Landesbewohner „aller Art und Stände" treten auf (I 6, 767). Die durch den Schlaf erlangte prophetische Gabe des zunächst orientierungslosen Epimenides bewährt sich in der Entschleierung der Einheit, die zu den drei Kardinaltugenden hinzutreten und ihre Verbindung leisten muss. Das Festspiel endet in einer für Goethe ansonsten ungewöhnlichen nationalen Emphase. Wie der Prolog verdeutlicht, ist dies vor allem durch Goethes Enttäuschung über Napoleon bedingt, von dem er im letzten Vers des Gedichts *Ihro der Kaiserin von Frankreich Majestät* noch geschrieben hatte: „Der Alles wollen kann, will auch den Frieden." (I 2, 441) In dieser Hoffnung auf eine europäische Friedensordnung sah sich Goethe getäuscht, so dass der Prolog nun mit der illusionslosen Erkenntnis des Machtstrebens der Herrschenden beginnt: „Den Frieden kann das Wollen nicht bereiten: / Wer Alles will will sich vor allen mächtig" (I 6, 733). Auch dem Dichter und der Kunst wird nun die Aufgabe gestellt, an der Gemeinschaftsstiftung mitzuwirken, so wie es durch Epimenides und das von ihm beschriebene Marmorbild ausgedrückt ist. Häufig wurde in der Rezeption darauf hingewiesen, dass in dem Protagonisten des Festspiels eine kritische Reflexion auf Goethes eigene Rolle in den napoleonischen Kriegen vorliege: Dem Schlaf des Epimenides korrespondiere Goethes Schweigen zu den Zeitereignissen, seinem Erwachen Goethes Versuch der Übernahme einer sozial verantwortlichen Rolle als Autor bzw. Dramatiker.

Epik und Prosa

Versepen
Nach der aristotelischen Poetik nahm das Epos in der Hierarchie der Gattungen den zweiten Rang nach dem Drama bzw. der Tragödie ein, wobei Aristoteles nahe daran war, dem Epos den Vorzug zuzuerkennen, weil es gegenüber dem Drama, das im Theater mit allen Sinnen aufgenommen wird, eine intellektuellere Form der Rezeption forderte. Die großen Epen Homers, *Ilias* und *Odyssee*, hatten im deutschen Sprachraum kein Pendant. Johann Heinrich Voß' Homer-Übersetzung in Hexametern (1781) schuf die Voraussetzungen dafür, dass Goethe einen anderen Weg wählen konnte als Christoph Martin Wieland, der sich in seinen Versepen der romanischen Tradition anschloss und den Alexandriner als Metrum verwendete.

In seinem 1793 begonnenen *Reineke Fuchs* bearbeitete er das überwiegend in Knittelversen verfasste niederdeutsche Epos *Reynke de vos*, zu dem Johann Christoph Gottsched 1752 eine hochdeutsche Prosaübersetzung vorgelegt hatte. Goethe teilte das Epos nach dem Vorbild Homers in zwölf Gesänge und verwendete den Hexameter, allerdings in sehr freier Form, so dass Voß und andere Gräzisten ihn wegen des fehlerhaften Metrums kritisierten. Inhaltlich nutzte Goethe das Tierepos – wie in fast allen seinen Werken in den 1790er Jahren – zur Auseinandersetzung mit der Französischen Revolution. *(margin:* *Reineke Fuchs)*

Dies gilt auch noch für *Herrmann und Dorothea* (1797), Goethes erfolgreichste Hexameter-Dichtung. Die Verlagerung des Epos ins bürgerliche Milieu bedeutete zugleich eine ‚Verkleinerung' (analog dem Verhältnis von Tragödie und Bürgerlichem Trauerspiel), so dass Goethe selbst das Werk auch als „Idylle" bezeichnete. Mit *Herrmann und Dorothea* landete er einen Coup: Das Epos war sein größter Verkaufserfolg nach dem *Werther* – erfolgreicher als die großen Romane, was ein deutliches Licht auf die Rangfolge der Gattungen wirft. Enorm wirkungsmächtig war die Kanonisierung durch eine Rezension Wilhelm von Humboldts, der das Werk als deutsches und bürgerliches Pendant zu den homerischen Epen würdigte. Dabei kann das Verhältnis zu den homerischen Epen durchaus ironisch gesehen werden, wenn die kleinbürgerliche deutsche Idylle mit der antiken Heldenwelt in Parallele gerückt wird. Herrmann wird dabei zum deutschen Helden, Arminius, der sich jedoch alles andere als heldenhaft verhält. Das Epos ist nach dem Vorbild der *Historien* des griechischen Geschichtsschreibers Herodot in neun mit den Namen der neun Musen betitelte Gesänge unterteilt, wobei Goethe Doppeltitel wählte: Neben dem Musennamen steht jeweils noch eine deutsche Überschrift, deren Bezug zu der betreffenden Muse interpretationsbedürftig ist, wodurch die Übersetzungsaufgabe von der Antike in die deutsche Gegenwart betont wird. *(margin:* *Bürgerliches Epos: Herrmann und Dorothea)*

Der zeitgenössische Hintergrund besteht in der Flucht der linksrheinischen Deutschen vor den französischen Revolutionstruppen 1796. Herrmann, der Sohn eines rechtsrheinischen Wirts, wird mit Geschenken zu den Flüchtlingen geschickt, lernt dort Dorothea kennen (der griechische Name bedeutet ‚Gottesgeschenk'), die für die Flüchtlinge und insbesondere eine mitziehende Wöchnerin sorgt, und verliebt sich in sie. Sein Vater wünscht sich eine reiche Schwiegertochter, was Dorothea offenbar nicht ist. Herrmann läuft ins Freie, seine Mutter ihm nach, sie entlockt ihm das Geständnis seiner Liebe, der Pfarrer und der Apotheker spionieren die Verhältnisse Dorotheas aus. Herrmann gewinnt daraufhin Dorothea dazu, mit ihm zu kommen, aufgrund seiner Ungeschicklichkeit denkt sie jedoch, sie solle als Dienstmagd für ihn arbeiten. Es kommt zu kränkenden Missverständnissen, schließlich nach deren Klärung aber doch zur Verlobung.

Krise und Neubegründung der bürgerlichen Gemeinschaft

Die Französische Revolution – oder genauer: das die Flüchtlinge betreffende Unheil – wird mit einem zwanzig Jahre zurückliegenden Stadtbrand verglichen. In dieser Perspektive werden die „traurigen Zeiten" (I 8, 821) geradezu zum Garanten des Gelingens einer auf die Zukunft gerichteten Unternehmung: Hatten sich Herrmanns Eltern nach dem Stadtbrand und im Angesicht der Zerstörung verlobt, so spricht Herrmann im zweiten Gesang angesichts des Flüchtlingselends von Heirat, was von seiner Mutter besonders beifällig aufgenommen wird. Hier wie dort ist die Verlobung Zeichen eines Neuanfangs und Wiederaufbaus, einer Neubegründung der Kultur nach der Zerstörung oder zumindest Bedrohung der Gemeinschaft.

Selbstfindung

Mit dem drohenden Ausbruch eines Gewitters beginnt der achte Gesang, in dem Herrmann Dorothea in sein Elternhaus führt. Die Auflösung der Allegorie ist deutlich: Das Gewitter ist der Krieg, der die Gemeinschaft des Paares gefährdet. Die Verhüllung des Lichts durch die Gewitterwolken führt zu einem Fehltritt Dorotheas auf der Weinbergtreppe auf dem Weg in Herrmanns Elternhaus, Herrmann fängt sie auf. Die Situation führt zu einem plötzlichen Körperkontakt des Paares, gleichzeitig erscheint in Umkehrung des bisherigen Kräfteverhältnisses Herrmann als der Starke, Beschützende, der Dorothea auffängt und hält. Welche Auswirkungen die im Gewitter verbildlichte historische Gefahrensituation für das Zusammenleben der Menschen hat, bleibt vorerst ungewiss. Herrmann wird zwar mündig und entwickelt eine eigene Identität. Aber bei Dorothea handelt es sich eher um eine – und sei es freiwillige – Regression in eine dem historisch keineswegs handlungsmächtigen Manne untergeordnete Stellung, über die sie unter dem Druck der Ereignisse längst hinausgewachsen war. Ihre Individuation verläuft gegensinnig zu derjenigen Herrmanns, sie wird wieder zurückgenommen. Sie hatte ihren Reifemoment, den Herrmann auf der Treppe erlebt, schon viel früher, als sie als einzelne Kämpferin Frauen und Kinder vor der Vergewaltigung durch die Franzosen bewahrte, wovon im sechsten Gesang berichtet wird.

Restauration und Ironie

Der „Geist", der bei Herrmanns Eltern den Pfarrer zu „versuchenden Worten" gegen Dorothea bewegt (I 8, 875), ihn also in eine satanische Beleuchtung rückt, sorgt anschließend dafür, dass sich die Wolken erst so richtig zusammenziehen. Dorothea ist in ihrer Ehre tief gekränkt. Ihr Liebesbekenntnis mit der gleichzeitigen Bereitschaft zum Verzicht führt als *Opus supererogatum* gleichwohl zu der erwünschten Auflösung, die das ungeschickte Agieren der anderen Beteiligten beinahe verhindert hätte. Ob das Rezept, das der Pfarrer für die Krisensituation bereithält, das richtige ist, steht unter diesen Voraussetzungen dahin: „Fest ein Band zu knüpfen, das völlig gleiche dem alten." (I 8, 880) Es ist nicht zufällig der Pfarrer, der dieses Restaurationsprogramm verkündet, denn in einer gewaltsamen Krise, bei der durch die epischen Vergleiche stets Gott ins Spiel gebracht wird, muss es ihm als dem Vertreter der Kirche angelegen sein, die religiöse Deutungshoheit zu verteidigen. Die säkulare Variante des restaurativen Kontingenzbewältigungsprogramms verkündet Herrmann mit nationalistischem Pathos in seinen Schlussworten. Diese Moral ist indes durchaus ironisch zu verstehen, denn gerade nicht festes Beharren, auf das Herrmann pocht, sondern flexibles, situationsangemessenes Reagieren hat das gute Ende gesichert. Herrmann ist noch immer nicht Herr der Lage. Zwar gelingt es der Gemeinschaft, die Krisensituation zu meistern, doch um welchen Preis, ist eine Frage der Perspektive.

Novellen

Anders als das Versepos galt der Prosaroman Ende des 18. Jahrhunderts immer noch als niedriges Genre, das dann nicht zuletzt durch Goethe in allmählich größerem Ansehen stand. Aber auch das kleinere Prosa-Genre der Erzählung bzw. Novelle verdankt seine Reputation in Deutschland maßgeblich dem Beispiel oder zumindest der Vorläuferschaft Goethes. Die Novelle ist ein Genre ohne antike Tradition, was die Begriffsbestimmung schwierig macht, die im Wesentlichen erst im späteren 19. Jahrhundert erfolgte – induktiv auf der Grundlage einer inzwischen vorliegenden literarischen Tradition, die vor allem an Giovanni Boccaccios *Decamerone* als Muster anknüpfte. Dies zeigt sich besonders deutlich an Goethes *Unterhaltungen deutscher Ausgewanderten*: Während bei Boccaccio Bewohner der Stadt Florenz vor der Pest in eine Villa oberhalb der Stadt fliehen und sich dort Geschichten erzählen, sind es in der Rahmenhandlung bei Goethe adlige Revolutionsflüchtlinge, die schließlich auf dem rechtsrheinischen Gut der Baronesse Schutz suchen. Die Publikation der *Unterhaltungen* ist das Zeugnis der beginnenden intensiven Zusammenarbeit Goethes mit Schiller, denn sie erschienen in dessen Zeitschrift *Die Horen* (1795). Deren Programm sah vor, dass tagespolitische Debatten keinen Raum erhalten sollten. In der Forschung ist umstritten, ob der Umstand, dass bei Goethe von den Folgen der Revolution und deren Bewältigung erzählt wird, für seinen Konsens oder Dissens mit Schillers Zeitschriftenprogramm und seinen Briefen *Über die ästhetische Erziehung des Menschen* spricht, die parallel mit Goethes *Unterhaltungen* in den *Horen* erschienen.

> *Unterhaltungen deutscher Ausgewanderten* – Konsens oder Dissens mit Schiller?

Thematisch liegt ein Vergleich mit dem auch zeitlich benachbarten Epos *Herrmann und Dorothea* nahe. Auch in den *Unterhaltungen* wird der Rhein in der Rahmenhandlung vom Erzähler als kulturelle Grenze zwischen Deutschland und Frankreich etabliert. Mit dem ersten Satz wird deutlich, dass es sich bei der Revolution um ein Ereignis handelt, das von außen eine vorgeblich intakte Kultur zerstörte. In der Rahmenhandlung führen die politischen Debatten zum Streit, da, wie der Erzähler ausführt, in solchen Ausnahmesituationen gerade die unangenehmen Eigenschaften der Menschen hervortreten. Exponenten der Debatte sind der „Geheimerat" als Vertreter des Ancien régime und Vetter Karl als adliger Revolutionssympathisant. Der Streit eskaliert, der Geheimrat fährt mit seiner Frau ab, er fühlt sich zum zweiten Mal vertrieben. Die Baronesse als Gastgeberin zieht daraus eine resignative Folgerung im Hinblick auf die Gestaltung politischer Gespräche, dass diese nämlich nur zwischen „Gleichgesinnte[n]" möglich seien, „indem der eine dasjenige sagt, was der andere schon denkt" (I 9, 1007). Wirkliche Diskussionen scheinen im Politischen nicht möglich zu sein, ohne in

> Narratives Krisenmanagement

Streit auszuarten und die Gemeinschaft zu gefährden. Zur Bewältigung der gewaltträchtigen Situation entwickelt die Baronesse ein narratives Krisenmanagement: „Laßt uns dahin übereinkommen, daß wir, wenn wir beisammen sind, gänzlich alle Unterhaltung über das Interesse des Tages verbannen." (I 9, 1009) Nicht zuletzt, sondern sogar in erster Linie das Erzählen selbst war durch die aktuellen Ereignisse, die gemeinschafts- und kommunikationsstörend wirkten, verhindert worden: „Wie lange haben wir belehrende und aufmunternde Gespräche entbehrt" (ebd.). Der alte Geistliche bietet sich an, mit der Erzähltherapie zu beginnen. Dabei muss offenbar ganz elementar angesetzt werden, bei der Neuverständigung über das Konzept von Wirklichkeit. Es ist grundlegend zu klären, in welchem Verhältnis Fiktion und Wirklichkeit stehen und auf welche Weise das Erzählen als Krisenbewältigungsstrategie eingesetzt werden kann oder soll – mit oder ohne moralische Intention, mit oder ohne Anwendung auf die Gegenwart, also zweckfrei und autonom oder nicht. Dass zunächst zwei Gespenstergeschichten erzählt werden, zeigt, wie tiefgreifend die Verunsicherung ist. Die Zuhörer gelangen zu keinem befriedigenden Verständnis der Erzählungen – sie sind in dieser Verunsicherung ihres Fiktionalitätsbewusstseins jedoch vorbereitet auf eine verunsichernde Wirklichkeitserfahrung, an der Möglichkeiten und Grenzen rationaler, empirisch-wissenschaftlicher Realitätsbewältigung deutlich werden: Die „gewölbte Decke" des Schreibtischs „war quer völlig durchgerissen", „ohne daß in der Luft die mindeste Veränderung zu spüren war" (I 9, 1030). Friedrich stellt die Hypothese auf, dass zum Zeitpunkt des Knalls ein aus demselben Holz vom selben Tischler verfertigter zweiter Schreibtisch auf dem Gut der Tante verbrannte. Karl hingegen lehnt jeden Erklärungsversuch ab.

Natur und Geschichte
Damit verbleibt das einzelne Ereignis in seiner Singularität. Es scheint nicht möglich, von der Wahrnehmung einer Korrelation zum Beleg einer Kausalität zu gelangen. Natur und Geschichte werden dabei in ihrer Ereignishaftigkeit gleich zweifach in Parallele gesetzt: einmal dadurch, dass die Wirkung der Französischen Revolution, der Brand auf dem Landgut der Tante, wie ein Naturphänomen behandelt bzw. zu solchen in Korrelation gerückt wird, sodann durch Karl, der die Erklärungskonstrukte der Naturforscher und Geschichtsschreiber gleichermaßen ablehnt, also geschichtliche Ereignisse als ebenso unerklärbar ansieht wie Naturereignisse.

Moralische Erzählungen
Als Zwischenergebnis ist die Gesellschaft mithin bei einem radikalen Agnostizismus angelangt. Wunderbare Wirkungen unerklärlicher Ursachen werden fatalistisch hingenommen. Eine Möglichkeit, sich gegen die unbegreiflich von außen hereinbrechende Gewalt von Natur und Geschichte zu schützen oder gar zur Wehr zu setzen, scheint es nicht zu geben. So bleibt vorderhand nur die Möglichkeit der Ablenkung und Beruhigung durch weiteres Erzählen. Auch die beiden folgenden Erzählungen aus den Memoiren des Marschalls von Bassompierre spielen auf und mit der Grenze von Wahrheit und Wahrscheinlichkeit. Indem das Motiv der Aufopferung als Entsagung eingeführt wird, leiten sie zugleich über zu der zweiten Sequenz am nächsten Tag, die durch die Baronesse initiierten moralischen Erzählungen. Die Reihenfolge des Erzählprogramms lautet also: Verunsicherung bzw. Flexibilisierung der Realitätsvorstellung als Vorbereitung moralischer Anwendung. Das erste Ziel, die Wiederherstellung der Geselligkeit, wurde durch

diese Erzählsequenz erreicht, das zweite, moralische Bildung, noch nicht. Es gelingt weder das Sicheinlassen auf die abgeschlossene Erzählung noch die Anwendung, die Verknüpfung von Erzählung und Leben. Beides steht diffus nebeneinander und greift undurchschaut ineinander. Die angemessene Rezeption einer Erzählung muss erst wieder gelernt werden (schon beim *Werther* ist zu sehen, welch wichtige Bedeutung der Rezeption zukommt) – aber auch das Erzählen selbst, und daher wird bei den Binnenerzählungen zunächst durchweg auf Vorlagen zurückgegriffen, zuerst aus der mündlichen, dann aus der schriftlichen Überlieferung. Dies gilt auch noch für die erste der mit dem „Ehrentitel" ,moralische Erzählung' versehenen Geschichten, die Prokurator-Geschichte nach einer französischen Vorlage aus den *Cent Nouvelles nouvelles*. Erst die abschließende Erzählung von Ferdinand ist frei erfunden, basiert also nicht auf einer Vorlage und spielt überdies im heimatlichen Milieu. Die moralische Lehre wird hier besonders harsch und unverblümt verkündet: Ferdinand muss auf die ihm nicht gemäße, weil sein Sozialgefüge zerstörende Liebe verzichten, muss „ordentlich und fleißig" werden, bekommt zur Belohnung ein „gute[s] natürliche[s] Mädchen" und wird „umgeben von einer zahlreichen wohlgebildeten Familie" (I 9, 1079). Die Einübung in den Verzicht in seinem Hause geschah auf eigenartige Weise: Er erlaubte grundsätzlich alles, alle „Arten und Unarten", ließ allen „eine fast unbändige Freiheit" (ebd.), nur einmal in der Woche mussten alle auf Befehl funktionieren – eine auf den ersten Blick recht befremdliche Moral, die gerade nicht im ständigen Maßhalten besteht. Das Verhaltensprogramm folgt dem Muster von Systole und Diastole. Über diesen unwillkürlichen Vorgang, der sich nicht steuern lässt, soll nun Kontrolle gewonnen werden, um eine Sozialdisziplinierung des Subjekts zu erreichen.

Zunächst indes tritt eine Pause ein – Friedrich kommt auf der Ebene der Rahmenhandlung von einem Erkundungsritt zum abgebrannten Gut der Tante auf der anderen Rheinseite zurück. Es findet also eine Art Abgleich der Erzählgemeinschaft mit der krisenhaften Realität statt. Es kann bewiesen werden – allerdings nur durch den Zufall einer stehengebliebenen Uhr; die Kontingenz lässt sich nicht ausschalten –, dass beide Schreibtische exakt zur selben Zeit zerstört wurden. Es wird noch einmal ausdrücklich festgehalten, „daß wenn zwei Dinge zusammenträfen, man deßwegen noch nicht auf ihren Zusammenhang schließen könne!" Aus der Korrelation kann nicht auf Kausalität geschlossen werden, dennoch lässt man, wie es heißt, „der Einbildungskraft abermals vollkommen freien Lauf" (I 9, 1080). Damit aber geschieht nun in der Rahmenhandlung gleich in zweifacher Weise genau das, was zuvor in der Ferdinand-Erzählung als Moral vermittelt wurde – der Wechsel und Umschlag von Kontingenz und Steuerung, Diastole und Systole. Steuerung, Kontrolle – dafür steht die instrumentengestützte Überprüfung des wunderlichen Vorfalls. Kontingenz – dafür steht das freie Spiel der Einbildungskraft bei der Verknüpfung der Ereignisse auf den beiden Gütern. Und dieses Verhältnis prägt sich auch in der Abfolge der beiden abschließenden Erzählungen aus: zunächst die Kontrolle – die streng moralische Ferdinand-Erzählung; dann die Entgrenzung – das freie Spiel der Einbildungskraft in der letzten Erzählung, dem *Märchen*. Dadurch wird die Außenwelt völlig vergessen und die Rahmenhandlung nach dem *Märchen* gar nicht wieder aufgenommen. Ob man es nun als Verdrängung oder als gelingende

Moral und Einbildungskraft: das Märchen

Krisenbewältigung sehen mag: Die kriegerischen zeitgenössischen Ereignisse können auf sich beruhen, die Welt der Kunst wird autonom – das *Märchen* ist durch eine eigene Überschrift vom Text der *Unterhaltungen* abgesetzt und wurde dann später selbstverständlich auch häufig separat publiziert. Im *Märchen* kommt nun alles auf Deutungsprozesse an. „Es kommen viele Zeichen zusammen, […] die mir einige Hoffnung einflößen; aber ach! ist es nicht bloß ein Wahn unsrer Natur, daß wir dann, wenn vieles Unglück zusammen trifft, uns vorbilden das Beste sei nah." (I 9, 1097) So die schöne Lilie, deren Aussage unschwer auf die Häufung des Unglücks in der Rahmenhandlung bezogen werden kann. Doch im weiteren Verlauf des *Märchens* werden die Lehren der moralischen Erzählungen fortgeschrieben: „ein einzelner hilft nicht, sondern wer sich mit vielen zur rechten Stunde vereinigt. Aufschieben wollen wir und hoffen." (I 9, 1103) So der Alte angesichts des toten Jünglings. Und weiter: „Wir sind zur glücklichen Stunde beisammen, jeder verrichte sein Amt, jeder tue seine Pflicht und ein allgemeines Glück wird die einzelnen Schmerzen in sich auflösen, wie ein allgemeines Unglück einzelne Freuden verzehrt." (I 9, 1104) Rettung bringt schließlich die Schlange, die beschließt: „Mich aufzuopfern, ehe ich aufgeopfert werde" (I 9, 1105). Sie wird zur Brücke, eine neue Zeit bricht an, und alles Getrennte in der Märchenwelt wird vereinigt.

Adressatenbezug novellistischen Erzählens

Gerade durch vorgeblich völlig autonomes, zweckfreies Erzählen stellt sich also die moralische Lehre ein. Dass diese bei aller Rätselhaftigkeit des *Märchens* am Schluss doch relativ deutlich hervortritt, spricht dafür, dass die erzählerische Strategie der Revolutionsbewältigung nicht eskapistisch verstanden werden darf, auch wenn die Wirklichkeit völlig vergessen wird, sondern – zumindest von der Intention her – so, dass die Ordnung der Gesellschaft ganz handfest und praktisch auf Grund einfacher moralischer Regeln neu fundiert werden soll. Dass zwar in dieser kurzen Zeit nicht alle anhängigen sozialen Probleme durch das Erzählen gelöst werden können, ist evident – evident ist aber auch, dass zumindest erste Schritte in Richtung auf die Re-Etablierung eines sozialen Minimalkonsenses zurückgelegt werden, eine Aufgabe, die mit dem abschließenden *Märchen* von den erzählten Hörern, die nicht mehr auftreten, an die wirklichen Leser und Leserinnen der *Unterhaltungen* delegiert wird. Auch Goethe betrieb in diesem Fall regelrecht empirische Rezeptionsforschung, es war offenbar ein beliebtes Gesellschaftsspiel, allegorische Deutungen zu liefern. Die Fähigkeit zur Interpretation, zur Deutung von Erzählungen, erscheint als ein entscheidender Schritt auf dem Wege zur Befriedung der Gesellschaft und zur Verarbeitung der Kriegsfolgen.

Goethes *Unterhaltungen* hatten in der deutschen Literatur der folgenden Jahre eine große Wirkung: Ludwig Tiecks *Phantasus* und E.T.A. Hoffmanns *Serapions-Brüder* sind die bedeutendsten romantischen Beispiele von Zyklen mit Rahmen- und Binnengeschichten, die ein geselliges Erzählideal etablierten. Musterbildend für die Romantik war auch Goethes programmatische erzählerische Erweiterung des Wirklichkeitsverständnisses, vor allem mit dem *Märchen*. Ähnlich programmatisch mit dem Genrebegriff ist die 1828 erschienene *Novelle* betitelt. Die Vermittlung von Individuellem und Allgemeinem ist hier mindestens so komplex wie im Falle des *Märchens*.

Roman

Die zukunftsträchtigsten literarischen Innovationen Goethes fanden in demjenigen Genre statt, das unter den Zeitgenossen in geringstem Ansehen stand: dem Roman. Im Fall des *Werther* und des *Wilhelm Meister* griff er etablierte Formen auf und führte sie durch Modifikation zum Erfolg (s. Kap. V.2 und V.5). Bei den *Wahlverwandtschaften* ist es die Form der Novelle, die er zum Roman erweitert, der in seiner kompositorischen Strenge mit der Tragödie verglichen worden ist.

Die Wahlverwandtschaften

Die Wahlverwandtschaften standen ursprünglich im Kontext der Fortsetzung des *Wilhelm Meister* und hätten eine der eingelegten Novellen bilden sollen, wuchsen sich aber 1807 zum Roman aus, der 1809 in zwei Bänden publiziert wurde. Sonst ist über die Entstehungsgeschichte nicht viel bekannt, da Goethe gezielt alle Vorarbeiten vernichtet hat. Nicht nur dadurch wurde der Zugang zum Roman versperrt, der zu den hermetischsten, d.h. geschlossensten und am schwierigsten zugänglichen Texten Goethes zählt. Ständig geht es um Deutungsprozesse von Zeichen. Alles steht mit allem in Beziehung, wobei die romaninternen Beziehungen und Deutungen meist auf katastrophale Weise fehlschlagen. Auch Kommunikation scheitert und führt bei Ottilie zu der radikalen Konsequenz des Verstummens.

Deutungs- und Kommunikationsprobleme

Der Anfang des ersten Satzes des Romans – „Eduard – so nennen wir einen reichen Baron im besten Mannesalter" (I 8, 271) – könnte als Musterbeispiel für die willkürliche Souveränität eines allwissenden Erzählers gelten. Wenn sich aber später herausstellt, dass es Eduard selbst war, der diesen Namen anstelle seines ursprünglichen Namens Otto angenommen hat, so wird die Autorität des Erzählers deutlich untergraben. Er hat sein Geschäft, das er auktorial zu führen scheint, bereits an die Perspektiven der Figuren abgegeben und verfügt nicht mehr über die Kontrolle, die zu besitzen er vorgibt. Die Illusion des freien performativen Sprechakts weicht dem Eindruck der Determiniertheit und Abhängigkeit. Auch die Charakterisierung Ottilies erfolgt im ersten Teil nur durch Briefe der Vorsteherin und des Gehilfen, die jeweils divergierende Sichtweisen entwickeln. Der Erzähler verlässt seinen Standpunkt in der geschlossenen Romanwelt nicht und delegiert das Erzählen an Stimmen von außen.

Auflösung der Auktorialität

Der erste Satz des Romans geht noch weiter: „Eduard – so nennen wir einen reichen Baron im besten Mannesalter – Eduard hatte in seiner Baumschule die schönste Stunde eines Aprilnachmittags zugebracht, um frisch erhaltene Pfropfreiser auf junge Stämme zu bringen." Die Gartenkunst, die Kultivierung der Natur, ist ein wichtiges und hoch symbolisches Thema des Romans. Es gibt drei Zonen: erstens die wilde, verlockende Natur ringsum, außerhalb der Grenzen, zweitens den französischen Garten des Absolutismus, den Eduard gezielt verwildern lässt, und drittens den empfindsamen englischen Garten. Die kultivierte Natur symbolisiert die Suche nach Ordnung zwischen Absolutismus und Anarchie, und zwar im Sozialraum des Adels. Zugleich geht es um die Frage der Kultivierung der Trieb-Natur des Menschen. Der erzählte Raum der *Wahlverwandtschaften* kann als Modell der Welt gesehen werden, deren Grenzen gefährdet sind und möglichst gegen Einbrüche von außen abgedichtet werden sollen.

Gartenkunst als soziales Ordnungsmodell

Das Gespräch zwischen Eduard und Charlotte im ersten Kapitel ist zeremoniell und umständlich, voll indirekter Sprechakte und verschwiegener

Beziehungen und Sprache

Absichten, Kalkül und Macht, so dass die ganze Problematik der Kommunikation selbst zwischen vorgeblich Liebenden deutlich wird. Im Verlauf des Romans spielen Briefe und Schriftstücke eine immer größere Rolle. Die liebende Hingabe Ottilies an Eduard vollzieht sich ausgerechnet in der Kopie eines Vertragswerks, bei der sich ihre Schrift an seine angleicht. Die Sprache ist den Menschen fremd geworden, nichts scheint es mehr zu geben, was ihre Beziehungen zuverlässig fundieren könnte – eine radikal pessimistische Stellungnahme zu der Möglichkeit persönlicher Beziehungen in der modernen Welt.

Chemische
Gleichnisrede

Der Roman ist ein weiteres Beispiel dafür, dass Wissenschaft und Literatur bei Goethe nicht mehr kategorial getrennt sind. Es werden nicht einfach inhaltlich naturwissenschaftliche Theorien behandelt, vielmehr ist die Struktur des Romans experimentell geprägt. Die titelgebende Metapher der „Wahlverwandtschaften" wird nach der Übertragung in die Chemie durch eine weitere Übertragung wieder in ihren Ursprungsbereich, die Sittlichkeit, zurückgeführt. Durch diese Analogisierung, Goethes so genanntes Verfahren der ‚wiederholten Spiegelung', wird aber nun keine Eindeutigkeit erzielt, sondern weitere Verrätselung. Die chemische Gleichnisrede findet sich im vierten Kapitel des ersten Teils:

> Denken Sie sich ein A, das mit einem B innig verbunden ist, durch viele Mittel und durch manche Gewalt nicht von ihm zu trennen; denken Sie sich ein C, das sich eben so zu einem D verhält; bringen Sie nun die beiden Paare in Berührung: A wird sich zu D, C zu B werfen, ohne daß man sagen kann, wer das andere zuerst verlassen, wer sich mit dem andern zuerst wieder verbunden habe. (I 8, 306)

Eduard entwirft eine Anwendung, die ganz offensichtlich falsch ist und als eine Art negative Vorausdeutung wirkt: Er sei A, Charlotte B, der Hauptmann C, Ottilie (die noch nicht da ist) D. A werde sich mit C verbinden, B mit D – also jeweils die Männer und die Frauen. Der Hauptmann hatte indes, bevor Eduard die Variablen ausfüllte, das Gleichnis bereits anders aufgelöst – was mit Eduards Einsetzungen zu den Paaren Eduard und Ottilie sowie Charlotte und Hauptmann führt.

‚Revolution' der
Chemie: Qualität vs.
Quantität und die
Übertragung auf das
Soziale

Chemiegeschichtlich ist im Roman die gesamte vielschichtige – und eben auch heterogene und widersprüchliche – Tradition der chemischen Verwandtschaftslehre präsent, einschließlich der frühneuzeitlichen protowissenschaftlichen Alchemie und der antiken Vorstellung einer umfassenden Sympathie zwischen Mensch und Kosmos und der Übereinstimmung von Mikrokosmos und Makrokosmos. Die zeitgenössische Chemie übernahm von Newtons Gravitationsgesetz, mit dem er alle Verhältnisse von Mikro- und Makrokosmos erklären wollte, den Begriff der Anziehung und überformte ihn im 18. Jahrhundert bildlich mit der Vorstellung der Verwandtschaft als allgemeiner chemischer Theorie. Dabei wirkte der alte, ‚okkulte' Sympathiebegriff fort, da die Attraktion als einigendes geistiges Prinzip der Natur verstanden wurde. Die chemischen Verwandtschaftsverhältnisse wurden als stoffliche Qualitäten zu klassifizieren versucht. An der Wende zum 19. Jahrhundert erkannte man, dass chemische Reaktionen auch von der Masse der beteiligten Stoffe beeinflusst werden, was mit der Einführung des quantitativen Aspekts zum revolutionären Neuansatz der Chemie beitrug.

Im Roman überlagern sich tradierte und moderne Positionen, Qualität und Quantität, und relativieren einander (vgl. Adler 1987, Hoffmann 1993). Die Typologie der chemischen Verwandtschaften war damals bereits überholt und wurde von Goethe mit seinem nicht minder problematischen morphologischen Grundkonzept von Polarität und Steigerung überformt. Die chemische ‚Revolution', die der Vorstellung der Wahlverwandtschaft die theoretische Grundlage entzieht, kann auch als Bezugsrahmen für die gesellschaftlichen Umbrüche der Zeit gesehen werden. Wie in der chemischen Theorie gewinnt auch in der Übertragung auf den sozialen Bereich die Kategorie der Quantität bzw. der Masse an Stellenwert, was sich in der steigenden Bedeutung ökonomischer Überlegungen in menschlichen Beziehungen äußert. Die ständische Wirtschafts- und Gesellschaftsordnung wird zur bürgerlichen, soziale Bindungen werden verdinglicht.

Wie in der Naturwissenschaft, so gibt es auch in der Liebe einen Paradigmenwechsel. Chemischer Diskurs und Geschlechterdiskurs korrespondieren. Im phantasierten doppelten Ehebruch – Eduard und Charlotte schlafen miteinander, während jener an Ottilie, diese an den Hauptmann denkt – überlagern sich ebenso unterschiedliche, einander ausschließende Liebeskonzeptionen, wie dies für den chemischen Diskurs in der Gleichnisrede gilt: außereheliche Liebe als Passion, asexuelle Freundschaft, bürgerliche Institution Ehe, romantische Liebe, Idealisierung. Es gibt nicht die Wahl zwischen vernünftiger Partnerschaft und romantischer Liebe, sondern eine Vermischung beider Bereiche, die sich gegenseitig stören. Sinnbildlich handelt es sich bei der Liebesnacht um ein Schöpfungsexperiment im künstlichen Zeugungsakt. Das Ergebnis – der Sohn mit den Augen Ottilies und den Zügen des Hauptmanns – scheint die Herrschaft der Einbildungskraft über die Natur zu belegen. Doch das Produkt dieser Polarität bedeutet keine Steigerung, das Kind kommt durch Ottilies Unachtsamkeit zu Tode.

Doppelter Ehebruch

Während Charlotte, der Major und Eduard den Tod des Kindes rechtfertigen und damit das dämonische Schicksal für ihre Zwecke instrumentalisieren wollen, sieht sich Ottilie als Sühneopfer. Mit der Sinngebung ihres Todes – etwa als Bewahrung ihrer reinen Individualität – muss man vorsichtig sein, um nicht ebenfalls einer Rechtfertigung des Opfers zu verfallen. Für den Erzähler erscheint der Tod auf jeden Fall nur dann erträglich, wenn er im Verhältnis von Natur und Moral zugleich als bedeutungsvoll, ja unverzichtbar in einem übergreifenden Zusammenhang gedeutet werden kann: Ein solcher Zusammenhang der Natur wird bei Goethe üblicherweise im Bild des Gewebes (der Textur) gefasst: eines Geflechts einander zuwiderlaufender, sich überkreuzender Fäden, die die Gestalt dessen ausmachen, was die Welt in all ihren Wechselfällen bewirkt und zugleich (wie in *Faust*) „im Innersten zusammenhält" und was bei aller Gegenstrebigkeit und Verschiedenheit des jeweils Einzelnen doch ein festes, unzerreißbares, notwendiges Ganzes bildet. Diese Sinnunterstellung muss man zur Kenntnis nehmen, aber man muss ihr auch bei einer intentionalistischen Interpretation nicht zwangsläufig folgen, sondern kann sie als eine von mehreren Deutungsperspektiven auf den Romanschluss sehen, der konträr dazu auch als Ironisierung des Liebestods gelesen wurde.

Sühneopfer, Natur und Moral

V. Einzelanalysen

1. *Götz von Berlichingen*

Historisierung der
Dramentheorie
durch Herder Goethe hat in allen drei Grundgattungen – Drama, Lyrik, Prosa – ein Frühwerk vorgelegt, das als epochemachend bezeichnet werden kann. Chronologisch an erster Stelle steht das Drama, dem auch nach der traditionellen
Gattungshierarchie die führende Rolle zukam. Goethes epochale Leistung
wurde dabei paradoxerweise publik, bevor sie überhaupt veröffentlicht wurde. Es war Johann Gottfried Herder, der für die Zeitgenossen einen Paradigmenwechsel nicht nur in der Literatur, sondern in der gesamten Kultur propagierte. Seine 1773 erschienene Publikation trug den programmatischen
Titel *Von deutscher Art und Kunst*. Für diese Sammlung steuerte Goethe den
kunsttheoretischen Text *Von Deutscher Baukunst* bei (vgl. Kap. IV.1). Mit seinem in diesem Band enthaltenen *Shakespear*-Aufsatz beförderte Herder
maßgeblich die sich bereits abzeichnende Historisierung der ästhetischen
und speziell dramentheoretischen Diskussion, im Rahmen derer dann Goethe eine Schlüsselrolle zukam:

> In Griechenland entstand das Drama, wie es in Norden nicht entstehen
> konnte. In Griechenland wars, was es in Norden nicht sein kann. In Nor-
> den ists also nicht und darf nicht sein, was es in Griechenland gewesen.
> Also Sophokles Drama und Shakespears Drama sind zwei Dinge, die in
> gewissem Betracht kaum den Namen gemein haben. (FHA 2, 499f.)

Shakespeare als
Vorbild einer
authentischen
Dramenpraxis Nach Herder ist jede Kultur aus sich selbst heraus zu verstehen, was bis zu
den konkreten klimatischen Bedingungen geht. Indem er nun das griechische Drama aus seiner Entstehung in der antiken Kultur heraus erklärte, wies
er der im 18. Jahrhundert vorherrschenden Forderung der ästhetischen
Nachahmung der Antike eine neue Richtung: Nicht mehr die antiken Kunstwerke selbst sollten nachgeahmt werden, sondern die im Einklang mit der
regionalen Natur und Kultur stehende Kunstproduktion der Antike sollte
zum Vorbild dazu dienen, in der Neuzeit und im Norden auf ähnliche Weise
eine regional und national authentische Kultur zu schaffen, wie es in der Antike und im Süden der Fall war. Und hier kam Shakespeare ins Spiel, der für
England eine ebenso authentische nationale Dramenpraxis geschaffen habe,
wie es den antiken Tragikern in Griechenland gelungen sei – im Unterschied
zu Frankreich, wo, so der gegen die europäische Leitkultur der Zeit gerichte-
te Vorwurf, die antiken Vorbilder unselbständig und ohne historisches Be-
wusstsein nachgeahmt würden. Daher nun der Blick nach England statt
nach Frankreich: Von der Antike lernen hieß für Herder nicht mehr, von der
französischen *haute tragédie* zu lernen, sondern – nur scheinbar paradox –
von Shakespeare, dessen Dramen den im Klassizismus als zeitlos gültige
Normen missverstandenen Konventionen der aristotelischen Poetik gerade
nicht entsprachen. Denn im Norden ein auf natürliche Weise – und eben

nicht durch künstliche Nachahmung – entstandenes griechisches Drama zu fordern sei „ärger, als daß ein Schaf Löwen gebären sollte" (FHA 2, 507). Wie sehr diese revolutionäre Forderung einer Historisierung der ästhetischen Maßstäbe schließlich zum Gemeingut wurde, zeigt sich nicht zuletzt daran, dass Goethe sie noch wiederholte, als er längst wieder andere ästhetische Grundsätze vertrat, nämlich 1818 in dem Aufsatz *Antik und modern*: „Jeder sey auf seine Art ein Grieche!" (I 20, 350) So lässt sich denn auch zeigen, dass selbst das vermeintlich streng gräzisierende Schauspiel *Iphigenie auf Tauris* zwar nicht formal, aber konzeptionell durchaus dieser Vorgabe folgt (vgl. Kap. V.4).

In der Konsequenz des Herder'schen Arguments musste nun allerdings der Fehler vermieden werden, statt der Antike Shakespeare nachzuahmen, denn dieser lag zwar historisch und geographisch näher als die Antike, aber auch sein Drama werde bald „der lebendigen Vorstellung ganz unfähig werden, und eine Trümmer von Kolossus, von Pyramide sein […], die Jeder anstaunet und keiner begreift" (FHA 2, 520). Im Anschluss daran spricht Herder am Schluss seines Aufsatzes einen „Freund" an. Dieser ungenannte Freund ist Goethe, und Herder würdigt die epochale Bedeutung seines ebenfalls ungenannten und noch ungedruckten *Götz*-Dramas:

> Glücklich, daß ich noch im Ablaufe der Zeit lebte, wo ich ihn [Shakespeare] begreifen konnte, und wo du, mein Freund, der du dich bei diesem Lesen erkennest und fühlst, und den ich vor seinem heiligen Bilde mehr als Einmal umarmet, wo du noch den süßen und deiner würdigen Traum haben kannst, sein Denkmal *aus unsern Ritterzeiten* in unsrer Sprache, unserm so weit abgearteten Vaterlande herzustellen. Ich beneide dir den Traum, und dein edles deutsches Würcken laß nicht nach, bis der Kranz dort oben hange. (FHA 2, 520f.)

Herder hatte Goethes *Geschichte Gottfriedens von Berlichingen mit der eisernen Hand dramatisirt* (1771) im Jahre 1772 gelesen und scheint das Drama in einem nicht erhaltenen Brief an Goethe kritisiert zu haben, denn Goethe antwortete am 10.7.1772:

Goethes Shakespeare-Nachfolge und Herders Kritik

> Von Berlichingen ein Wort. Euer Brief war Trostschreiben, ich setzte ihn weiter schon herunter als ihr. Die Definitiv [d.i. das Urteil] „Dass euch Schäckesp. ganz verdorben pp" erkannt ich gleich in ihrer ganzen Stärke, genug es muss eingeschmolzen von Schlaken gereinigt mit neuem edlerem Stoff versetzt und umgegossen werden. Dann solls wieder vor euch erscheinen. Es ist alles nur gedacht. Das ärgert mich genug. (II 1, 257f.)

Erst in der ‚umgegossenen' zweiten Fassung erschien das Stück 1773 im Druck; Herders Lobpreis im *Shakespear*-Aufsatz bezog sich indes aller mutmaßlichen Kritik ungeachtet auf die erste Fassung. Es ist deutlich, in welche Richtung die Kritik ging, nämlich in Richtung des Vorwurfs, den Goethe dann sofort als Selbstvorwurf annahm, dass es sich um eine konstruierte, unnatürliche, eben ‚nur gedachte' Nachahmung Shakespeares handele, einen Bruch mit den dramatischen Konventionen um des bloßen Bruchs willen, ohne das geforderte organisch entstandene nationale Schauspiel bereits zu schaffen. Goethes Shakespeare-Begeisterung wird greifbar in der im Oktober 1771 verfassten Rede *Zum Shakespears Tag*, die in etlichen Formulierungen als Selbstkommentar zum *Götz*-Drama zu lesen ist (vgl. Kap. IV.1):

> Ich zweifelte keinen Augenblick dem regelmäßigen Theater zu entsagen. Es schien mir die Einheit des Orts so kerkermäßig ängstlich, die Einheiten der Handlung und der Zeit lästige Fesseln unsrer Einbildungskraft; ich sprang in die freie Luft und fühlte erst daß ich Hände und Füße hatte. Und jetzo da ich sehe wie viel Unrecht mir die Herrn der Regel in ihrem Loch angetan haben, wie viel freie Seelen noch drinnen sich krümmen, so wäre mir mein Herz geborsten wenn ich ihnen nicht Fehde angekündigt hätte und nicht täglich suchte ihre Türme zusammen zu schlagen. (I 18, 10)

Seine dramatische Fehde setzt Goethe hier bis in die Wortwahl und die Bildlichkeit hinein mit Götzens Freiheitskampf in Parallele, und was er über Shakespeares Dramen sagt, gilt deutlich in eigener Sache bzw. ist unmittelbar auf Götzens Kampf zu beziehen: „seine Stücke drehen sich alle um den geheimen Punkt […] in dem das Eigentümliche unseres Ichs, die prätendierte Freiheit unsres Wollens mit dem notwendigen Gang des Ganzen zusammenstoßt" (I 18, 11).

Historisches Substrat   Goethes historische Quelle ist die 1731 erschienene *Lebens-Beschreibung Herrn Gözens von Berlichingen, Zugenannt mit der Eisern Hand*, die Autobiographie des um 1480 geborenen Reichsritters. Die historischen Daten werden von Goethe frei behandelt: Der Bauernkrieg (1525), der Tod Kaiser Maximilians I. (1519) und Götzens Tod (1562) fallen im Drama fast zusammen. Die Stoffwahl folgte Herders Empfehlung des Rückgriffs auf die nationale Tradition, der gegenüber die Gegenwart als dekadent und entartet (‚abgeartet‘, wie Herder schrieb) galt. Renaissance und Reformationszeit (15./16. Jh.) als historische Schwellen vom Mittelalter zur Neuzeit wurden im letzten Drittel des 18. Jahrhunderts nicht zuletzt als Epochen entdeckt und verstanden, in denen das große, geschichtsmächtige, aber häufig auch tragisch an seiner Zeit scheiternde Individuum auf der historischen Bühne erschien. Wichtig und in Goethes Umkreis diskutiert wurde insbesondere die rechtshistorische Umbruchsituation, die mit dem sogenannten „Ewigen Landfrieden" (Reichstag zu Worms 1495) geschaffen wurde, dem ersten Versuch der Etablierung eines neuzeitlichen staatlichen Gewaltmonopols, das dem mittelalterlichen Fehderecht ein Ende setzen sollte, was sich in der Praxis als noch nicht durchsetzbar erwies. Damit verbunden war der Übergang vom partikularen, häufig mündlich tradierten Gewohnheitsrecht zum allgemeinen Römischen Recht. Mit diesen Vorgängen wurde Goethe in seiner Straßburger Studienzeit 1770/71 vertraut. Besonders wichtig waren für ihn die nationalen Anschauungen des Osnabrücker Historikers Justus Möser, der 1770 den Aufsatz *Von dem Faustrecht* veröffentlichte (und dann 1773 mit einem anderen Beitrag ebenfalls in Herders Sammelband *Von deutscher Art und Kunst* vertreten war). Die Niederschrift der *Geschichte Gottfriedens von Berlichingen* erfolgte in nur sechs Wochen im November/Dezember 1771. Eine Reinschrift dieser Fassung bewahrte Goethe auf, doch sie wurde erst nach seinem Tod 1832 in Bd. 42 der *Ausgabe letzter Hand* gedruckt und ist seither auch unter dem Titel *Ur-Götz* bekannt. Anfang 1773 begann er mit der Umarbeitung, und im Juli 1773 erschien die Erstausgabe anonym im

Selbstverlag (unter finanzieller Beteiligung von Johann Heinrich Merck) unter dem Titel *Götz von Berlichingen mit der eisernen Hand. Ein Schauspiel.* Die folgende Darstellung bezieht sich zunächst auf diese Fassung, in der das Drama seine große Wirkung entfaltete.

Die zentrale Konfliktsituation wird gleich zu Beginn, in der Szene „Herberge im Wald", deutlich: Götz führt eine Fehde gegen den Bischof von Bamberg, der gegen einen ausgehandelten Waffenstillstand verstoßen hat. Götz will sich rächen, indem er Adelbert von Weislingen, seinen ehemaligen Jugendfreund und jetzigen wichtigen Gefolgsmann des Bischofs, gefangen nimmt. Während er ihm auflauert, wird er im Gespräch mit Bruder Martin, einem Mönch, charakterisiert, der Götzens freie kriegerische Existenz bewundert: „Es ist eine Wollust, einen großen Mann zu sehn." (I 4, 289) Die nächste Szene spielt in „Jaxthaussen. Götzens Burg". Elisabeth, Götzens Frau, und Maria, seine Schwester, werden als kontrastierende Frauenfiguren eingeführt: Während Elisabeth vorbehaltlos die Prinzipien ihres Mannes vertritt, steht Maria für christliche Werte ein, die sie an Götzens Sohn Carl weitergibt, der dadurch seinem Vater entfremdet (und mit dem bereits aufgetretenen Georg, einer Art Ziehsohn von Götz, kontrastiert) wird. Götz kommt mit dem gefangenen Weislingen nach Hause, die beiden versöhnen sich im nostalgischen Rückblick auf die ehemalige Gemeinsamkeit, als Götz nach dem Verlust seiner Hand gehofft hatte, Weislingen werde seine rechte Hand sein, während diesen das Hofleben reizte und er schon in der ersten Szene als „[d]es Bischofs rechte Hand" bezeichnet wurde (I 4, 281). Götz lebt in der Vergangenheit: „Nach der Arbeit wüßt ich nichts angenehmers, als mich des Vergangenen zu erinnern." (I 4, 297) Die folgende Szene zeigt die Gegenpartei im bischöflichen Palast zu Bamberg. Es wird deutlich, dass es sich im Kontext des Dramas um die moderne Partei handelt, die die Durchsetzung des Römischen Rechts gegen das partikulare Gewohnheitsrecht betreibt, was in Analogie zum Kampf gegen die freien Reichsritter wie Berlichingen gesehen wird.

Weislingen verlobt sich während seiner Gefangenschaft auf Jagsthausen mit Götzens Schwester Maria. Das Bild der rechten Hand wird durch diese Verbindung in einer Traumerzählung von Götz wieder aufgenommen: „Mir wars heute Nacht, ich gäb dir meine rechte eiserne Hand, und du hieltest mich so fest, daß sie aus den Armschienen ging wie abgebrochen. Ich erschrak und wachte drüber auf. Ich hätte nur fort träumen sollen, da würd ich gesehen haben, wie du mir eine neue lebendige Hand ansetztest." (I 4, 307) Götz träumt den Traum wachend fort und missdeutet ihn daher, der so als unheilvolle Vorausdeutung wirkt. Weislingen gibt seine Absicht, nicht mehr nach Bamberg zu gehen, sofort auf, als sein Diener Franz kommt und ihm von der Witwe Adelheid von Walldorf vorschwärmt, die sich inzwischen dort befindet. Sein Lobpreis ihrer Schönheit gibt Gelegenheit zu einer selbstreflexiven poetologischen Pointe, denn Weislingen verspottet ihn: „Du bist gar drüber zum Dichter geworden", worauf Franz mit einer Definition antwortet, die durchaus als repräsentativ für die Strömungen von Sturm und Drang und Empfindsamkeit gelten kann – „die bemerkenswerte Spur von weiblicher Schönheit zum poetischen Enthusiasmus" (Reinhardt 2008, 66): „So fühl ich denn in dem Augenblick, was den Dichter macht, ein volles, ganz von einer Empfindung volles Herz." (I 4, 310) Adelheid von Walldorf

Die historischen
Konfliktparteien

Weislingen und
Adelheid

steht schon von der Namensgebung her in besonderer Beziehung zu Adelbert von Weislingen (ebenso durch die äußere Erscheinung, denn beide werden als außerordentlich schön beschrieben), und so sieht man denn im zweiten Akt Adelheid, die Weislingen wieder an den Bischofshof zieht, wobei auch er eine unheilvolle Vorausdeutung ignoriert, wie ein Hoffräulein berichtet: „Ich sah ihn wie er zum Schloß herein reiten wollte, er saß auf einem Schimmel. Das Pferd scheute wie's an die Brücke kam, und wollte nicht von der Stelle." (I 4, 316) Adelheid langweilt sich denn auch bald mit Weislingen. Sie ist enttäuscht von ihm, weil er seinem Ruf als „Quintessenz des männlichen Geschlechts" (I 4, 326) nicht gerecht werde – und um diese Quintessenz ist es ihr offenbar zu tun. Dies wird dann im vierten Akt deutlich, als sie für Karl, den designierten Nachfolger des schwachen Kaisers Maximilian, schwärmt und erklärt, über Weislingen hinwegzugehen, falls er ihr im Weg stehe.

Freiheit und Kampf   Zu Beginn des dritten Akts tritt beim Augsburger Reichstag der Kaiser auf, der als schwach gezeigt wird und dem Egoismus seiner Reichsfürsten unterliegt. Gemeinsame Interessen des Reiches zeigen sich nicht. Götz, den er schätzt, soll gefangen werden und „Urfehde" schwören, d. h. seiner Fehde abschwören und Frieden versprechen. Inzwischen wirbt Franz von Sickingen um die von Weislingen sitzengelassene Marie, die er dann auch heiratet. Nach breit geschilderten Kampfszenen wird Götzens Burg belagert. Der Aufforderung zur Übergabe entgegnet er mit einem sprichwörtlich gewordenen Fluch: „Sag deinem Hauptmann: Vor Ihro Kaiserliche Majestät, hab ich, wie immer schuldigen Respekt. Er aber, sags ihm, er kann mich im Arsch lecken." (I 4, 349) Die Belagerten trinken die letzte Flasche Wein mit dem dreifachen Ruf: „Es lebe die Freiheit!" (I 4, 352) Götz entwirft gegenüber seinem Ziehsohn Georg die idyllische Friedensvision eines unter dem Kaiser vereinten Reichs. Auf Georgs Frage: „Würden wir hernach auch reiten?", entgegnet Götz:

> Wollte Gott es gäbe keine unruhige Köpfe in ganz Deutschland, wir würden deswegen noch zu tun genug finden. Wir wollten die Gebürge von Wölfen säubern, wollten unserm ruhig ackernden Nachbar einen Braten aus dem Wald holen, und dafür die Suppe mit ihm essen. Wär uns das nicht genug, wir wollten uns mit unsern Brüdern gleich Cherubs mit flammenden Schwertern, vor die Grenzen des Reichs gegen die Wölfe die Türken, gegen die Füchse die Franzosen lagern, und zugleich unsers teuern Kaisers sehr ausgesetzte Länder und die Ruhe des Ganzen beschützen. Das wäre ein Leben Georg! wenn man seine Haut vor die allgemeine Glückseligkeit setzte. (I 4, 353)

Diese Utopie, die Götz hier entwirft, ist eine Schlüsselstelle zur Beurteilung seiner Existenz und seines Freiheitskampfes. Bisher war er ausschließlich in Kämpfe innerhalb des Reichs verstrickt, das durch den schwachen Kaiser nicht zu befrieden war. Falls die Friedensutopie tatsächlich verwirklicht werden könnte, müsste der Kampf nach außen fortgesetzt, die Feinde müssten außerhalb statt innerhalb der Reichsgrenzen identifiziert werden. In der Jagd allein kann Götz, dessen Freiheit sich nur im Kampf verwirklichen kann, kein Genüge finden.

Im vierten Akt steht Götz vor dem Heilbronner Rat vor Gericht, soll die Unrechtmäßigkeit seiner Fehde zugeben und ihr abschwören, was er verweigert. Sickingen befreit ihn, Götz kehrt gegen das Versprechen, sich still zu halten, auf sein Schloss zurück. Dort zeigt sich denn auch, dass ihm friedliche Existenz nicht möglich ist. Als Ersatzbeschäftigung empfiehlt ihm Elisabeth die Schriftstellerei. Götz soll seine Memoiren schreiben, doch er ist des Schreibens bereits überdrüssig: „Schreiben ist geschäftiger Müßiggang, es kommt mir sauer an. Indem ich schreibe was ich getan habe, ärgere ich mich über den Verlust der Zeit in der ich etwas tun könnte." (I 4, 367) „Tun" bedeutet für Götz ausschließlich kämpfen, eine andere sinnvolle Tätigkeit ist ihm nicht vorstellbar. Am Ende des vierten Aktes wird von einem Kometen und anderen unheilvollen Himmelszeichen berichtet, die auf den Tod des Kaisers und den Ausbruch des Bauernkriegs gedeutet werden. Georgs Schlusswort im vierten Akt ist bezeichnend: „Schade daß wir nicht reiten dürfen." (I 4, 368)

Im fünften Akt ist der Bauernkrieg ausgebrochen. Die aufständischen Bauern bringen Götz dazu, sich für vier Wochen als Hauptmann zur Verfügung zu stellen. Dadurch kann er wieder die kriegerische Existenzform ausleben, die ihm einzig möglich ist, er bricht sein Wort und diskreditiert sein eigenes Wertesystem. Er verletzt seinen Bann, die Bauern halten seine Bedingungen nicht ein und brennen Miltenberg nieder, werden aber geschlagen, wobei Georg umkommt. Weislingen wird Kommissar, zerreißt auf Bitten Maries Götzens Todesurteil, stirbt jedoch, da Adelheid ihn durch Franz (der sich daraufhin zu Tode stürzt) vergiften ließ. Adelheid wird zum Tode verurteilt. Götz stirbt: „Und jetzt ist's nicht Weislingen allein, nicht die Bauern allein, nicht der Tod des Kaisers und meine Wunden. – Es ist alles zusammen. Meine Stunde ist kommen." (I 4, 386) Seine letzten Worte sind: „Freiheit! Freiheit!" Er erhält drei ‚Nachrufe': „Nur droben droben bei dir. Die Welt ist ein Gefängnis", entgegnet Elisabeth, und Marie: „Edler Mann! Edler Mann! Wehe dem Jahrhundert das dich von sich stieß." Das Schlusswort spricht Lerse: „Wehe der Nachkommenschaft die dich verkennt." (I 4, 388f.)

Verkannt werden konnte Götz in der Rezeptionsgeschichte des Dramas vor allem hinsichtlich der Natur seines Freiheitskampfes, der nicht progressiv, sondern restaurativ zu verstehen ist. Götz kämpft für die patriarchale Gesellschaft des überkommenen Faust- und Fehderechts. Historisch gesehen bedeutete die Durchsetzung des Landfriedens und die Einführung des einheitlichen Römischen Rechts einen wichtigen Modernisierungsschub auf dem Weg in die Neuzeit und die Schaffung zentral verwalteter Staaten. Dass Götz historisch auf verlorenem Posten steht, zeigt sich daran, dass er ohne unmittelbaren Nachfolger stirbt. Sein Sohn Carl ist im Kloster, sein Ziehsohn Georg getötet. Götzens Rückzugsgefecht richtet sich gegen die Modernisierungskosten, die zunächst vor allem darin bestanden, dass der Landfriede keineswegs die versprochene Rechtssicherheit gewährte, da der Kaiser als oberste Instanz schwach war und daher auf Fehden als subsidiäres Rechtsmittel zur Durchsetzung berechtigter Ansprüche nicht verzichtet werden konnte. Götzens Stellung zwischen den Parteien zeigt sich auch an seiner vorwiegend ablehnenden Haltung gegen die aufständischen Bauern. Er ist nur dann ein Sozialrevolutionär, wenn seine eigenen Interessen mit im Spiel sind. Die Freiheit, für die er kämpft, ist vor allem seine eigene.

Bauernkrieg und Götzens Ende

Restaurativer Freiheitskampf

Regellosigkeit
vs. Konstruktion:
Kontrast- und
Korrespondenz-
relationen

Ein weiteres naheliegendes Missverständnis betrifft die vermeintliche Form- und Regellosigkeit des Dramas. Zwar ist die Orientierung an den als regellos missverstandenen Dramen Shakespeares auch in der zweiten Fassung noch deutlich, so zum Beispiel anhand der erwähnten ominösen Vorausdeutungen durch ungewohntes Verhalten von Tieren oder spektakuläre Himmels- und Witterungsphänomene sowie Träume. Auch die Figur des Liebetraut am Bischofshof ist deutlich von Shakespeare, nämlich seinen Narrenfiguren, inspiriert, ebenso die Zigeuner im fünften Akt. Durch die umfassenden Verstöße gegen den dramatischen Regelkanon konnte indes leicht aus dem Blick geraten, wie genau das Drama konstruiert ist, was sich vor allem an der antithetischen Abfolge der Szenen und Schauplätze sowie an den teils antithetisch, teils komplementär angelegten Kontrast- und Korrespondenzrelationen der Figuren zeigt. Götz steht gegen Weislingen, sein Sohn Carl gegen Georg, seine Frau Elisabeth gegen seine Schwester Marie, beide zusammen gegen Adelheid, die wiederum ebenfalls gegen Götz sowie mit und gegen Weislingen steht. Die Genrebezeichnung im Untertitel lautet „Ein Schauspiel". Im Hinblick auf das Ende von Götz hätte man nach traditioneller Auffassung ‚Tragödie' bzw. ‚Trauerspiel' erwarten können. Mit der Bezeichnung ‚Schauspiel' wird der kaleidoskopartige, panoramatische Grundzug des Dramas betont, in dem vom Kaiser an der Spitze bis zum vierten Stand, den Bauern, und sogar den rechtlosen Zigeunern sämtliche Stände der Gesellschaft auf die Bühne kommen. Immer wieder diskutiert wurde, inwiefern im Geschichtsdrama die Zentralfigur Götz tatsächlich im Mittelpunkt steht oder zeitweise aus dem Blick gerät.

Erstfassung:
‚Ur-Götz'

Die bedeutendste Änderung gegenüber der Erstfassung, dem ‚Ur-Götz', ist (außer einer sprachlichen Glättung und Pointierung), dass das Geschehen tatsächlich stärker um den Protagonisten zentriert wurde (während die Zahl der Einzelszenen kaum verringert wurde, nämlich von 59 auf 56). Am gravierendsten sind die Unterschiede im fünften Akt: Der Bauernkrieg hatte in der Erstfassung ein deutlich größeres Gewicht. In der ‚Helfenstein-Szene', die in der Zweitfassung wegfiel, wurden die Gewaltakte der Bauern als Rache für entsprechende Gräueltaten der Adligen motiviert (das dramatische Vorbild für das Verhungernlassen im Turm ist Heinrich Wilhelm von Gerstenbergs *Ugolino*, 1768), wodurch der Bauernkrieg in deutlich positiverem Licht stand – und überdies Metzler als Komplementärfigur zu Götz stärkeres Profil erhielt (vgl. Schröder, in Hamacher/Nutt-Kofoth 2007, Bd. 1). Ferner spielte Adelheid im ursprünglichen fünften Akt eine führende Rolle und wuchs sich nicht nur zur eigentlichen Gegenspielerin Götzens aus, der auch Sickingen noch verfiel, sondern geradezu zur ‚Quintessenz des weiblichen Geschlechts', die aus dem Schauspiel in der ersten Fassung auch ein Drama der Geschlechter machte.

Revolutionäre
Wirkung

Wie aber ist nun zu erklären, dass Götzens reaktionärer Freiheitskampf eine revolutionäre Wirkung ausüben und als Fanal für eine antihöfische, patriotische Rebellion nicht nur auf dem Theater, sondern auch in der Politik gelten, die Geschichtsdarstellung zur Gegenwartskritik werden konnte? Es zeigt sich daran, wie provozierend die ‚Entdeckung' eines großen Individuums in der aufgeklärt absolutistischen Gesellschaft des späten 18. Jahrhunderts wirken konnte. Die Fronten hatten sich vertauscht: Die im Stück ‚moderne', progressive Partei war längst zur allein herrschenden und reaktionären geworden, und so konnte die im Stück ‚alte' Position nach 1770 zur modernen werden. Nicht umsonst verteidigte Justus Möser gegen Friedrich II. Goethes *Götz* als antifeudales Volksstück. In seinem Pamphlet *De la littérature allemande* (1780) hatte der preußische König *Götz von Berlichingen* als Musterbeispiel für die Verkommenheit des deutschen Theaters und überhaupt den in der deutschen Literatur herrschenden schlechten Geschmack bezeichnet. Dass er sich in französischer Sprache gegen die aktuelle deutschsprachige Literatur wandte, zeigt die kulturelle Diskurshoheit des Französischen bei Hofe.

Aber auch im Blick auf die moderne Individualitätsproblematik erweist sich das Stück als unversehens aktuell, wenn Götz als eine Figur erscheint, die aus der gesellschaftlichen Ordnung herausfällt und damit gewissermaßen die Situation des modernen Individuums in einer funktional differenzierten Gesellschaft antizipiert: „Die im *Götz* dargestellten Mechanismen, die die *lehnsfeudale* Ordnung zerstören, sind dieselben, die im 18. Jahrhundert die *ständische* Ordnung auflösen." (Willems 1995, 150) Vor diesem gesellschaftsgeschichtlichen Hintergrund ist allerdings – von heute aus gesehen – der diplomatische statt kriegerische, untreue statt ritterliche Weislingen die modernere und auch im Hinblick auf die Entwicklung von Goethes dramatischem Werk zukunftsweisendere Figur. Leicht übersehen werden könnte dabei, wie sehr Götz und Weislingen in ihren gleitenden Identitäten aufeinander bezogen sind, was sich in der identischen Klage äußert: „meine Kraft sinkt nach dem Grabe" (Weislingen: I 4, 382, Götz: I 4, 388). Clavigo, die Titelfigur von Goethes folgendem Drama, ist ebenso ein dramatischer Verwandter Weislingens wie Fernando in *Stella*. Weislingen dürfte es mehr als Götz zu verdanken sein, falls das Drama noch nicht „eine Trümmer von Kolossus, von Pyramide" geworden ist, „die Jeder anstaunet und keiner begreift". Mit zunehmendem zeitlichen Abstand droht das historisch voraussetzungsreiche Stück allerdings dieser Herder'schen Diagnose allmählich zu verfallen.

> Problematik des modernen Individuums

Auch auf der Bühne fällt eine Aktualisierung zunehmend schwerer. Bei der Uraufführung am 12.4.1774 in Berlin wurde das Drama als historisierendes Kostüm- und Ausstattungsstück inszeniert, was bühnengeschichtlich eine absolute Neuerung darstellte. So wirkte es als Initialzündung für die Mode der Ritterstücke, die bis in die Romantik anhielt. Die Bühnengeschichte des *Götz* wurde dadurch nachhaltig geprägt. Goethe selbst tat sich bereits bei der Herstellung einer ‚klassischen' Bühnenfassung (1804; die Aufführung mit Musik dauerte sechs Stunden) außerordentlich schwer mit seinem eigenen Stück; nicht nur die Dramenform, auch das Freiheitspathos des Protagonisten war ihm fremd geworden.

> Schwierigkeiten auf der Bühne

2. *Die Leiden des jungen Werthers*

Wie auf dem Gebiet des Dramas, bei *Götz von Berlichingen*, so erfolgte auch Goethes erster Erfolgsauftritt auf dem Gebiet des Romans anonym. Außer der dargelegten Paradoxie genialer Autorschaft (vgl. Kap. IV.1) spricht aus dieser Anonymität zweierlei: zum einen das geringe ästhetische Renommee der Gattung Roman, zum anderen eine mögliche Furcht vor der Zensur.

Der Name des Verfassers wurde allerdings rasch ruchbar, da ihn der Verleger im Messkatalog gegen ihre Übereinkunft nannte.

Rezeptions-ästhetischer Modellfall

Goethes Erfolgsroman kann als rezeptionsästhetischer Modellfall gesehen werden (vgl. Scherpe 1970, Jäger 1984). Das bedeutet, dass er besonders aufschlussreich ist für die Lektürepraxis der jeweiligen Zeit und für die Wirkung von Literatur generell. Das ‚Werther-Fieber‘, das die Lektüre angeblich auslöste, ist sprichwörtlich geworden: Werthers Kleidung wurde zur Mode, und so, wie der Suizid der Romanfigur durch den Tod einer Dramenfigur Lessings vermittelt ist – „Emilia Galotti lag auf dem Pulte aufgeschlagen." (I 8, 264) –, soll der Roman seinerseits als Vorlage für zahlreiche reale Selbsttötungen gedient haben, bei denen dann im realen oder übertragenen Sinne *Die Leiden des jungen Werthers* aufgeschlagen auf dem Pulte lagen. Obwohl das Ausmaß dieser angeblichen Suizidwelle oft übertrieben dargestellt sein dürfte, bleibt das Phänomen so bemerkenswert wie erklärungsbedürftig. Aus der heutigen Perspektive ist vor allem danach zu fragen, wie es zu dem vermeintlich widersprüchlichen Befund kommt, dass sich der Roman einerseits „kaum anders als identifikatorisch" lesen lasse (Meier 2011, 71), während doch andererseits „die Künstlichkeit der Erzählkonstruktion" offen zutage liege (ebd., 67). Ein erster Ansatz der Erklärung kann bei der literarischen Vermittlung des Todes durch den Verweis auf *Emilia Galotti* ansetzen. Dem Roman ist seine eigene Rezeption eingeschrieben, die Metalepse – d. h. die Überschreitung der Grenzen von Fiktion und Wirklichkeit – ist bereits im Text selbst angelegt. Zugleich aber muss diese Überschreitung verhindert werden, da sonst die Lektüre buchstäblich zum Tode führt.

‚Pop-Roman‘ wider Willen und Goethes Gegenreaktionen

Auf den ersten Blick wird der Roman dadurch für ein heutiges Publikum in denkbar weite historische Ferne gerückt: Niemand scheint noch ernsthaft zu befürchten, dass sich jemand nach der Lektüre selbst töten könnte, sonst wären *Die Leiden des jungen Werthers* nicht fester Bestandteil des schulischen Kanons. Einem zweiten Blick zeigt sich indes genau hier die zeitlose Aktualität des Textes, und zwar als erster ‚Pop-Roman‘ der deutschen Literatur. Im Unterschied jedoch zu ‚Pop-Literaten‘, die ihre Autorschaft wie das Image eines Popstars inszenieren – oder entsprechend inszeniert und vermarktet werden –, wurde Goethe selbst als Autor von diesem Phänomen überrascht und versuchte sich von dem Image des *Werther*-Autors wieder zu befreien – mit begrenztem Erfolg, wie etwa die (nicht veröffentlichte) gereizte Invektive in der vierten Elegie der *Erotica Romana* zeigt:

> Fraget nun wen ihr auch wollt mich werdet ihr nimmer erreichen
> Schöne Damen und ihr Herren der feineren Welt!
> Ob denn auch Werther gelebt? ob denn auch alles fein wahr sei?
> Welche Stadt sich mit Recht Lottens der Einzigen rühmt?
> Ach wie hab ich so oft die törigten Blätter verwünschet,
> Die mein jugendlich Leid unter die Menschen gebracht.
> Wäre Werther mein Bruder gewesen, ich hätt ihn erschlagen,
> Kaum verfolgte mich so rächend sein trauriger Geist. (I 1, 399 f.)

Drastischer noch fiel bereits 1775 seine lyrische Reaktion auf Friedrich Nicolais Parodie *Freuden des jungen Werthers* aus. Goethe hat das Gedicht in seine handschriftliche *Erste Weimarer Gedichtsammlung* aufgenommen; publiziert wurde es zu seinen Lebzeiten nicht:

Ein junger Mensch ich weiß nicht wie
Starb einst an der Hypochondrie
Und ward denn auch begraben.
Da kam ein schöner Geist herbei
Der hatte seinen Stuhlgang frei
Wie's denn so Leute haben.
Der setzt' notdürftig sich auf's Grab,
Und legte da sein Häuflein ab,
Beschaute freundlich seinen Dreck,
Ging wohl eratmet wieder weg,
Und sprach zu sich bedächtiglich:
„Der gute Mensch wie hat er sich verdorben.
Hätt er geschissen so wie ich,
Er wäre nicht gestorben!" (I 1, 216)

Dass die Wirkung der Lektüre für den Autor selbst unerwartet war, zeigt sich an einem Eingriff, zu dem er sich ebenfalls 1775, ein Jahr nach dem Erscheinen der Erstausgabe, in der zweiten rechtmäßigen Ausgabe des Romans veranlasst sah. Den beiden Teilen des Romans wurden in dieser Ausgabe Titelstrophen vorangestellt. Die Strophe vor dem ersten Teil lautet:

Jeder Jüngling sehnt sich so zu lieben,
Jedes Mädgen so geliebt zu sein,
Ach, der heiligste von unsern Trieben,
Warum quillt aus ihm die grimme Pein? (I 1, 157)

Die Titelstrophe des zweiten Teils lautet:

Du beweinst, du liebst ihn, liebe Seele,
Rettest sein Gedächtnis von der Schmach;
Sieh, dir winkt sein Geist aus seiner Höhle:
Sei ein Mann, und folge mir nicht nach. (I 1, 158)

Die erste Strophe enthüllt, dass es bei der Liebe weniger um die Person geht als vielmehr um das Gefühl an sich. Das Schicksal Werthers ist verallgemeinerbar, damit aber werden Werther und Lotte als Individuen austauschbar – nicht umsonst heißt es: *jeder* Jüngling, *jedes* Mädchen. Als offenbar ebenfalls verallgemeinerbare, unausweichliche Folge wird die „grimme Pein", also das Scheitern dieser Art Liebe, bezeichnet. Die zweite Strophe enthält nun eine explizite Aufforderung, diesen Liebesfatalismus nicht hinzunehmen und aus der vermeintlichen Zwangsläufigkeit auszusteigen. Damit wird aber zugleich eine moralische Rezeptionsanweisung gegeben: Literatur und Leben sollen wieder entflochten werden. Beim Lesepublikum ist zunächst das nötige Fiktionsbewusstsein zu schaffen, um eine identifikatorische Lektüre ohne Risiko gewährleisten zu können. Wenige Jahre später scheint das nach der Auffassung Goethes der Fall gewesen zu sein, denn in allen späteren Ausgaben fielen die Titelstrophen wieder weg.

Dies gilt auch für die durchgreifende Überarbeitung des Romans für die erste Gesamtausgabe der *Schriften* bei Göschen 1787. Als Vorlage musste Goethe, der die Erstausgabe nicht mehr besaß, auf einen Raubdruck des Berliner Verlegers Himburg zurückgreifen, der, vor der Festschreibung des Ur-

Rezeptionsanweisung

Die Fassungen von 1774 und 1787

heberrechtsschutzes, mit seiner unautorisierten ersten Goethe-Gesamtausgabe den größten Anteil am ökonomischen Erfolg des *Werther* hatte. Lange Zeit wurde Goethes erster Roman dann fast nur noch in dieser späteren, ‚klassischeren' Fassung gelesen. Obwohl Michael Bernays bereits 1866 die Korrumpierung dieser Ausgabe durch die unbemerkt aus dem Himburgschen Nachdruck übernommenen Druckfehler nachgewiesen hatte, folgte die *Weimarer Ausgabe* dem darauf beruhenden Text der *Ausgabe letzter Hand* und löste die Erstfassung im lemmatisierten Variantenapparat auf. Auch die weit verbreitete *Hamburger Ausgabe* (HA) wählte die Fassung von 1787 als Textgrundlage. Die folgenden Ausführungen beziehen sich, sofern nicht anders angegeben, auf die Fassung von 1774.

Die Herausgeber-
fiktion

In der Fassung von 1787 tritt der Herausgeber im zweiten Teil ausführlicher und mit größerem Nachdruck hervor. Im ersten Teil des Romans unterscheidet sich die fingierte editoriale Rahmung in beiden Fassungen nicht. Auffällig ist, dass die von Anfang an präsente Form der Rezeptionslenkung durch den Herausgeber in der Wirkungsgeschichte gegenüber der dominanten Perspektive des Protagonisten zunächst weniger beachtet wurde. Die Form des empfindsamen Briefromans war im 18. Jahrhundert durchaus schon etabliert. Goethes Radikalisierung, mit der der *Werther* über die literarische Strömung der Empfindsamkeit hinaus zum Roman des Sturm und Drang wurde, lag indes in der Monoperspektivität, also darin, dass man Wilhelms Gegenbriefe nicht zu lesen bekommt und sich der Briefroman dadurch dem Tagebuchroman nähert. Vorbild in dieser Hinsicht war Samuel Richardsons *Pamela* (1740). In der Forschung wurde gelegentlich sogar die Auffassung vertreten, der Briefempfänger Wilhelm selbst sei der Herausgeber (vgl. Schweitzer 2004), woraus ersichtlich ist, dass die Konstruiertheit des Rahmens auch einem geschulten Blick nicht ohne weiteres auffällt. Die programmatische Vorbemerkung des Herausgebers wurde in ihrer Funktion als Rezeptionsanweisung nicht immer ausreichend beachtet:

> Was ich von der Geschichte des armen Werthers nur habe auffinden können, habe ich mit Fleiß gesammlet, und leg es euch hier vor, und weis, dass ihr mir's danken werdet. Ihr könnt seinem Geist und seinem Charakter eure Bewunderung und Liebe, und seinem Schicksaale eure Thränen nicht versagen.
> Und du gute Seele, die du eben den Drang fühlst wie er, schöpfe Trost aus seinem Leiden, und laß das Büchlein deinen Freund seyn, wenn du aus Geschick oder eigner Schuld keinen nähern finden kannst. (I 8, 10)

Literatur als
Therapie oder
„Krankheit zum
Tode"

Der Herausgeber fordert zur Identifikation mit Werther auf, benennt aber auch deutlich die Gefahren, die bei einer allzu starken Identifikation lauern. Es ist möglicherweise nicht nur „Geschick", also Schicksal oder Zufall, sondern „eigne Schuld", wenn es dem Leser ebenso geht wie Werther. Damit kommt eine therapeutische Funktion der Literatur in den Blick. So wie Goethe den Roman schrieb, um sich nicht töten zu müssen, sollte der Leserschaft durch die Lektüre ein Weiterleben ermöglicht werden. Bereits für Werther spielen Bücher bzw. deren Autoren eine besondere Rolle, nämlich unter anderem Homer, Klopstock, Ossian und der bereits erwähnte Lessing. Goethe musste indes erkennen, dass die zeitgenössischen Leser eher so lasen wie Werther, dessen Lektüre letztlich seine „Krankheit zum Todte" (I 8, 98) beförderte, und nicht so, wie der Herausgeber und auch der Autor selbst es beabsichtigten. Der Roman erforderte ein historisch neuartiges Leseverhalten (vgl. Eibl 1995, 134) – modern gesprochen: eine erweiterte Medienkompetenz mit Fiktionsbewusstsein, wozu auch eine Distanzierung von der unmittelbaren emotionalen Authentizität gehörte.

Goethe beanspruchte aus der Altersrückschau gegenüber Eckermann am 2.1.1824 für Werthers Schicksal überindividuelle und letztlich auch überzeitliche Allgemeingültigkeit. Werther wurde geradezu zum Repräsentanten des modernen Menschen, der seine Individualität gegen die entfremdete und partikularisierte Existenz in unterschiedlichen gesellschaftlichen Rollen sucht:

> Die viel besprochene Wertherzeit gehört, wenn man es näher betrachtet, […] dem Lebensgange jedes Einzelnen, der mit angeborenem freiem Natursinn sich in die beschränkenden Formen einer veralteten Welt finden und schicken lernen soll. Gehindertes Glück, gehemmte Tätigkeit, unbefriedigte Wünsche, sind nicht Gebrechen einer besonderen Zeit, sondern jedes einzelnen Menschen, und es müßte schlimm sein, wenn nicht Jeder einmal in seinem Leben eine Epoche haben sollte, wo ihm der Werther käme, als wäre er bloß für ihn geschrieben. (II 12, 529)

Nicht nur diese Repräsentativität aber bildete ein Erfolgsrezept, sondern auch die zum Strukturprinzip erhobene Verbindung von Leben und Werk. Goethe machte aus den – freilich heterogenen und amalgamierten – biographischen Substraten kein Hehl, zumal der 28. August, der Geburtstag Werthers (vgl. I 8, 110), zugleich sein eigener Geburtstag war. Gerade dadurch aber, dass Goethe vermeintlich nur von sich redete, schien der Roman, wirkungsästhetisch betrachtet, unmittelbar für jeden einzelnen Leser geschrieben zu sein.

Werthers Leiden wird an drei miteinander verbundenen Ganzheitssphären exemplifiziert, die für eine unentfremdete Existenz in Frage kamen: Natur, Kunst und Liebe. Sein erster Brief vom 4. Mai beginnt mit den programmatischen Worten: „Wie froh bin ich, daß ich weg bin! Bester Freund, was ist das Herz des Menschen! Dich zu verlassen, den ich so liebe, von dem ich unzertrennlich war, und froh zu seyn!" (I 8, 10) Die vermeintliche Paradoxie lässt sich auflösen, wenn man erkennt, dass Egoismus und Isolierung von dieser Art der Liebeskonzeption nicht zu trennen sind – Egoismus, weil es in erster Linie um Selbsterweiterung und weniger um den konkreten anderen Menschen geht; Isolierung, weil eine Realisierung der Liebe eine Begrenzung des unendlichen Gefühls bedeuten würde und darum vermieden werden muss. Deshalb sucht Werther die Einsamkeit, um sich in der Natur spiegeln und im Idealfall mit ihr verschmelzen zu können. Eine vergleichbare Paradoxie zeigt sich im Bereich der Kunst, wenn künstlerische Erfüllung und künstlerische Unproduktivität ineins gesetzt werden, wie im Brief vom 10. Mai: „Ich könnte jetzo nicht zeichnen, nicht einen Strich, und bin niemalen ein grösserer Mahler gewesen als in diesen Augenblicken." (I 8, 14) Ein konkretes Kunstwerk, eine bestimmte Zeichnung würde eine ebenso unerträgliche Beschränkung der unendlichen Möglichkeiten bedeuten wie die individuelle Liebe zu einer einzelnen Person.

Syntaktisch drückt Werther sein Weltverhältnis in zahlreichen Wenn-dann-Konstruktionen aus, die – zugleich temporal und konditional verstan-

Werther als Repräsentant

Liebe, Natur und Kunst

Werthers Syntax

den – eine lange Reihe von Voraussetzungen zu ihrer lösenden Folgerung führen bzw. führen sollen. Ideengeschichtlich stehen – an Goethe durch Herder vermittelte – kosmologische Vorstellungen dahinter: Je komplizierter das Bedingungsgefüge, desto größer der Genuss an Sinn und Schönheit der Welt, in die der Mensch eingebettet ist. Dies führt zu einer pantheistischen Naturreligiosität:

> Wenn das liebe Thal um mich dampft, und die hohe Sonne an der Oberfläche der undurchdringlichen Finsterniß meines Waldes ruht, und nur einzelne Strahlen sich in das innere Heiligthum stehlen, und ich dann im hohen Grase am fallenden Bache liege, und näher an der Erde tausend mannigfaltige Gräsgen mir merkwürdig werden. Wenn ich das Wimmeln der kleinen Welt zwischen Halmen, die unzähligen, unergründlichen Gestalten, all der Würmgen, der Mückgen, näher an meinem Herzen fühle, und fühle die Gegenwart des Allmächtigen, der uns all nach seinem Bilde schuf, das Wehen des Allliebenden, der uns in ewiger Wonne schwebend erhält und trägt. Mein Freund, wenn's denn um meine Augen dämmert, und die Welt um mich her und Himmel ganz in meiner Seele ruht, wie die Gestalt einer Geliebten; dann sehn ich mich oft und denke: ach könntest du das wieder ausdrücken, könntest du dem Papier das einhauchen, was so voll, so warm in dir lebt, daß es würde der Spiegel deiner Seele, wie deine Seele ist der Spiegel des unendlichen Gottes. Mein Freund – Aber ich gehe darüber zu Grunde, ich erliege unter der Gewalt der Herrlichkeit dieser Erscheinungen. (I 8, 14)

Die parataktisch gereihten Nebensätze sind dabei erst nach mehrfach erneutem Atemholen abzuschließen, aber nur um inhaltlich auf die Unabschließbarkeit des Gedankengangs zu verweisen, der in dem Wunsch mündet, dass sich über die Wunder der Natur der ‚unendliche Gott' selbst gleich einer Geliebten in die eigene Seele einschreiben möge, um der Intensität des Fühlens im Angesicht der Natur unmittelbar und unvermittelt Ausdruck verleihen zu können. Tatsächlich beendet wird der Gedankengang dann erst mit der Feststellung der eigenen Unzulänglichkeit. Schon zu diesem frühen Zeitpunkt wird daher klar, dass das Bedingungsgefüge äußerst prekär ist, die Erfüllung auch ausbleiben kann und das Scheitern womöglich vorprogrammiert ist, wenn zur Einheit mit Gott und Natur noch die Vorstellung der Geliebten (im Vergleich) und die Kunst (in vergeblicher Sehnsucht) hinzukommen sollen. Natur, Kunst und Liebe bilden ein unauflösbares Syndrom des Absoluten: Das Scheitern in einem Bereich zieht die Verlusterfahrung in den anderen nach sich. Wenn aber die Unerfüllbarkeit die Bedingung einer Ganzheitserfahrung sein soll, wird die Situation ausweglos. Dies zeigt sich deutlich an der Unfähigkeit zur konkreten künstlerischen Gestaltung im Brief vom 24. Juli:

> Noch nie war ich glüklicher, noch nie meine Empfindung an der Natur, bis auf's Steingen, auf's Gräsgen herunter, voller und inniger, und doch – ich weis nicht, wie ich mich ausdrükken soll, meine vorstellende Kraft ist so schwach, alles schwimmt, schwankt vor meiner Seele, daß ich keinen Umriß pakken kann; aber ich bilde mir ein, wenn ich Thon hätte oder Wachs, so wollt ich's wohl herausbilden, ich werde auch Thon nehmen wenn's länger währt, und kneten, und sollten's Kuchen werden. (I 8, 82)

Werther spielt damit auf die aus Goethes Hymne *Prometheus* bekannte Schöpfungsvorstellung an: „Hier sitz ich, forme Menschen / Nach meinem Bilde" (I 1, 204). Die prometheische Modellierung von Menschen aus Ton – und damit die Nachahmung, wenn nicht Ersetzung Gottes – wäre die höchste denkbare Erfüllung des schöpferischen Künstlers. Vor der Verlegenheit, den Realitätsbeweis antreten zu müssen, bleibt Werther hier verschont, denn die notwendigen Materialien sind nicht zur Hand.

Künstlertum als Schöpfertum

Nicht nur Natur und Kunst sind für Werther verbunden, sondern auch Kunst und Liebe bzw. Literatur und Liebe, wie ebenfalls schon in einem der ersten Briefe deutlich wird, in dem er die Bücher und sein Herz in Bezug zueinander setzt: „Du fragst, ob Du mir meine Bücher schikken sollst? Lieber, ich bitte dich um Gottes willen, laß sie mir vom Hals. Ich will nicht mehr geleitet, ermuntert, angefeuert seyn, braust dieses Herz doch genug aus sich selbst, ich brauche Wiegengesang, und den hab ich in seiner Fülle gefunden in meinem Homer." (I 8, 16) Literatur wird nach ihrer Wirkung beurteilt; jeder Gemütszustand verlangt nach einer anderen, jeweils geeigneten Lektüre. Aus der Abfolge der Lieblingsbücher Werthers lässt sich seine innere Entwicklung ablesen, die Lesekarriere ist symptomatisch für die persönliche Entwicklung.

Werther als Leser

Anlässlich der Schilderung der ersten Begegnung mit Lotte im langen Brief vom 16. Juni kommt auch ihr Verhältnis zur Literatur und ihr Lektüreverhalten zur Sprache. Werther zitiert sie mit den Worten: „Und der Autor ist mir der liebste, in dem ich meine Welt wieder finde, bey dem's zugeht wie um mich, und dessen Geschichte mir doch so interessant so herzlich wird, als mein eigen häuslich Leben, das freylich kein Paradies, aber doch im Ganzen eine Quelle unsäglicher Glükseligkeit ist." (I 8, 44) Damit kontrastiert ihr Lektüreverhalten zum einen demjenigen Werthers, da es der Beschränkung ihres eigenen Lebens entspricht, während Werther in der Literatur die lebensweltliche Beschränkung gerade überwinden möchte. Zum anderen aber verhält es sich bei Lotte genauso, dass ihre Lektüre symptomatisch für ihre Entwicklung ist. Über den Namen Klopstocks vermögen sich beide am Ende des Briefes zu finden – und zwar, als ein Gewitter ausbricht. In der Tanzgesellschaft werden die zeittypischen Reaktionen der Gewitterfurcht geschildert. Lottes pragmatischer Sinn bewährt sich darin, dass sie als Ablenkung und Gegenmaßnahme ein Spiel initiiert. War sie bereits dort aktiv und Werther passiv, so wiederholt sich dieses Verhältnis auch in der literarischen Reminiszenz:

Lotte und Klopstock

Wir traten an's Fenster, es donnerte abseitwärts und der herrliche Regen säuselte auf das Land, und der erquikkendste Wohlgeruch stieg in aller Fülle einer warmen Luft zu uns auf. Sie stand auf ihrem Ellenbogen gestüzt und ihr Blik durchdrang die Gegend, sie sah gen Himmel und auf mich, ich sah ihr Auge thränenvoll, sie legte ihre Hand auf die meinige und sagte – Klopstock!
Ich versank in dem Strome von Empfindungen, den sie in dieser Loosung über mich ausgoß. Ich ertrugs nicht, neigte mich auf ihre Hand und küßte sie unter den wonnevollsten Thränen. Und sah nach ihrem Auge wieder – Edler! hättest du deine Vergötterung in diesem Blikke gesehn, und möcht ich nun deinen so oft entweihten Nahmen nie wieder nennen hören! (I 8, 52/54)

Die Anspielung zielt auf Klopstocks Ode *Die Frühlingsfeyer*, in der das Gewitter in einen physiko-theologischen Entwurf eingebunden ist. Die aufklärerische Physikotheologie steht auch hinter den erwähnten Wenn-dann-Konstruktionen des Romans und ist dort bereits deutlich vom Religiösen ins Poetische verschoben. Die 1759 entstandene Ode Klopstocks war seit der Sammelausgabe von 1771 einem breiten Leserkreis zugänglich. 1787 hielt Goethe die Anspielung offenbar nicht mehr für ohne Weiteres verständlich; dort wird die Stelle wie folgt ergänzt: „Klopstock! – Ich erinnerte mich sogleich der herrlichen Ode die ihr in Gedanken lag und versank in dem Strome von Empfindungen, den sie in dieser Losung über mich ausgoß." (I 8, 53/55)

Entgrenzung und Begrenzung   Die Nennung Klopstocks und die Anspielung auf die *Frühlingsfeyer* ermöglichen nun die Entgrenzung nicht als Verschmelzung mit der Natur angesichts des Witterungsphänomens, sondern als Versinken im Strom der Empfindung, also letztlich im literarisch vermittelten Selbstgenuss. Da der rhythmische Wechsel von Entgrenzung und Begrenzung, Ausdehnung und Zusammenziehung ein Grundkonzept Goethes ist, steht zu erwarten, dass der Zustand nicht von Dauer sein wird. Wenige Tage nach dem Gewitter-Erlebnis, am 21. Juni, ist denn auch wieder von einem Versuch der Begrenzung die Rede, und zwar erneut unter dem Eindruck der Begegnung mit Lotte, die also beide polaren Zustände auslösen kann. Die Amplitude steigert sich im Verlauf des Romans bis zum Manisch-Depressiven. Zunächst indes ist die Begrenzung noch nicht depressiv, sondern idyllisch konnotiert und ebenfalls mit literarischen Reminiszenzen vermittelt: „Und so sehnt sich der unruhigste Vagabund zuletzt wieder nach seinem Vaterlande, und findet in seiner Hütte, an der Brust seiner Gattin, in dem Kreise seiner Kinder und der Geschäfte zu ihrer Erhaltung, all die Wonne, die er in der weiten öden Welt vergebens suchte." (I 8, 56) Die Hütte nimmt in der annähernd zeitgleich entstandenen Lyrik Goethes, etwa in *Wandrers Sturmlied* und *Prometheus*, eine bedeutsame Position ein. Das vermeintlich kleinbürgerliche, an Rousseau erinnernde Familienbild folgt bei Werther der patriarchalen Welt Homers, die in diesem Zusammenhang auch in einer der charakteristischen Wenn-dann-Konstruktionen thematisiert wird:

> Wenn ich so des Morgens mit Sonnenaufgange hinausgehe nach meinem Wahlheim, und dort im Wirthsgarten mir meine Zukkererbsen selbst pflükke, mich hinsezze, und sie abfädme und dazwischen lese in meinem Homer. Wenn ich denn in der kleinen Küche mir einen Topf wähle, mir Butter aussteche, meine Schoten an's Feuer stelle, zudekke und mich dazu sezze, sie manchmal umzuschütteln. Da fühl ich so lebhaft, wie die herrlichen übermüthigen Freyer der Penelope Ochsen und Schweine schlachten, zerlegen und braten. Es ist nichts, das mich so mit einer stillen, wahren Empfindung ausfüllte, als die Züge patriarchalischen Lebens, die ich, Gott sey Dank, ohne Affektation in meine Lebensart verweben kann. (I 8, 58)

Homer und Ossian   Nicht nur der Kontrast der Speisen ist ironisch: hier Zuckererbsen, dort Ochsen und Schweine. Im Hinblick auf das tödliche Schicksal der Freier bei Homer handelt es sich bei dieser Stelle überdies um objektive Ironie, die auf Werthers tödliches Ende vorausdeutet, der seinen Homer vielleicht noch gar nicht zu Ende gelesen hat. Im Brief vom 10. Juli wird dann die Ersetzung des antiken Sängers durch den (vermeintlich) keltischen Barden Ossian vorbereitet: „Die alberne Figur, die ich mache, wenn in Gesellschaft von ihr gesprochen wird, solltest du sehen. Wenn man mich nun gar fragt, wie sie mir gefällt – Gefällt! das Wort haß ich in Tod. Was muß das für ein Kerl seyn, dem Lotte gefällt, dem sie nicht alle Sinnen, alle Empfindungen ausfüllt. Gefällt! Neulich fragte mich einer, wie mir Ossian gefiele." (I 8, 74) Die Kategorie des Gefallens – nach dem Horaz'schen *delectare* – wird für diese Art Literatur nicht für angemessen erachtet. Das Geburtstagsgeschenk von Lotte und Albert für Werther, eine Taschenausgabe des Homer, damit er ihn auch in der Natur genießen kann, kommt zu spät. Im Westentaschenformat kann Homer gegen Ossian nichts ausrichten. Dass Werthers Gefühle für Lotte mit seinen Gefühlen für Ossian identifiziert werden, ist kein gutes Omen.

Im Brief an Lotte vom 20. Januar im zweiten Teil des Romans erzählt Werther von seiner Bekanntschaft mit Fräulein von B. „Sie gleicht Ihnen liebe Lotte, wenn man Ihnen gleichen kann." (I 8, 134) Dies ist nicht gerade charmant, gibt Werther damit doch zu verstehen, dass die Frauen für ihn potenziell austauschbar sein können, solange sie sich für seine Projektionen eignen: „Sie hat viel Seele, die voll aus ihren blauen Augen hervorblickt, ihr Stand ist ihr zur Last, der keinen der Wünsche ihres Herzens befriedigt." (I 8, 136) In der Einzigartigkeit des Herzens liegt paradoxerweise dessen Austauschbarkeit begründet (vgl. Kap. IV.1), was auch für ihn, Werther, selbst gilt. Über den Fürsten, der ihn schätzt, schreibt er am 9. Mai: „Auch schäzt er meinen Verstand und Talente mehr als dies Herz, das doch mein einziger Stolz ist, das ganz allein die Quelle von allem ist, aller Kraft, aller Seligkeit und alles Elends. Ach was ich weis, kann jeder wissen. – Mein Herz hab ich allein." (I 8, 154) Das Herz ist potenziell austauschbar mit jedem anderen Herzen, das so stark zu empfinden vermag wie sein eigenes – so wie Lotte und Fräulein von B. potenziell austauschbar sind. Albert hingegen wirft Werther am 29. Juli einen „gewisse[n] Mangel an Fühlbarkeit" vor, „ein Mangel – nimm's wie du willst, daß sein Herz nicht sympathetisch schlägt bey – Oh! – bey der Stelle eines lieben Buchs, wo mein Herz und Lottens in einem zusammen treffen." (I 8, 156) – eine Reminiszenz an die Klopstock-Episode. Doch Werthers Herz ist nicht unangefochten; am 3. November ist es „todt": „Ich leide viel, denn ich habe verlohren was meines Lebens einzige Wonne war, die heilige belebende Kraft, mit der ich Welten um mich schuf. Sie ist dahin!" Abermals ist der veränderte Zustand syntaktisch in einer Wenn-dann-Konstruktion ausgedrückt, die jedoch nun bezeichnenderweise nicht abgeschlossen wird – das ‚Dann' fehlt, die letzte Konsequenz des Weltverlusts, der Tod, bleibt noch unausgesprochen:

> Wenn ich zu meinem Fenster hinaus an den fernen Hügel sehe, wie die Morgensonne über ihn her den Nebel durchbricht und den stillen Wiesengrund bescheint, und der sanfte Fluß zwischen seinen entblätterten Weiden zu mir herschlängelt, o wenn da diese herrliche Natur so starr vor mir steht wie ein lakiert Bildgen, und all die Wonne keinen Tropfen Seligkeit aus meinem Herzen herauf in das Gehirn pumpen kann, und der ganze Kerl vor Gottes Angesicht steht wie ein versiegter Brunn, wie ein verlechter Eymer! (I 8, 178)

Herz als Zentralorgan der Empfindsamkeit

Tod als Scheitern
oder Entgrenzung
des Subjekts

Hier handelt es sich um die einzige Stelle im Roman, an der das typische Kraftwort des Sturm und Drang, „Kerl", in der zweiten Fassung des Romans nicht eliminiert oder durch ein anderes, neutraleres Substantiv, wie zum Beispiel ‚Mensch', ersetzt wurde. Dies zeigt, dass das Wort, das im positiven Sinne eine ganzheitliche Wesensqualität im Sinne prononcierter Männlichkeit bezeichnete, inzwischen überwiegend negativ verstanden wurde, so dass es an dieser exponierten Stelle der zweiten Fassung zur emotionalen Abwertung der Person in ihrer Ganzheit und Männlichkeit dienen kann. Am 15. November schreibt Werther von dem „schröklichen Augenblikke", da „mit mir die Welt untergeht" (I 8, 180). Sein Weltbezug besteht nurmehr in ihm selbst bzw. kann nur noch im Tod als der letzten Entgrenzung gefunden werden. Zuvor jedoch erfolgt als Vorbereitung die gemeinsame Ossian-Lektüre Werthers und Lottes, die die Lektüre des *Werther* selbst kontrastiv präfiguriert. Der Roman wird selbstreflexiv und rechnet auf Leserinnen und Leser, die dies erkennen können – was historisch, wie erwähnt, noch nicht vorausgesetzt werden konnte. Werther wurde indessen als medizinisch-psychiatrischer Fall gesehen, der Bericht des Herausgebers, vor allem in der zweiten Fassung, als Pathographie.

Einen ähnlichen selbstreflexiven Stellenwert hat die Erwähnung von *Emilia Galotti*. Emilia bittet in Lessings Trauerspiel ihren Vater Odoardo darum, sie zu erstechen, weil sie der Verführung des Prinzen zu erliegen fürchtet. Es handelt sich um die Selbstbehauptung einer fragwürdigen patriarchalischen bürgerlichen Tugend gegen die vermeintliche Sittenlosigkeit des Adels. Die bürgerlichen Moralvorstellungen, die die Emanzipation des bürgerlichen Subjekts befördern sollten, wenden sich nun gegen dieses Subjekt. Die Ganzheit des Individuums wird in der Figur Werthers zerstört und unterdrückt, weil er sich als nicht sozialisierbar, nicht gesellschaftsfähig erweist. Ob man aber Mitleid mit ihm haben muss, wie der Herausgeber in seiner Vorbemerkung möchte? Immerhin könnte man nach den ideengeschichtlichen Kontexten auch von einem Liebestod sprechen. Die momentane ekstatische Lust der Vereinigung im Kuss mit Lotte kann nicht wiederholt, nur im Tod verewigt werden. So gesehen wäre Werther die finale Entgrenzung, die er im Einssein mit der Natur gesucht hatte, gelungen, vollzöge sich sein Sterben nicht qualvoll und jeder metaphysischen Sinnzuschreibung Hohn sprechend. Das Problem aber, wie Individuum und Gesellschaft zu vermitteln sind, bleibt auf der Tagesordnung des Goethe'schen Werks, sowohl im Drama als auch im Roman.

3. *Prometheus*

Was *Götz von Berlichingen* im Bereich des Dramas und *Die Leiden des jungen Werthers* im Bereich der Prosa sind, das scheint *Prometheus* im Bereich der Lyrik zu sein: ein epochemachendes, programmatisch für eine neue literarische Strömung, den Sturm und Drang, stehendes Werk. Und doch liegt der Fall hier – wie bei Goethes früher Lyrik generell – grundsätzlich anders, waren doch seine lyrischen Texte unter den Zeitgenossen zunächst nur einem kleinen Kreis von Eingeweihten bekannt und wurden zum größten Teil erst vergleichsweise spät publiziert, als die literarische Strömung des

Sturm und Drang bereits wieder verebbt war und auch Goethes eigene poetische Orientierung sich verändert hatte, unmittelbar ablesbar an den Überarbeitungen der Gedichte für die Publikation. In diesem Fall, bei *Prometheus*, erfolgte der Erstdruck gegen Goethes Wissen und Willen.

Die Entstehung lässt sich zeitlich nur grob rekonstruieren: Goethe arbeitete 1773 an einem *Prometheus*-Drama, von dem lediglich zwei Akte entstanden sind. Viele Jahrzehnte später, 1820, meinte er sich zu erinnern, das Gedicht habe als Monolog den dritten Akt einleiten sollen, was aber aufgrund von Wiederholungen, die sich damit ergeben hätten, eher unwahrscheinlich ist. Der erste Textzeuge ist eine Handschrift aus dem Nachlass seines damaligen Freundes Johann Heinrich Merck, die vermutlich einem Brief vom 7.3.1775 beilag, so dass man heute meist von einer Entstehung 1774/75 ausgeht, während die ältere Forschung in dem Gedicht eine Vorstufe zum Drama sah. Geringfügig überarbeitet nahm Goethe *Prometheus* in seine 1778 entstandene handschriftliche *Erste Weimarer Gedichtsammlung* auf; diese Fassung wird heute am häufigsten zitiert:

Entstehung

Prometheus

Bedecke deinen Himmel Zevs
Mit Wolckendunst!
Und übe Knabengleich
Der Disteln köpft
An Eichen dich und Bergeshöhn!
Musst mir meine Erde
Doch lassen stehn,
Und meine Hütte
Die du nicht gebaut,
Und meinen Heerd
Um dessen Glut
Du mich beneidest.

Ich kenne nichts ärmers
Unter der Sonn als euch Götter.
Ihr nähret kümmerlich
Von Opfersteuern
Und Gebetshauch
Eure Maiestät
Und darbtet wären
Nicht Kinder und Bettler
Hoffnungsvolle Thoren.

Da ich ein Kind war
Nicht wusst wo aus wo ein
Kehrt mein verirrtes Aug
Zur Sonne als wenn drüber wär
Ein Ohr zu hören meine Klage
Ein Herz wie meins
Sich des Bedrängten zu erbarmen.

Wer half mir wider
Der Titanen Übermuth
Wer rettete vom Todte mich
Von Sklaverey?
Hast du's nicht alles selbst vollendet
Heilig glühend Herz
Und glühtest iung und gut
Betrogen, Rettungs danck
Dem Schlafenden dadroben.

Ich dich ehren? Wofür?
Hast du die Schmerzen gelindert
Je des Beladenen
Hast du die Trähnen gestillet
Je des Geängsteten?
Hat nicht mich zum Manne geschmiedet
Die allmächtige Zeit
Und das ewige Schicksaal
Meine Herrn und deine.

Wähntest etwa
Ich sollt das Leben hassen
In Wüsten fliehn,
Weil nicht alle Knabenmorgen
Blütenträume reiften.

Hier sizz ich, forme Menschen
Nach meinem Bilde
Ein Geschlecht das mir gleich sey
Zu leiden, weinen
Geniessen und zu freuen sich
Und dein nicht zu achten
Wie ich! (DjG 2, 234f.)

Aufbau und erste Strophe Das Gedicht gehört zur Gruppe der Hymnen oder Oden (vgl. Kap. IV.3). Charakteristisch für die Hymne ist formal die Gestaltung in freien Rhythmen und inhaltlich eine Dreiteilung mit Anrufung einer Gottheit zu Beginn (Strophen 1 und 2), einem retrospektiven epischen Mittelteil in der Vergangenheitsform (Strophen 3 bis 6) und einer resümierenden Schlussstrophe, wieder im Präsens. Durch die Überschrift ist die Hymne als Rollenrede des Prometheus lesbar, der nach dem antiken Mythos ein Neffe des Zeus ist. Während er in Goethes Dramenfragment als Sohn des Zeus auftritt, bleibt die Verwandtschaftsbeziehung im Gedicht offen, wie überhaupt mit dem Mythos sehr frei verfahren wird. Die Anrufung des Zeus zu Beginn dient gerade nicht dazu, den Beistand der Gottheit zu erbitten, wie es dem Genre der Hymne entspräche, im Gegenteil: Der Göttervater wird – in einer Kontrafaktur des traditionellen gebetsartigen Hymneneingangs – aufgefordert, sich hinter die Wolken zurückzuziehen; die Sphären von Göttern und Menschen, Himmel und Erde, sollen getrennt werden. Der Gewittergott soll seine zerstörerische Macht nur noch an der Natur ausüben, über den Bereich des Menschen wird ihm keine Macht eingeräumt. Was unplausibel scheint –

wieso soll eine Hütte nicht durch Blitzschlag zerstört werden können? –, wird erklärbar, wenn man die epochale Erfindung des Blitzableiters bedenkt, der sich seit den 1770er Jahren allmählich in Deutschland durchzusetzen begann (vgl. Schings 1997). Die menschliche Kultur wird als emanzipatorische Leistung dargestellt, wobei die durch Alliteration hervorgehobenen Bereiche enggeführt werden: von der Hütte zum Herd, auf dem sich die Glut befindet, bei der es sich um den zentralen Begriff des Gedichtes handelt, der in den Versen 34 und 35, im Zentrum der vierten von sieben Strophen und damit in der Mitte des Gedichts, wieder aufgenommen wird. Im Mythos raubte Prometheus das Feuer vom Olymp und brachte es den Menschen; hier erscheint die Entdeckung des Feuers, das die Glut des Herdes speist, ebenso wie der Bau der Hütte als genuine, von den Göttern unabhängige Kulturleistung.

Die zweite Strophe dehnt die Anrede von Zeus auf die gesamte Götterwelt aus, die in radikal aufklärerischer Vorstellung als menschliche Projektion erscheint und nur durch kindlichen, ja kindischen, törichten Glauben am Leben gehalten wird. In der dritten Strophe beginnt das lyrische Ich mit der Erzählung seiner Entwicklungsgeschichte als der Geschichte einer Emanzipation vom Götterglauben und damit insgesamt von fremden Autoritäten, wobei die Projektionsvorstellung aus der zweiten Strophe fortgeführt wird: Nicht Gott hat die Menschen nach seinem Bilde geschaffen, sondern umgekehrt: Gott ist eine menschliche Projektion und trägt menschliche Züge. Hier wird der antike Mythos mit christlichen Vorstellungen kontaminiert, wenn das Erbarmen als vermeintliche Qualität Gottes genannt wird, der nun im Singular erscheint und am Ende der vierten Strophe als Schlafender die von ihm erhofften Leistungen nicht erbringt. Das Herz als zentrales menschliches Organ, das in Gott gesucht, aber nicht gefunden wird (Vs. 27 f.), verbindet die Strophen drei und vier. Prometheus, der nach dem Mythos selbst zum Geschlecht der Titanen gehört, wird nun dadurch, dass die Titanen als seine Gegner dargestellt werden, implizit zum Sohn des Zeus. Vers 34 enthält die zentrale Aussage des Gedichts: „Heilig glühend Herz". Das Herz ist das menschliche Zentralorgan, das als heilig bezeichnet wird und damit die göttliche Position einnimmt. Seine entscheidende Leistung ist das Glühen, das nicht nur die Kraft der Empfindung bezeichnet, sondern, wie in der ersten Strophe ausgedrückt, die Schaffung einer säkularen Kultur ermöglicht, außerdem die Emanzipation von mythischen Mächten, verbildlicht im Sieg über die Titanen. Die drei letzten Verse der vierten Strophe schildern die Fehlleitung dieser zentralen menschlichen Kraft als Dank gegen Gott.

Die rhetorischen Fragen in der ersten Hälfte der fünften Strophe rufen mit biblischen Anklängen (z. B. Mt. 11,28) Eigenschaften auf, die mit der christlichen Gottesvorstellung verbunden sind, die aber Gott nach der Auffassung des lyrischen Ichs zu Unrecht zugeschrieben würden. Als herrschende Mächte über Gott und Menschen werden Zeit und Schicksal anerkannt – eine antike Vorstellung, die hier zum Widerruf christlicher Glaubensinhalte dient, aber auch im Grunde die archaische Titanenherrschaft wieder etabliert. Die sechste Strophe lehnt die – ebenfalls christliche – Forderung nach Weltabkehr und Weltverneinung als Konsequenz desillusionierender Erfahrungen beim Übergang ins Erwachsenenalter ab, womit implizit abermals

Die Strophen
zwei bis vier

Die Strophen
fünf und sechs

eine entschiedene Hinwendung zum Diesseits und zum Lebensgenuss verbunden ist. Die Verse 50 und 51 sind mehrdeutig: Die ältere Forschung las „Knabenmorgenblütenträume" als für die Wortbildung des jungen Goethe und des Sturm und Drang charakteristische Zusammenballung von vier Substantiven (so noch die Ansetzung im GWb). Möglich ist aber auch eine Lesung von „alle Knabenmorgen" als Zeitadverbiale und „Blütenträume" als Subjekt – oder von „Knabenmorgen" als Subjekt des transitiven Verbs ‚reifen' und „Blütenträume" als Akkusativobjekt (vgl. I 1, 928).

Die Schlussstrophe
Die letzte Strophe kehrt wieder zum Präsens zurück und schildert die Situation einer gegengöttlichen Schöpfung: Nicht Gott schafft den Menschen nach seinem Bilde, wie in der Genesis, sondern Prometheus formt sie nach seinem, und nicht nach Gottes, Bild. Hier wird auf eine Variante des Mythos angespielt, derzufolge Prometheus Tonfiguren formt, denen allerdings erst Athene, die Tochter des Zeus, Atem und damit Leben einhaucht. Von einer solchen Notwendigkeit der Belebung ist im Gedicht nicht die Rede, so dass es sich nicht nur um eine Kontrafaktur der christlichen Schöpfungsvorstellung, sondern auch des antiken Mythos handelt. In den *Metamorphosen* des Ovid schafft Prometheus die Menschen nach dem Bilde der Götter. In Goethes Gedicht kommt hier zum Tragen, das die Figur des Prometheus bereits im 18. Jahrhundert für den Künstler und das Genie steht. Für Shaftesbury ist der Dichter in seinem *Soliloquy or Advice to an Author* (1711) „a second maker, a just Prometheus under Jove". Gerade diese Subordination unter den Schöpfergott Jupiter/Zeus wird in Goethes Gedicht aufgehoben; Prometheus steht nicht unter dem Gott, sondern gegen ihn. So handelt es sich bei den von ihm geschaffenen Menschen um Kunstgeschöpfe, *Prometheus* ist nicht zuletzt ein Künstlergedicht (vgl. Neymeyr 2003).

Proklamation der Autonomie und tragische Ironie der Rebellion
In den Verben der letzten Strophe, die das menschliche Geschlecht charakterisieren, wird die Untrennbarkeit von Freude und Leid im Leben hervorgehoben. Die proklamierte Autonomie und Emanzipation von Autoritäten, die in der Deutungstradition auf alle Bereiche bezogen wurde – Religion, Familie, Politik, Poetik – (vgl. Schmidt 1985, Bd. 1, 263–268), wurzelt in der Leiderfahrung. Die beiden Schlussverse formulieren die zentrale Paradoxie des Gedichts: „Und dein nicht zu achten / Wie ich!" Angesprochen ist hier wieder, wie in der ersten Strophe, Zeus. Das lyrische Ich behauptet zwar, Zeus bzw. Gott nicht zu achten. Dadurch, dass er permanent adressiert wird und ständig von ihm die Rede ist, widerspricht Prometheus indes seiner Behauptung der Nichtachtung. Außerdem setzt er sich gegenüber den von ihm geschaffenen Menschen in dieselbe Position, die Zeus für ihn einnimmt. Die Auflehnung seiner Geschöpfe gegen ihn ist damit vorprogrammiert, seine Rebellion unterliegt einer tragischen Ironie.

Der Pantheismus-Streit
Diese Relativierung der revolutionären Botschaft wurde allerdings in der frühen Rezeption des Gedichts, das auf die Zeitgenossen blasphemisch wirkte, nicht erkannt. Wie bereits erwähnt, erfolgte der Erstdruck ohne Goethes Wissen und Zustimmung, und zwar im Rahmen von Friedrich Heinrich Jacobis Schrift *Über die Lehre des Spinoza in Briefen an Herrn Moses Mendelssohn* (1785) auf zwei unpaginierten Blättern, mit dem ausdrücklichen Hinweis darauf, dass man das Gedicht zum Schutz vor der Zensur herausnehmen könne. Jacobi nannte Goethe als Autor nicht, doch durch den mit Verfassernamen versehenen, unmittelbar benachbarten Abdruck des Ge-

dichts *Das Göttliche* ließ sich Goethes Autorschaft für *Prometheus* leicht erschließen. In einer angeblichen Äußerung Lessings, die Jacobi zitiert, wurde das Gedicht für den Pantheismus Spinozas, mit der Vorstellung einer Einheit von Gott und Natur, in Anspruch genommen, was nach dem Inhalt der Hymne nicht plausibel ist und in der Motivierung rätselhaft bleibt (vgl. Reinhardt 1991). In Bezug auf das agonale Verhältnis des Gedichts zu den mythologischen Vorlagen wurde allerdings argumentiert, dass die in Lessings angeblicher Äußerung ausgedrückte Relativierung der Rebellion des Prometheus konsequent sei, da dieser sich „nur durch mythologische Lügen ausdrücken kann und sich damit selbst die Grundlage seiner Existenz entzieht" (Gaier, in: Hamacher/Nutt-Kofoth 2007, Bd. 1, 59). Auch wenn eine solch autoritative Bedeutung der Mythologie bei Goethe nicht mehr ohne Weiteres unterstellt werden kann, ist an diesem Argument zumindest so viel richtig, dass – schon aufgrund des zentralen Selbstwiderspruchs des lyrischen Ichs am Schluss – die Perspektive des Gedichts nicht einfach mit derjenigen des Prometheus identifiziert werden darf.

Einen ähnlichen Befund legt die Publikationsgeschichte nahe: 1789 nahm Goethe das einer breiteren Öffentlichkeit nun bereits bekannte Gedicht in seine erste gedruckte Gedichtsammlung auf, allerdings in sprachlicher Glättung und Entschärfung. Eine in allen von Goethe autorisierten Publikationen vorgenommene kontextuelle Relativierung findet sich bereits in der *Ersten Weimarer Gedichtsammlung*, und zwar dadurch, dass im Anschluss an *Prometheus* die Ode *Ganymed* steht, was charakteristisch für Goethes Verfahren lyrischer Ensemblebildung ist (vgl. Eibl, in Hamacher/Nutt-Kofoth 2007, Bd. 1). Dort, und nicht in *Prometheus*, findet sich der spinozistische Gedanke einer Einheit von Gott und Natur. Während in *Prometheus* die Autonomisierung des Menschen, die Konzentration und Abgrenzung gegen einen transzendenten Bereich im Vordergrund steht, formuliert *Ganymed* den korrespondierenden Gedanken einer enthusiastischen Verschmelzung mit der liebend erfahrenen Gott-Natur. Man muss die beiden Gottesvorstellungen jedoch nicht zwangsläufig als konkurrierende lesen; die Abfolge ist vielmehr auch so gedeutet worden, dass „die Absage an eine persönliche Gottesvorstellung überhaupt erst den Weg frei" mache „zu einer pantheistischen. Diese aber führt zur Selbstauflösung." (DjG, 2, 523) Die Komplementarität der beiden Gedichte ist insbesondere im zentralen Topos des Glühens fassbar: „Wie im Morgenroth / Du rings mich anglühst / Frühling Geliebter!" (DjG 2, 236) Im zweiten Vers des *Ganymed* wird damit das Glühen der liebenden und geliebten Natur, nicht mehr dem Herzen des Subjekts zugeschrieben. In der *Ersten Weimarer Gedichtsammlung* ließ Goethe eine Art epigrammatisches Resümee folgen, das auf eine friedliche Trennung der Sphären von Göttern und Menschen abzielt – das erst 1815 gedruckte Gedicht *Menschengefühl*:

> Ach ihr Götter, grose Götter
> In dem weiten Himmel droben,
> Gäbet ihr uns auf der Erde
> Festen Sinn und guten Muth
> O wir liesen euch ihr guten
> Euern weiten Himmel droben. (DjG 2, 237)

Kontextuelle Relativierung durch Ensemblebildung

Seit Goethes erster publizierter Gedichtsammlung, den *Vermischten Gedichten* von 1789, folgten dann auf *Prometheus* und *Ganymed* die Gedichte *Grenzen der Menschheit* und *Das Göttliche*, welch Letzteres ja bereits Jacobi zusammen mit *Prometheus* veröffentlicht hatte. An dieser Vierergruppe lässt sich der formale und inhaltliche Übergang vom Sturm und Drang zur Klassik in Goethes lyrischem Werk besonders gut ablesen (vgl. Titzmann 1998).

4. *Iphigenie auf Tauris*

Lesarten des Klassischen

Iphigenie auf Tauris ist in mehrfacher Hinsicht ein klassisches Drama. In Goethes eigenem Sprachgebrauch (vgl. das Stichwort ,klassisch' im GWb, Bd. 5, 420f.) bedeutet ,klassisch' zunächst ,antik' bzw. ,an der Antike orientiert', dann aber auch ,vortrefflich, kanonisch, vorbildlich', weil man immer noch oder wieder die wesentlichen ästhetischen Maßstäbe aus der Antike bezog. Auch die (ebenfalls von der antiken Kunst hergeleitete) stiltypologische Bedeutung von ,klassisch', mit den Konnotationen von Maß, Klarheit, Einheit und Harmonie, lässt sich auf *Iphigenie* anwenden, und schließlich trifft auch die vierte zeitgenössische Bedeutung zu, der zufolge ein ,klassisches' Werk zur Blütezeit einer Kultur, Nation oder Gesellschaft gehört und einen Höhepunkt ihrer geistigen Entwicklung bildet. Im alltäglichen Sprachgebrauch konnte ,klassisch' bereits um 1800 daher einfach ,berühmt' und ,vollendet' bedeuten, und so ist es nur folgerichtig, dass *Iphigenie* bei der späteren Herausbildung des Klassischen als Epochenbegriff wie kein anderes Werk der deutschen Literatur repräsentativ für die Klassik werden konnte. Selbst kritische Konnotationen des Klassischen, wie etwa die Vorstellung einer unrealistischen, harmonischen Stilisierung oder gar der Weltfremdheit und des Illusorischen, konnten sich exemplarisch auf das Schauspiel beziehen, in dem sich auch inhaltlich, in einer universalen Humanitätsbotschaft, die zentrale Programmatik der Weimarer Klassik auszuprägen scheint.

Entstehungsbedingungen

Zu dieser überhistorischen Bedeutsamkeit des Dramas stehen die Umstände seiner Entstehung einerseits in Spannung, andererseits lassen sich die klassischen Aspekte vor diesem Hintergrund umso schärfer profilieren. Goethe scheint sich in seinen ersten Weimarer Jahren bereits längere Zeit mit dem Stoff befasst zu haben, die Niederschrift selbst indes nahm in der ersten Fassung nur wenige Wochen im Februar und März 1779 in Anspruch, obwohl sie unter widrigen Bedingungen erfolgte. Im Bayerischen Erbfolgekrieg 1778/79 drohte das Herzogtum Sachsen-Weimar zwischen die Fronten der Mächte Preußen und Österreich zu geraten. Als Vorsitzender der Kriegskommission schlug Goethe Herzog Carl August vor, der drohenden gewaltsamen Truppenaushebung durch Preußen zuvorzukommen und freiwillige Rekruten anzuwerben. Das Drama entstand so teilweise auf Dienstreisen, auf denen Goethe mit dem sozialen Elend der Bevölkerung konfrontiert wurde. Aus Apolda schrieb er am 6.3.1779 an Charlotte von Stein: „Hier will das Drama gar nicht fort, es ist verflucht, der König von Tauris soll reden als wenn kein Strumpfwürcker in Apolde hungerte." (II 2, 163) Die formale Ausgewogenheit und die humanitäre Botschaft sind vor diesem Hintergrund nicht als Eskapismus zu sehen, sondern als dramatischer Versuch der Krisenbewältigung und Gewaltvermeidung.

Die erste Fassung entstand für das Weimarer Liebhabertheater, wo das Stück am 6.4.1779 in prominenter Besetzung uraufgeführt wurde. Corona Schröter spielte (als einzige professionelle Akteurin) die Iphigenie, Goethe den Orest, sein Freund Karl Ludwig von Knebel Thoas und Prinz Constantin, der jüngere Bruder des Herzogs, Pylades. In weiteren Aufführungen spielte gar der Herzog selbst diese Rolle, ein eindrucksvoller Beleg dafür, welche Bedeutung dem Laientheater in der Weimarer Hofkultur zukam.

Prosa- und Versfassung

Goethe war mit seinem Drama indes noch nicht zufrieden und fertigte 1781 eine erste Umarbeitung an, ebenfalls in Prosa. In der ersten Gesamtausgabe seiner Werke, deren Vertrag im Juni 1786 mit dem Verleger Göschen geschlossen wurde, sollte *Iphigenie* erstmals veröffentlicht werden; bis dahin kursierte das Drama nur in Abschriften. Für die Publikation regte Wieland eine Versifizierung an, die Goethe erst mit Hilfe von Karl Philipp Moritz in Rom fertigstellen und am 13.1.1787 an Herder schicken konnte. Goethe tat sich mit der Versfassung schwer, weil ihm das Vorbild des jambischen Trimeters, des antiken griechischen Tragödienverses, in der *Elektra* des Sophokles vor Augen stand. Er entschied sich schließlich für den aus der englischen Literatur (Shakespeare) stammenden Blankvers, der erst durch Lessings *Nathan der Weise* (1779) auf dem deutschen Theater allgemein bekannt wurde. Nicht nur formal, auch konzeptionell erhielt Goethe in Italien neue Anregungen, zum Beispiel durch ein die Heilige Agathe darstellendes Gemälde von Raffael in Bologna. Goethe schrieb darüber am 19.10.1786 in seinem Reisetagebuch für Charlotte von Stein: „Er hat ihr eine gesunde, sichre Jungfraulichkeit gegeben ohne Reitz, doch ohne Kälte und Roheit. Ich habe sie mir wohl gemerckt und werde diesem Ideal meine Iphigenie vorlesen und meine Heldinn nichts sagen laßen was diese Heilige nicht sagen könnte." (II 3, 132) Im Juni 1787 erschien *Iphigenie auf Tauris* im dritten Band von *Goethe's Schriften*.

Aus der Rückschau des Jahres 1811 bezeichnete Goethe seine für Iphigenie durchgeführten griechischen Studien als „unzulänglich" (Gespräch mit Riemer, 20.7.1811; GG, Bd. 2, 677). Dass er seine Kenntnis der antiken Mythologie weniger aus griechischen Originalquellen als aus römischer Überlieferung und französischen Übersetzungen schöpfte, zeigt sich schon an den römischen Namensformen der antiken Götter (wie etwa Diana statt Artemis, Jupiter statt Zeus). Wichtigstes Nachschlagewerk war wie in anderen Fällen Benjamin Hederichs *Gründliches mythologisches Lexicon* (in der revidierten Ausgabe von Schwabe, 1770), wo die griechischen Namen ebenfalls latinisiert wurden. Die aufklärerische Tendenz dieses Lexikons zeigt sich daran, dass jeweils alle Fassungen und Varianten der Mythen dargestellt werden, dergestalt die grundsätzliche Kontingenz des Mythos betonend. Die Geschichte der Tantaliden wird vor allem im Rahmen der Exposition in I/3 von Iphigenie gegenüber Thoas erzählt. Der mit dem alten Göttergeschlecht der Titanen verwandte Tantalos wurde an die Tafel der olympischen Götter berufen, wegen des Verrats göttlicher Geheimnisse und des Diebstahls göttlicher Speisen (in der von Goethe verwendeten Variante des Mythos) jedoch zu besonderen Qualen in den Tartaros verbannt. Auf seinem Geschlecht lastet ein Fluch (mit besonderer Grausamkeit bei seinen Enkeln Atreus und Thyest), der für die Dramenhandlung bei Goethe relevant wird. Tantalos' Nachkomme Agamemnon zeugte mit Klytaimnestra die Kinder

Der Tantaliden-Mythos

Iphigenie, Elektra und Orest. Nach der Rückkehr aus dem Troianischen Krieg nach fast zehnjähriger Abwesenheit wurde Agamemnon von seiner Frau und ihrem Liebhaber Ägisth ermordet. Orest, der von seiner Schwester Elektra vom Ort des Geschehens weggeschafft und im Hause des Strophius zusammen mit dessen Sohn Pylades erzogen worden war, kehrte zurück und tötete seine Mutter Klytaimnestra und ihren Liebhaber. Von diesen Vorgängen erfährt Iphigenie in Goethes Drama erst durch Pylades in II/2. Ihr Schicksal ist vor allem durch die beiden Dramen des Euripides, *Iphigenie in Aulis* und *Iphigenie bei den Taurern*, überliefert, die Goethe als Quelle und Stoffvorlage dienten. Artemis verhängte eine Windstille, die das Griechenheer daran hinderte, von Aulis nach Troia aufzubrechen, um den Raub der Helena, der Gemahlin von Agamemnons Bruder Menelaos, zu rächen. Die Göttin kann nach einem Spruch des Sehers Kalchas nur durch die Opferung Iphigenies milde gestimmt werden, doch sie rettet Iphigenie im letzten Moment, entrückt sie zu den Skythen nach Tauros (der Halbinsel Krim) und bestimmt sie dort zum Dienst als Priesterin in ihrem Tempel.

Euripides und der französische Klassizismus   Die taurische Iphigenie des Euripides ist völlig anders angelegt als die Protagonistin bei Goethe. Die Abschaffung der Menschenopfer gehört nicht zu ihren Zielen, sie versucht Thoas selbst zu täuschen und mit Orest zu fliehen. Bei Euripides kann nur ein Machtwort der Göttin Athene als ‚dea ex machina‘ den guten Ausgang gegen den zürnenden Thoas ermöglichen. Die Veränderungen Goethes kommen nicht unvermittelt, sondern entstammen vor allem der Bühnentradition des Iphigenie-Mythos im 17. und 18. Jahrhundert. Neben und vor *Torquato Tasso* ist *Iphigenie auf Tauris* dasjenige Drama Goethes, in dem er am konsequentesten die Regeln der klassizistischen französischen Tragödie (wie die Einheit des Orts, der Zeit und der Handlung) zu beachten suchte, was auch an den ästhetischen Vorlieben Herzog Carl Augusts lag, für dessen Liebhabertheater das Stück in der ersten Fassung geschrieben war.

Der erste Aufzug: Exposition   Das Drama beginnt mit einem Auftrittsmonolog Iphigenies, durch den der Zuschauer in ihre Situation eingeführt wird. Zentral ist zunächst die Opposition von Heimat und Fremde, ausgedrückt in Iphigenies dauernder Hoffnung auf Heimkehr und Wiedersehen mit ihrer Familie. Ein weiteres wichtiges Thema ist die Lage und Stellung der Frau in einer patriarchalen kriegerischen Gesellschaft, von Iphigenie als „beklagenswert" bezeichnet (Vs. 24). Im Dialog zunächst mit Arkas, dem Vertrauten des Skythenkönigs Thoas, einer Art Minister (I/2), und dann mit Thoas selbst (I/3) wird die Exposition fortgesetzt. Arkas erinnert Iphigenie an die Werbung Thoas', der nach dem Tod seines Sohnes ohne Erbe ist, weshalb Unruhen im Volk im Streit um seine Nachfolge drohen. Iphigenie hat als Priesterin der Diana von ihm erwirkt, dass der Brauch, alle an der Küste gestrandeten Fremden der Göttin zu opfern, ausgesetzt wurde. Arkas appelliert an ihre Verantwortung für ihr Exilland, während sie sich dort weiterhin fremd fühlt und die Werbung als „Gewalt" empfindet (Vs. 196). Thoas erneuert sein Versprechen: „Wenn du nach Hause Rückkehr hoffen kannst, / So sprech' ich dich von aller Fordrung los." (Vs. 293f.), doch er bezweifelt, dass diese Hoffnung noch besteht. Daraufhin gibt Iphigenie ihre Abkunft aus dem Geschlecht des Tantalus preis, um Thoas durch den auf diesem Geschlecht lastenden Fluch abzuschrecken. In der Unterredung kommen zwei Aspekte zur Sprache, die für das gesamte

Drama entscheidend sind: zum einen die Trennung der Sphären von Göttern und Menschen, von Iphigenie als Lehre aus dem Schicksal des Tantalus formuliert: „[…] Götter sollen nicht / Mit Menschen, wie mit ihres Gleichen, wandeln; / Das sterbliche Geschlecht ist viel zu schwach / In ungewohnter Höhe nicht zu schwindeln." (Vs. 315–318) Diese Schwäche wird im Dramenverlauf umgedeutet als Basis menschlicher Autonomie. Der zweite, damit zusammenhängende Aspekt ist die Ambivalenz der Götterzeichen, die dafür sorgt, dass der Mensch die Deutung selbst in die Hand nehmen muss und auf keine göttliche Entscheidung warten oder vertrauen darf. Während Iphigenie in der Frage von Bleiben oder Heimkehr noch auf ein Zeichen wartet: „Ein Zeichen bat ich, wenn ich bleiben sollte", ist dieses Zeichen für Thoas bereits gegeben: „Das Zeichen ist, daß du noch hier verweilst." (Vs. 447 f.) Die Frage der Zeichendeutung wird zu einer Frage auf Leben und Tod: Während Iphigenie geltend macht, man missverstehe die Götter, wenn man ihnen die eigene Grausamkeit zuschreibe, wendet sich Thoas gegen die vernunftgeleitete, flexible Auslegung göttlicher Gebote und kündigt an, die Menschenopfer bei zwei am Ufer aufgegriffenen Fremden wieder einzuführen. Verbunden wird dieser Disput mit einer geschlechtlich markierten Opposition von (männlicher) Vernunft und (weiblichem) Herz. Der erste Aufzug schließt wiederum mit einem Monolog Iphigenies, einem Gebet an Diana in freien Versen, was zum einen an die Weimarer Festspieltradition erinnert (auch die Uraufführung der *Iphigenie* wurde musikalisch begleitet). Zum anderen sind diese deklamatorisch-hymnischen oder liedhaften Partien, wie dann später das Parzenlied, formale Reminiszenzen des antiken Chors und inhaltliche Relikte des alten Götter- und Schicksalsglaubens, in den die Protagonistin immer wieder zurückfällt.

Im zweiten Aufzug tritt das Freundespaar Orest und Pylades auf. Damit wird die Exposition fortgesetzt: Sie folgen einem Orakel des Gottes Apollon, der Orest auf Tauris Hilfe gegen die Rachegöttinnen in Aussicht stellt, von denen er seit seinem Muttermord verfolgt wird. Den Inhalt des Orakelspruchs erfährt man zunächst nur allgemein: „Apoll / Gab uns das Wort: im Heiligtum der Schwester / Sei Trost und Hülf' und Rückkehr dir bereitet." In der Erfüllung des Spruchs sieht Pylades kein Problem: „Der Götter Worte sind nicht doppelsinnig, / Wie der Gedrückte sie im Unmut wähnte." (Vs. 610–614) Pylades zeigt sich hier als politisch denkender Stratege, der gegen Orests Verzweiflung die Hoffnung auf Rettung setzt. Dabei wird klar, dass das Orakel, und damit der Wille der Götter, in der Deutung strategisch eingesetzt werden. Orest kennzeichnet diese politische Klugheitslehre mit den Worten: „Mit seltner Kunst flich[t]st du der Götter Rat / Und deine Wünsche klug in eins zusammen", worauf Pylades entgegnet: „Was ist des Menschen Klugheit, wenn sie nicht / Auf Jener Willen droben achtend lauscht?" (Vs. 740–743) Dabei bezieht er auch Geschlechterstereotype in sein Kalkül mit ein: „Allein ein Weib bleibt stät auf Einem Sinn, / Den sie gefaßt. Du rechnest sicherer / Auf sie im Guten wie im Bösen." (Vs. 791–793)

Der zweite Aufzug: das Orakel

Im zweiten Auftritt des zweiten Aufzugs erfährt Iphigenie von Pylades das Schicksal ihrer Familie seit ihrer Entrückung nach Tauris und ist dadurch auf die Begegnung mit Orest im dritten Aufzug vorbereitet. Zwei verkürzte Verse in der Rede Orests markieren die entscheidenden Stellen dieses ersten Gesprächs der beiden Geschwister: „Wie gärend stieg aus der Erschlagnen Blut /

Der dritte Aufzug: Anagnorisis und Peripetie; Orests Heilschlaf

Der Mutter Geist" (Vs. 1052 f.), und kurz darauf: „zwischen uns / Sei Wahrheit! / Ich bin Orest!" (Vs. 1080–82). „Der Mutter Geist" – das ist die Vergangenheit, der Geschlechterfluch; „sei Wahrheit" – das ist die Zukunft, das Mittel, mittels dessen sich der Fluch lösen wird, und dieser Vers steht überdies fast genau in der Mitte des gesamten Dramas, woraus sich entnehmen lässt, wie genau es konstruiert ist. In derselben Szene kommt es dann auch zur Wiedererkennung der Geschwister: Nachdem Orest seinen Namen genannt hat, gibt auch Iphigenie sich zu erkennen, so dass neben der Forderung nach Wahrheit diese ‚Anagnorisis' im Zentrum des Stückes steht, die mit der ‚Peripetie', dem Wendepunkt, zusammenfällt, womit eine Empfehlung der aristotelischen Poetik eingelöst wird. Auffallend ist Iphigenies emotionaler Überschwang, mit dem sie ihr Herz „dem Liebsten, was die Welt / Noch für mich tragen kann" (Vs. 1192 f.), öffnen möchte, was Orest befremdet. Iphigenie verteidigt sich: „Schilt einer Schwester reine Himmelsfreude / Nicht unbesonnene, strafbare Lust." (Vs. 1213 f.) Dass diese Missdeutung möglich scheint, weist auf die Innigkeit und Ausschließlichkeit der geschwisterlichen Beziehung. Iphigenie hat sich als Jungfrau geradezu für ihren Bruder aufgespart. Orest vermag der emotionalen Belastung nicht standzuhalten, da er fürchtet, auch Iphigenie falle nun dem Fluch anheim, und fällt in eine „Betäubung", aus der er zu Beginn von III/2 wieder erwacht. In seinem Monolog wähnt er sich in der Unterwelt und trifft dort seine Vorfahren und toten Familienmitglieder wieder, die alle friedlich vereint sind – mit Ausnahme des „Ahnherrn" (Vs. 1301), also des Tantalus, der offenbar von der Versöhnung ausgenommen ist. Die Erbschuld ist gelöst, nicht aber die Urschuld (vgl. I 5, S. 1320). Als Iphigenie und Pylades hinzukommen (III/3), hält er sie zunächst auch für tot. Iphigenie bittet Diana, „ihn von den Banden jenes Fluchs" zu lösen (Vs. 1330), was sich dann auch erfüllt: „Es löset sich der Fluch, mir sagt's das Herz." (Vs. 1358) Die Rachegöttinnen – die Orest nun nicht mehr ‚Erinnyen' nennt, sondern mit dem verhüllenden Namen „Eumeniden", das ist ‚die Wohlmeinenden', bezeichnet – ziehen „[z]um Tartarus und schlagen hinter sich / Die ehren Tore fernabdonnernd zu." (Vs. 1361 f.)

Der vierte Aufzug: Intrige

Der vierte Aufzug beginnt wieder mit einem Monolog Iphigenies, in dem sie nach kurzen freirhythmischen Verszeilen allmählich wieder in den Blankvers findet, womit ausgedrückt wird, dass sie von der Hingabe an ihre Gefühle erst wieder zu planvollem Handeln gebracht werden muss, und zwar zum Handeln nach dem Plan des Pylades, der die Flucht vorbereitet und Iphigenie „wie ein Kind" instruiert hat, ihre Rolle in der Intrige zu spielen (Vs. 1402): Das Bild der Diana soll geraubt werden, um es, gemäß der Auslegung des Orakelspruchs, nach Delphi zu ihrem göttlichen Bruder Apollon zu bringen. Iphigenie soll den Raub gegenüber Thoas mit dem Argument verschleiern, das Bild der Göttin müsse nach der Verunreinigung durch die Fremden im Meer gereinigt werden. Arkas tritt auf (IV/2) und ermahnt Iphigenie, das Opfer vorzubereiten. Erneut wird die Frage der Erkennbarkeit göttlichen Willens thematisiert. Iphigenie will – gegen ihre Intention ihrer Rolle als Kind getreu – sich gegenüber den Göttern passiv verhalten: „Auf ihren Fingerzeig kommt alles an", während Arkas als ‚Aufklärer' argumentiert und ihr die Verantwortung zuweist: „Ich sage dir, es liegt in deiner Hand." (Vs. 1464 f.) Damit meint er, sie solle die Werbung des Thoas noch erhören, um dadurch die Menschenopfer abzuwenden. Dazu ist sie zwar nach wie vor nicht bereit, doch wird sie durch Arkas daran erinnert, „[d]aß ich auch Menschen hier verlasse" (Vs. 1524), was sie, wiederum in einem Monolog (IV/3), von der Intrige des Fluchtplans abbringt. Zugleich wird hier die Stärke, ja Ausschließlichkeit ihrer Fixierung auf den Bruder noch einmal deutlich: „Meinen Bruder / Ergriff das Herz mit einziger Gewalt" (Vs. 1516f.), so dass schon deswegen eine Verbindung mit Thoas für sie undenkbar sein muss.

Pylades bringt die Nachricht, dass Orest geheilt ist, was zuvor noch nicht sicher war, da er den Hain der Diana noch nicht verlassen hatte (IV/4). Nun ist alles zur Flucht vorbereitet, er will das Bild der Diana holen, Iphigenie aber zögert. Das Orakel droht zum blinden Motiv zu werden, denn das Versprechen, das es in Aussicht stellte, ist bereits erfüllt, ohne dass die Bedingung erbracht worden wäre: „Die besten Zeichen sendet uns Apoll, / Und, eh wir die Bedingung fromm erfüllen, / Erfüllt er göttlich sein Versprechen schon. / Orest ist frei, geheilt!" (Vs. 1604–07) Die Heilung und Erlösung vom Fluch erfolgte bedingungslos, wie Pylades hier deutlich macht. Iphigenie will die Intrige nicht mehr mittragen, Pylades redet ihr als ‚Realpolitiker' ins Gewissen, der weiß, „[d]aß keiner in sich selbst, noch mit den andern / Sich rein und unverworren halten kann" (Vs. 1658f.), so dass ihr strenger Moralismus unverantwortlich wäre. Iphigenie verleiht ihrem Zwiespalt erneut in einem Monolog Ausdruck (IV/5) und wendet sich an die Götter: „Rettet mich, / Und rettet euer Bild in meiner Seele!" (Vs. 1716f.), bevor sie das „Lied der Parzen" singt: „Es fürchte die Götter / Das Menschengeschlecht!" (Vs. 1726f.) Das Lied handelt von der tyrannischen, absolutistischen Willkür der Götter, der die Menschen hilflos ausgeliefert sind. Mit dieser radikal fatalistischen Perspektive endet der vierte Aufzug, die Katastrophe droht.

Der fünfte Aufzug beginnt mit einer kurzen Verständigung zwischen Arkas und Thoas über die Lage, bevor der Taurerkönig in einem Monolog (V/2) seine Güte dem Verrat Iphigenies gegenüberstellt. Diese stellt der befohlenen Gewalt als Frau die Kraft der Worte entgegen und entscheidet sich schließlich zur Wahrhaftigkeit und zur Aufdeckung der Intrige; moralische Aufrichtigkeit siegt gegen politische Verstellung: „Hat denn zur unerhörten Tat der Mann / Allein das Recht? Drückt denn Unmögliches / Nur Er an die gewalt'ge Heldenbrust?" (Vs. 1892–94) Damit verbindet sie zugleich den Anspruch an Thoas, sich ihrer Tat würdig zu erweisen: „Wenn / Ihr wahrhaft seid, wie ihr gepriesen werdet; / So zeigt's durch euern Beistand und verherrlicht / Durch mich die Wahrheit!" (Vs. 1916–19) Es kommt in diesem Disput zur Formulierung der berühmten universalen Humanitätsbotschaft:

Drohende Katastrophe

Der fünfte Aufzug: Lösung durch die „unerhörte Tat"

> THOAS   Du glaubst, es höre
> Der rohe Skythe, der Barbar, die Stimme
> Der Wahrheit und der Menschlichkeit, die Atreus,
> Der Grieche, nicht vernahm?
> IPHIGENIE   Es hört sie jeder,
> Geboren unter jedem Himmel, dem
> Des Lebens Quelle durch den Busen rein
> Und ungehindert fließt. (Vs. 1936–43)

Umdeutung des
Orakels

In den folgenden beiden Auftritten kommen zunächst Orest, danach Pylades und Arkas mit Schwertern auf die Szene, doch man einigt sich auf Verhandlungen. Orest möchte in der Schlussszene (V/6) im Zweikampf mit Thoas ein Gottesurteil erkämpfen, was Iphigenie verhindern möchte – einmal mehr mit dem Hinweis auf das Los der Frauen, von deren Tränen „der Dichter schweigt" (Vs. 2071). Die Lösung findet Orest durch die Umdeutung des Orakels, das nun erstmals im Wortlaut zitiert wird:

> „Bringst du die Schwester, die an Tauris Ufer
> Im Heiligtume wider Willen bleibt,
> Nach Griechenland; so löset sich der Fluch."
> Wir legten's von Apollens Schwester aus,
> Und er gedachte dich! Die strengen Bande
> Sind nun gelös't; du bist den Deinen wieder,
> Du Heilige, geschenkt. Von dir berührt
> War ich geheilt [...]. (Vs. 2113–20)

Iphigenie ermahnt daraufhin Thoas nicht ohne „moralische[ ] Erpressung" (Meier 2011, 140), dass er „nicht oft / Zu solcher edeln Tat Gelegenheit" habe (Vs. 2148f.). Sein Abschiedswort „So geht!" (Vs. 2151) lässt sie nicht gelten, sie will Versöhnung und Gastrecht zwischen den Völkern, und der letzte, wiederum verkürzte Vers gehört Thoas' lapidarem „Lebt wohl!" (Vs. 2174).

Das Verhältnis der
Geschwister

Der zentrale Vorgang der Heilung, die auch als eigene Entsühnung Orests durch die Reuequalen gedeutet wurde (vgl. I 5, 1319), war auf der Bühne nicht deutlich geworden und wird nun erst im Nachhinein von Orest benannt, der eine Heiligenlegende konstruiert: Entscheidend war die Berührung durch seine Schwester. Erst in dieser letzten Szene zeigt er sich wieder völlig handlungsmächtig, nachdem die Initiative zunächst bei Pylades gelegen und dann an Iphigenie übergegangen war, die nun von ihrem Bruder zur Heiligen stilisiert wird (vgl. Wagner 1990). Das Orakel wird bei diesem Vorgang noch einmal deutlich der völligen Funktionslosigkeit überführt. In dieser Verselbständigung der Geschwisterthematik und des Therapiespiels – mit Querverbindungen zum Einakter *Die Geschwister* und zum Festspiel *Lila* – hat man eine dramatische Inkonsistenz gesehen, die schon Schiller bei dem Versuch der Herstellung einer Bühnenfassung 1802 zu dem Vorschlag führte, ob es nicht angezeigt sei, „sich des Thoas und seiner Taurier, die sich zwei ganze Akte durch nicht rühren, etwas früher zu erinnern" (an Goethe, 22.1.1802; MA 8.1, 878). Die Bedeutsamkeit der Geschwisterhandlung wurde aus der Entstehungsgeschichte begründet (vgl. Reinhardt, in Hamacher/Nutt-Kofoth 2007, Bd. 1): Goethe unterhielt eine außergewöhnlich innige Beziehung zu seiner Schwester Cornelia, deren Heirat 1773 und Tod 1777 für ihn persönliche Katastrophen waren. Psychologischen Deutungen zufolge habe er in Weimar eine Übertragung der Geschwisterliebe auf das Verhältnis zu Charlotte von Stein vorgenommen. Die Spezifik eines solchen Verhältnisses ist nicht so sehr die Asexualität, sondern der Umstand, dass es im Unterschied zu einem ‚normalen' Liebesverhältnis unveränderlich ist, nicht der Zeit unterliegt.

Diese besondere Konstellation der ersten Weimarer Jahre sei Goethe in späteren Jahren fremd geworden, so dass seine distanzierenden späteren Äu-

ßerungen auch von der lebensgeschichtlichen Situation her erklärbar wer- Spätere Selbst-distanzierung Goethes
den: In der *Campagne in Frankreich* berichtet er viele Jahre später davon, wie
er im November 1792, also fünf Jahre nach dem Erscheinen des Dramas, bei
seinem Besuch im Kreis um Jacobi in Pempelfort bei Düsseldorf gedrängt worden sei, *Iphigenie* vorzulesen, er sich diesem Ansinnen aber widersetzte, weil
er sich „dem zarten Sinne [...] entfremdet" fühlte (I 16, 517). Weitere zehn
Jahre später, anlässlich der erwähnten Bühnenbearbeitung durch Schiller, bezeichnete Goethe das Stück am 19.1.1802 als „ganz verteufelt human" (II 5,
215). Das war einerseits Ausdruck der Distanzierung, andererseits einer gewissen Hochachtung, eines Respekts, beides gegenüber einer Form der Humanität, der er sich womöglich selbst nicht mehr gewachsen fühlte und die er
überdies im Hinblick auf die zunehmend skeptisch betrachtete Natur des
Menschen in Zweifel zu ziehen geneigt war. Den späten Widmungsversen für
den Orest-Darsteller Georg Wilhelm Krüger (am 31.3.1827): „Alle menschliche Gebrechen / Sühnet reine Menschlichkeit" (I 2, 817), lassen sich gegen-
teilige Äußerungen zur Seite stellen, die insbesondere die Reinheit in Zweifel
ziehen. Erprobte Goethe in der kriegsbelasteten Situation der Entstehungszeit
die friedenstiftende Wirkung der Literatur und des Theaters, so schien ihm das
Drama zur Zeit des antinapoleonischen Feldzugs und auch später nicht mehr
als Therapeutikum geeignet zu sein.

Iphigenies ‚unerhörte Tat' ist vor dem Hintergrund der scholastischen und ‚Opus supererogatum'
– nach der Verwerfung durch die Reformation – aufklärerisch neu gefassten
Konzeption des *Opus supererogatum* (von lat. *erogare*: ‚verausgaben') zu sehen. Nach scholastischer Lehre haben Jesus Christus und die Heiligen mehr
gute Werke getan, als es ihrer Verpflichtung entsprochen hätte. Diese *Opera
supererogationis*, hohe sittliche Leistungen, die über das von der Kirche geforderte Maß hinausgehen, begründen als überschüssige Werke ein Ver-
dienst, das einen Vorrat für die Gläubigen bildet, dessen sie beim Ablasshan-
del teilhaftig werden können. Diese scholastische Lehre aktualisierte Gotthold Ephraim Lessing in einem dezidiert säkularen Kontext: in *Ernst und
Falk*, den „Gesprächen für Freimäurer". Als Beispiel nennt er dort die Aufhe-
bung der durch die Gesetze des Staates bedingten bürgerlichen Trennungen
zwischen den Menschen (vgl. LW 8, 464f.). Dieses Werk der höheren Sittlichkeit kann dadurch zur Kippfigur werden, dass man durch die völlige Auf-
hebung der bürgerlichen Trennungen – anstatt nur ihre Folgen so unschädlich wie möglich zu machen – „den Staat selbst mit ihnen zugleich vernich-
ten" würde (ebd., 468). Eine entsprechende Kippfigur liegt auch bei Iphigenies *Opus supererogatum* der ‚unerhörten Tat' vor, die über das durch Gebote und Gesetze Geforderte hinausgeht, moralische Gebote aus freien Stük-
ken übertrifft und übererfüllt, dabei jedoch selbst gegen das durch die strate-
gische Vernunft im Sinne eines wohlverstandenen Eigeninteresses Gebotene
verstößt, um gerade dadurch reine Menschlichkeit zu ermöglichen – eine
Tat für die Gemeinschaft also, die auf die Gefahr hin, sich selbst zu schaden
und zu gefährden, das Eigeninteresse hinter das Gemeinwohl zurückstellt.
In rückhaltloser Offenheit und Wahrhaftigkeit wagt Iphigenie alles, indem
sie den von Pylades geschmiedeten Plan zum Raub des Götterbildes und zur
anschließenden Flucht verrät. Dass sie auch alles gewinnt, steht indes zunächst keineswegs fest, denn selbst dieses nach dem rhetorischen Anschein
rückhaltlose Wahrhaftigkeitsethos ist nicht ohne strategisches Kalkül und

vom Selbsterhaltungstrieb bestimmt, so dass Thoas dadurch zunächst keineswegs beeindruckt wird und mit Blick auf Iphigenies Ethos neuerdings von „durchgestrichener Aufklärung" gesprochen wurde (Kaute 2010).

Aus aufklärerischer Tradition heraus erscheint nun auch die Funktionslosigkeit des Orakels nicht als dramaturgische Schwäche, sondern geradezu als dramaturgische Notwendigkeit. Das Orakel dient hier wie im entstehungsgeschichtlich benachbarten *Triumph der Empfindsamkeit* als Inbegriff von Autoritätsgläubigkeit. Zu seiner Deutung muss auch hier eine hermeneutische Fähigkeit im Laufe des Stückes erst entwickelt werden. Es ist zwar ständig von den Göttern die Rede, jede Figur beruft sich auf ihre Spielart der Gläubigkeit, aber die Götter treten nicht auf, und die Menschen müssen selber, ohne transzendente Hilfe, ihre kulturelle Semiotik so weit verfeinern, dass sie die Zeichen richtig deuten können. Denn diese scheinen ebenso willkürlich zu sein wie Macht und Herrschaft. Das Drama hat eine wirkungsästhetische Intention, indem auf dem Theater eine kulturelle Kompetenz eingeübt werden soll, nämlich die durch Kunst vermittelbare Kompetenz der kulturellen Zeichendeutung. Auch wenn der Ausgang die Umdeutung des Orakels bestätigt – handeln muss der Mensch; seine – bzw. im Falle Iphigenies: ihre – autonome und eigenverantwortliche, damit aber auch riskante und kontingente Entscheidung wird durch die Götter nicht abgenommen. Auch wenn an die Götter geglaubt wird, muss gehandelt werden, als gäbe es sie nicht. *Iphigenie* ist daher als „Drama der Autonomie" bezeichnet worden (Rasch 1979), auch wenn die Zweckfreiheit und Wahrhaftigkeit von Iphigenies Handeln immer wieder bestritten wurden.

Damit wird auch verständlich, wieso Schiller in einem Brief an Christian Gottfried Körner vom 21.2.1802 *Iphigenie* als „so erstaunlich modern und ungriechisch" bezeichnen konnte, „daß man nicht begreift, wie es möglich war, sie jemals einem griechischen Stücke zu vergleichen" (I 5, 1306). Damit meinte er vor allem die Verinnerlichung und psychologische Umdeutung der Erinnyen. *Iphigenie auf Tauris* ist deutlich von Aufklärung und Empfindsamkeit geprägt, aus deren Traditionen sich die Weimarer Klassik entwickelt hat, für die die Antike keineswegs ein ahistorisches Vorbild war. In der Rezeptionsgeschichte *Iphigenies* hat man jedoch häufig, nach einer treffenden Bemerkung von T.J. Reed, „den dramatischen Wald vor lauter griechischen Bäumen nicht gesehen" (GHb 2, 205). So wie Goethe mit *Götz von Berlichingen* als ‚deutscher Shakespeare' gelten konnte, so war *Iphigenie* die Einlösung einer vom Historismus Herders geprägten Forderung, die Goethe selbst 1818 in dem Aufsatz *Antik und modern* in die Worte kleidete: „Jeder sey auf seine Art ein Grieche!" (I 20, 350)

Die Brisanz der Humanitätsbotschaft des Dramas ist trotz bedeutender Vorläufer (Adorno 1967/1981) erst in jüngster Zeit in ihrer aktuell relevanten Zuspitzung formuliert worden, nachdem die interkulturelle Literaturwissenschaft in Iphigenies Schlussrede zunächst die Begründung des Völkerrechts gesehen hatte (vgl. Wierlacher 1983). Die allgemeine Geltung von „Wahrheit" und „Menschlichkeit", eines universalen humanen Ethos, basiert auf der am Schluss des Dramas trotz allem bestätigten Ausgrenzung des Fremden als des „Barbaren", so dass man im Hinblick auf die hegemonialen Griechen, deren Kultur ihrerseits ein bedeutendes ‚barbarisches' Substrat enthält, von ‚Eurozentrismus' gesprochen hat (Winkler 2009; Reinhardt

2012, 39–57). In den politischen Debatten um die universelle oder bloß kulturrelative Bedeutung der Werte des sogenannten ‚Abendlandes' bzw. der europäischen Aufklärung spielt *Iphigenie auf Tauris* – Antike hin, Klassik her – noch immer eine wichtige Rolle.

5. *Wilhelm Meisters Lehrjahre*

Während Goethe bei seinem Erfolgsroman *Die Leiden des jungen Werthers* auf ein bereits etabliertes Genre, den empfindsamen Briefroman, zurückgreifen und dieses abwandeln konnte, scheint es sich bei seinem nächsten Roman, *Wilhelm Meisters Lehrjahre*, umgekehrt zu verhalten: Der Publikumserfolg war geringer, die literaturgeschichtliche Wirkung indes eher noch größer, wurde doch damit in der Wahrnehmung des 19. und noch weiter Teil des 20. Jahrhunderts ein neues Genre geprägt, das dann als exemplarisch deutsch galt: der Bildungsroman (vgl. Gutjahr 1997, 82–90). Dabei wurde indes ein bedeutender Vorläufer zunächst vergessen, Christoph Martin Wielands *Geschichte des Agathon* (1766/67). So gleicht die Situation doch derjenigen von Goethes erstem Roman: Er griff mit sicherem Gespür ein Muster auf und führte es zum Erfolg. Für die Interpretation des Romans erwies sich das Etikett ‚Bildungsroman' indes oft genug als Hypothek, da mit ihm die Vorstellung nicht nur eines Entwicklungs-, sondern eben eines teleologischen Bildungsprozesses des Protagonisten verknüpft ist. Dies führte tendenziell zu einer harmonischen, um nicht zu sagen harmonisierenden Interpretation, die die Brüche und Inkonsistenzen, von denen schon Goethe selbst sprach und die daher als intentional angesehen werden müssen, häufig vergessen ließ. Die Verknüpfung von Individualität und Sozialität war die Aufgabe, an der Werther scheiterte – und die sich auch Wilhelm stellt. Ob sie als gelöst angesehen werden kann, ist eine Frage, zu deren Antwort man auch die Fortsetzung der *Wanderjahre* einbeziehen muss.

Auch von der Entstehung her erweisen sich die beiden auf den ersten Blick so unterschiedlichen Romane als ineinander verschränkt: Goethe begann den *Wilhelm Meister* bereits wenige Jahre nach der Erstveröffentlichung des *Werther*, im Jahre 1777, und die erste, fast das gesamte voritalienische Jahrzehnt umfassende Arbeitsphase liegt genau zwischen dessen beiden Fassungen. Beim Aufbruch nach Italien 1786 war der Roman bis zum siebten Buch gediehen und trug den Titel *Wilhelm Meisters theatralische Sendung*. Erst 1791 nahm Goethe die Arbeit am Roman wieder auf, seit 1794 in intensivem Austausch mit Schiller. Der Dialog über den *Wilhelm Meister* ist eines der wichtigsten Themen zu Beginn ihres Briefwechsels. Das Originalmanuskript der *Theatralischen Sendung* ist nicht erhalten, aber eine bis zum Ende des sechsten Buchs reichende Abschrift von Barbara Schultheß aus Zürich, die erst 1910 entdeckt und 1911 erstmals ediert wurde.

Die augenfälligste Änderung bei der Umarbeitung der *Theatralischen Sendung* zu den *Lehrjahren* betrifft die Erzählstruktur des Beginns. Die *Theatralische Sendung* ist chronologisch erzählt. Ein auktorialer Erzähler setzt ein mit der Vorstellung von Handlungszeit und -ort: „Es war einige Tage vor dem Christabend 174– als Benedikt Meister Burger und Handelsmann zu M–, einer mittlern Reichsstadt, aus seinem gewöhnlichen Kränzgen

Bildungsroman

Entstehung;
Wilhelm Meisters
theatralische
Sendung

Erzählhaltung:
auktorialer oder
unzuverlässiger
Erzähler?

Abends gegen achte nach Hause ging." (I 9, 11) Die Geschehnisse an diesem Weihnachtsabend, an dem Wilhelm ein Puppentheater geschenkt bekommt, und dessen Folgen erfährt man in den *Lehrjahren* nicht vom Erzähler, sondern aus Wilhelms eigenem Munde, der seine Kindheitserinnerungen rückblickend seiner ersten Geliebten, der Schauspielerin Mariane, erzählt (die dabei einschläft). Der Roman beginnt nun *medias in res*: „Das Schauspiel dauerte sehr lange." (I 9, 359) Am Ende des ersten Kapitels meldet sich der Erzähler explizit zu Wort: „Wer wagte hier zu beschreiben, wem geziemt es, die Seligkeit zweier Liebenden auszusprechen. Die Alte ging murrend bei Seite, wir entfernen uns mit ihr und lassen die Glücklichen allein." (I 9, 361) Der Erzähler scheint schrankenlos souverän zu sein, sein Wissen nach Belieben preisgeben oder zurückhalten zu können, und so wurden denn die *Lehrjahre* häufig als Musterbeispiel für allwissendes oder auktoriales Erzählen angeführt. Die Position des Erzählers wird jedoch im letzten Buch gezielt verunklart, und man muss sich fragen, in welcher Beziehung er zu der geheimnisvollen Turmgesellschaft steht. In deren Archiv nämlich findet Wilhelm ein Regal mit Schriftrollen: „Wilhelm ging hin, und las die Aufschriften der Rollen. Er fand mit Verwunderung: *Lothario's Lehrjahre*, *Jarno's Lehrjahre* und *seine eignen Lehrjahre* daselbst aufgestellt, unter vielen andern, deren Namen ihm unbekannt waren." (I, 9, 875) Der Roman enthält sich selbst als *mise en abyme*, das Erzählen wird selbstreflexiv. Die weiteren Romane auf den Schriftrollen werden der Leserschaft vorenthalten, die dadurch aber aufgefordert wird, die eigenen Lehrjahre auf einer solchen Rolle verzeichnet zu finden, den eigenen Namen als einen derjenigen einzusetzen, die Wilhelm unbekannt waren. Das im *Werther* bereits erprobte narrative Spiel mit Metalepsen wird also hier auf andere Weise fortgesetzt. Erzähltechnisch weist der Roman damit voraus in die Moderne und gar die Postmoderne; narrative Verfahren, die ungefähr zu selben Zeit etwa bei Jean Paul offen zutage liegen, werden von Goethe verdeckt und subtil eingesetzt, wobei gerade diese in der Rezeptionsgeschichte lange Zeit nicht bemerkte Subtilität zu denken geben sollte. Die Neigung, der Zuverlässigkeit eines vermeintlich auktorialen Lesers bedenkenlos zu vertrauen und sich seiner Leitung anzuvertrauen, ist auch eine Form der Autoritätsgläubigkeit. Kann der Erzähler als unzuverlässig entlarvt werden, sind die Lehrjahre der Leserinnen und Leser abgeschlossen, die sich vom Erzähler ebenso manipulieren ließen wie Wilhelm von der sich als durchaus dubios erweisenden Turmgesellschaft. Im Blick auf die Lektüre gewinnt damit auch der Begriff ‚Bildungsroman' eine neue Konnotation und wird wieder aktuell. Dass die Frage, wer den Roman erzählt, durchaus von Anfang an unklar ist, hätte schon ein Blick auf das Titelblatt der Erstausgabe lehren können, das freilich in heutigen Ausgaben nur selten reproduziert wird. *Wilhelm Meisters Lehrjahre* trugen dort den Untertitel: „Ein Roman. Herausgegeben von Goethe". Der Autor trat also nur als Herausgeber auf. Diese Herausgeberfiktion wurde im Unterschied zu derjenigen des *Werther* noch nicht mit gebührender Aufmerksamkeit bedacht.

Theater: Erprobung von Rollen und Identitäten

Nicht nur formal, auch inhaltlich erweist sich der Roman als modern. Er beginnt als Theaterroman. Das Theater erscheint als Freiraum der Erprobung von Rollen und Identitäten, zunächst der geschlechtlichen Identität, denn im ersten Kapitel betritt Mariane, vom Theater kommend, ihre Wohnung in Männerkleidern, einer Tracht, die von der alten Barbara als „gefährlich" bezeichnet wird (I 9, 360). Sie artikuliert damit die bürgerlichen moralischen Vorurteile gegen das Theater. Gerade der vermeintlich oder tatsächlich anti-bürgerliche Freiraum ist für Wilhelm attraktiv, der der sozialen Festlegung seiner Existenz durch seinen Vater entkommen möchte. Dass er seine bürgerlichen Wertvorstellungen und Vorurteile aber letztlich nicht überwinden kann, zeigt sich daran, dass er seine Geliebte Mariane verlässt.

Die Thematik des Rollenspiels wird im ideologischen Zentrum des Romans, fast in dessen Mitte, in ihrer gesellschaftlichen Dimension entfaltet. Das dritte Kapitel des fünften Buches besteht aus einem Brief Wilhelms an seinen Jugendfreund Werner, der die kaufmännisch-bürgerliche Vaterwelt und damit den Gegenpol zum Theater verkörpert. In diesem Brief fasst Wilhelm das Programm der Ausbildung der Individualität, und damit sein Bildungsprogramm, in einem Satz zusammen: „Daß ich dir's mit Einem Worte sage, mich selbst, ganz wie ich da bin, auszubilden, das war dunkel von Jugend auf mein Wunsch und meine Absicht." Dabei handelt es sich um eine Vorstellung, die bei Goethe immer wieder auftritt. Im Rückgriff auf antike Konzepte wird eine solche angeborene Anlage als ‚Dämon' bezeichnet, der sich im Lebenslauf entfalten soll. Goethes Reflexion seines autobiographischen Projekts zeigt, dass eine solche harmonische Ausbildung der Persönlichkeit in der Moderne grundsätzlich problematisch, wenn nicht unmöglich wird. Wilhelm versucht schichtenspezifisch zu differenzieren: Die erstrebte Bildung ist nach seiner Auffassung nur dem Adligen, nicht dem Bürger möglich. Der Bürger solle „einzelne Fähigkeiten ausbilden, um brauchbar zu werden, und es wird schon voraus gesetzt, daß in seinem Wesen keine Harmonie sei, noch sein dürfe, weil er, um sich auf Eine Weise brauchbar zu machen, alles übrige vernachlässigen muß". In diesem Zwang zur beruflichen Spezialisierung sieht Wilhelm sein Dilemma: „Ich habe nun einmal gerade zu jener harmonischen Ausbildung meiner Natur, die mir meine Geburt versagt, eine unwiderstehliche Neigung." (I 9, 659) In der Orientierung am Adel dient ihm das Theater als Ersatz für eine allseitige Bildung, die ihm als Bürger nur außerhalb seines Standes möglich sei. Das Ausprobieren von Rollen und Masken soll zu einer gleichmäßigen Ausbildung aller körperlichen und geistigen Fähigkeiten führen. Dabei handelt es sich indes um ein typisches bürgerliches Missverständnis der aus der Moralistik der Renaissance stammenden adligen Verhaltenslehren, die nicht auf ein Bildungskonzept in dem von Wilhelm unterstellten Sinne zielten, sondern auf ein situationsadäquates Verhaltensprogramm des *aptum* und *decorum*. Wilhelm missversteht diese performative Intention der höfischen Moralistik, indem er sie im Sinne eines bürgerlich-idealistischen Persönlichkeitskonzepts deutet. Er verhält sich daher auf dem Theater nicht eigentlich performativ; er spielt nicht Hamlet, er ist Hamlet – ein Kennzeichen des Dilettanten, der sich nur selbst spielt, im Unterschied zum wirklichen Bühnenkünstler. Die Erkenntnis dieses Missverständnisses führt dazu, dass Wilhelm sich enttäuscht vom Theater abwendet.

Die Frage einer Vorbestimmung des Lebenslaufs wird nicht nur anhand des Konzepts einer individuellen Anlage der Persönlichkeit aufgeworfen. Ob das Leben der Kontingenz oder der Steuerung unterliegt, wird vielmehr auf unterschiedlichen Ebenen im Roman entfaltet. Die Frage stellt sich angesichts des Auftretens verschiedener Figuren, die auf Wilhelms Leben Einfluss

Ausbildung der Individualität: Bürgertum, Adel und Theater

Lebensführung, Vorausdeutung und Vorbestimmung

nehmen oder zu nehmen scheinen, die Frage stellt sich aber auch im Hinblick auf die Erzählstruktur mit ihren narrativen Prolepsen, vor allem im Bild vom kranken Königssohn, „an dessen Lager die schöne teilnehmende Prinzessin mit stiller Bescheidenheit herantritt", das sich als Motiv durch den ganzen Roman zieht (vgl. Buschmeier/Kauffmann 2010, 170–173).

> Sollten nicht, sagte er [Wilhelm] manchmal im Stillen zu sich selbst, uns in der Jugend wie im Schlafe, die Bilder zukünftiger Schicksale umschweben, und unserm unbefangenen Auge ahndungsvoll sichtbar werden? sollten die Keime dessen, was uns begegnen wird, nicht schon von der Hand des Schicksals ausgestreut, sollte nicht ein Vorgenuß der Früchte, die wir einst zu brechen hoffen, möglich sein? (I 9, 598)

Wollte man diese Fragen bejahen, so wäre der Erzähler gewissermaßen selbst ein Funktionär der Turmgesellschaft, denn er, bzw. der anonyme Herausgeber, ist es ja, der das Bild vom kranken Königssohn als Steuerungselement im Roman platziert. Damit hat jedoch der Erzähler an der fragwürdigen Ideologie des Turms teil, der als Institution einer finalistischen Steuerung der Kontingenz erscheint. Dies zeigt sich bei Wilhelms Initiation, bei der er all jene Abgesandten wiedersieht, denen er im Roman begegnet war und die gesprächsweise auf seinen Lebenslauf und seine Entscheidungen Einfluss genommen hatten. Wilhelm wundert sich nun darüber, dass „zufällige Ereignisse" im Nachhinein „einen Zusammenhang haben" (I 9, 872). Durch diese Nachträglichkeit liegt der Konstruktcharakter dieses Zusammenhangs indes offen zutage.

„Bekenntnisse einer schönen Seele"

Mit dem fünften Buch, der Aufführung von Shakespeares *Hamlet* und dem Tod Aurelies ist Wilhelms Theaterexistenz zu Ende. Das sechste Buch, die „Bekenntnisse einer schönen Seele", scheint bei der ersten Lektüre mit der bisherigen Handlung kaum verbunden zu sein, ein Eindruck, der sich im Nachhinein als falsch erweist. Abermals zeigt sich die erzählerische Modernität des Romans, der auch in dieser Hinsicht selbstreflexiv wird, nun aber gegenläufig zum Romanganzen: Könnte Wilhelms Bildungsweg einerseits als harmonisch abgeschlossen erscheinen und enthüllt sich dieser Eindruck erst einem genaueren Blick als fragwürdig, so erweist sich andererseits gerade das aus der narrativen Logik vermeintlich herausfallende sechste Buch als fest mit der teleologischen Erzählkonstruktion verknüpft. Die schöne Seele ist fest im Netz der Verwandtschaftsbeziehungen des Romans eingebunden, denn sie ist die Tante der vier Geschwister Lothario, Natalie, Gräfin und Friedrich und besetzt daher einen Knotenpunkt im Figurengeflecht des Romans. Bei den „Bekenntnissen" handelt es sich um ihre Autobiographie. Innerhalb des Bildungsromans wird ein alternativer Bildungsroman erzählt, nämlich der Bildungsroman einer Frau unter den Bedingungen des 18. Jahrhunderts, als Bildung für Frauen vor allen Dingen im religiösen Bereich möglich war. Die „Bekenntnisse" sind als Parallel- und Kontrasterzählung zu Wilhelms Lebensgeschichte zu lesen, eine ‚Parallelgeschichte' in dem Sinne, in dem dies die Baronesse in den *Unterhaltungen deutscher Ausgewanderten* gefordert hatte: „Ich liebe mir sehr Parallelgeschichten. Eine deutet auf die andere hin und erklärt ihren Sinn besser als viele trockne Worte." (I, 9, 1058) Dieses für ihn charakteristische Verfahren wird Goethe später mit einem naturwissenschaftlichen Gleichnis nach einem Phänomen der

Entoptik als „wiederholte Spiegelung" bezeichnen. Die „Bekenntnisse einer schönen Seele" dienen den Romanfiguren als zentraler Referenztext ihrer Selbstkonstitution, die allerdings in Absetzung dazu erfolgen muss, denn was die schöne Seele von allen anderen Figuren trennt, ist ihre enge Bindung an Gott. Das Leben der schönen Seele ist daher für die anderen Figuren zur Selbsterkenntnis wichtig, kann aber nicht nachgelebt werden. Von ihrem Oheim wird ihr vorgeworfen, dass sie einen Teil ihres Menschseins ausklammere, nämlich die Sinnlichkeit, auf die nicht verzichtet werden soll. Die schöne Seele schreibt dagegen über sich: „Es war als wenn meine Seele ohne Gesellschaft des Körpers dächte, sie sah den Körper selbst als ein, ihr fremdes, Wesen an, wie man etwa ein Kleid ansieht. […] der Körper wird wie ein Kleid zerreißen, aber Ich, das wohlbekannte Ich, Ich bin." (I 9, 788) Diese aus dem platonisierenden Christentum stammende Lehre vom Körper als dem Gefängnis der Seele wird in Goethes Roman ihrerseits gefangen gesetzt, nämlich in der Binnenerzählung des sechsten Buches eingeschlossen. Ihr kontrastiert die ‚heidnische' (d. h. antike) Lehre des ‚commercium mentis et corporis', der untrennbaren Gemeinschaft und Zusammengehörigkeit von Körper und Seele, Körper und Geist. Die schöne Seele darf ihre vier Neffen und Nichten, die nach dem Tod ihrer Eltern verwaist sind, nicht erziehen, sie werden ihr von der Turmgesellschaft weggenommen, die ihrerseits zumindest pseudo-religiöse Züge trägt, wie an einem ihrer Funktionäre, dem Abbé, zu sehen ist. In dieser Kontroverse geht es um die Frage, ob und wie die Religion als Sozialisationsinstrument eingesetzt werden kann, darf oder soll, eine Frage, die dann auch in der ‚Pädagogischen Provinz' der *Wanderjahre* virulent wird.

Die Lebensgeschichte der schönen Seele ist nicht die einzige, die im Roman als Spiegelung und Parallelgeschichte zu Wilhelms Bildungsweg entfaltet wird. Im siebten Buch formuliert Therese gegenüber Wilhelm das Programm einer narrativen Identitätskonstruktion bzw. -vergewisserung: „Die Geschichte des Menschen ist sein Charakter. Ich will Ihnen erzählen, wie es mir ergangen ist." (I 9, 820) Dieses Programm besteht darin, die Einheit des Subjekts in die Geschichte zu verlegen, so dass es nicht in einem teleologischen Bildungsprozess ans Ziel kommt, sondern – de facto in der Rechtfertigung von Kontingenz – eine Reihe von diskontinuierlichen Zuständen durchläuft, die nur insofern ein sinnvolles Ganzes bilden, als sie in der Erzählung einer Person zugerechnet werden können. Dieses Programm einer gewissermaßen metonymischen Verkettung einzelner Lebensstationen und Selbstzustände kann nun wiederum selbstreflexiv auf den Roman als ganzen und dessen narrative Einheitskonstruktion bezogen werden. Im Lehrbrief, den Wilhelm nach seiner Initiation im Turm erhält, fällt eine analoge Formulierung, diesmal nicht auf die einzelnen Abschnitte eines Menschenlebens, sondern auf die Menschheit als ganze bezogen: „Nur alle Menschen machen die Menschheit aus, nur alle Kräfte zusammengenommen die Welt." (I 9, 932) Das Individuum soll sich im Kontinuum der Tradition als Teil der Menschheit erfahren. Auch diese Ganzheitserfahrung kann nur narrativ hergestellt werden – der Sinn der Welt besteht durch die und in der Erzählung. Wiederum auf Wilhelm bezogen, kann so dessen Einsicht in die Unmöglichkeit einer „harmonischen Ausbildung" unter den Bedingungen einer funktional differenzierten Gesellschaft aufgefangen werden.

Narrative
Identitäts-
konstruktion

Beendigung und
Ziellosigkeit der
Lehrjahre

Am Ende des Romans stellt sich mit allem Nachdruck die Frage, auf welches Ziel hin der ‚Bildungsroman‘ des Individuums Wilhelm denn überhaupt erzählt werden soll. Dabei wird die Erreichung des Ziels proklamiert: Seine Lehrzeit ist beendet, nun ist er Wilhelm *Meister*. Im ersten Kapitel des achten und letzten Buches der *Lehrjahre* wird eine eindeutige Antwort auf die Frage nach dem Ziel gegeben: In dem Moment, als sich Wilhelm zur Vaterschaft an dem mit der inzwischen verstorbenen Mariane gezeugten Felix bekennt, sind seine Lehrjahre in dem Sinne beendet, dass er zum vollgültigen Mitglied der bürgerlichen Gesellschaft geworden sei: „In diesem Sinne waren seine Lehrjahre geendigt, und mit dem Gefühl des Vaters hatte er auch alle Tugenden eines Bürgers erworben." (I 9, 881) Der Lehrbrief spricht allerdings auch davon, dass eine einzelne Anlage zum Nutzen der Gesellschaft zur Meisterschaft zu führen sei, was Wilhelm in seinem programmatischen Brief an Werner noch abgelehnt hatte und was bereits auf die Affirmation der „Zeit der Einseitigkeiten" in den *Wanderjahren* vorausweist: „Jede Anlage ist wichtig, und sie muß entwickelt werden." (I 9, 933) Doch welche Anlage sollte dies bei Wilhelm sein? Er ist auch nach Abschluss seiner Lehrjahre noch weit davon entfernt, einen Beruf zu haben, den er ergreifen könnte – oder auch nur die Entscheidung für die Erlernung eines Berufes getroffen zu haben. Die Schwelle der Vaterschaft ist selbst nur noch ein kontingentes Ereignis und führt die Lebensgeschichte noch nicht an das vorläufige Ziel des Eintritts in die bürgerliche Gesellschaft, was der Beendigung der Jugend und dem Eintritt ins Erwachsenenleben entspräche. Sein Zustand bleibt in jeder Hinsicht in der Schwebe, denn er heiratet zwar, doch handelt es sich um eine arrangierte Ehe, deren Vollzug von der Turmgesellschaft denn auch gleich wieder verboten wird (Wilhelm darf Natalie in den *Wanderjahren* nicht sehen). In pragmatischer Hinsicht bildet diese Offenheit die Voraussetzung dafür, dass weiter erzählt werden kann, ja muss, wenn auch mit Abstand von einem Vierteljahrhundert, also eine ganze Generation später – eben in *Wilhelm Meisters Wanderjahren*. Rekurriert die Vorstellung der Wanderschaft als Existenzform zwischen Gesellen- und Meisterstand auf vormoderne und frühbürgerliche Zunftbestimmungen, so wird Wilhelm dadurch andererseits zu einer modernen Figur, für die bereits die Forderungen beruflicher Flexibilisierung und lebenslangen Lernens gelten. Dieses Ineinander von vormodernen und modernen Denkformen ist für Goethe charakteristisch, wie dann gerade in den *Wanderjahren* zu sehen ist.

Kulturelle
Modernisierung

Die kulturelle Modernität des Romans zeigt sich nicht zuletzt auch an der nicht auflösbaren Ambivalenz der Ideologie der Turmgesellschaft. Deren Erziehungskonzept gibt vor, auf die Selbstentfaltung der Natur zu vertrauen. Tatsächlich findet jedoch eine von heute aus gesehen schon an totalitäre Regime erinnernde Überwachung statt – bei der allerdings offen bleibt, wie wirkungsvoll sie ist. Ziel des Projekts ist in jedem Fall die Ablösung der außengeleiteten Steuerung, der Ausrichtung des Lebens an stabilen externen (z.B. religiösen) Normen, durch deren Internalisierung, durch die Selbst-Normalisierung des Subjekts im Rahmen dynamischer Selbstanpassung. Dies wird allerdings während des Initiationsrituals für Wilhelm noch einmal überspielt, die brüchig gewordene Institution wird noch einmal mit Charisma versehen.

Der Bildungs- und Erziehungsdiskurs ist nicht der einzige, der der Modernisierung unterliegt. Es zeichnet sich das Bild einer Gemeinschaft ab, die nur mehr rein ökonomischen Organisationsformen folgt. Alle wesentlichen Diskurse werden verschoben und neu strukturiert (vgl. Schößler 2002): Der religiöse Diskurs wird in den ökonomischen überführt, indem christliche Barmherzigkeit durch anonyme Tätigkeit im Sinne des bürgerlichen Leistungsgedankens ersetzt wird. Im medizinisch-diätetischen Diskurs werden leidenschaftliche Affekte als Wahn pathologisiert, die entweder in den Tod führen – bei Mignon und dem Harfner, die nicht zu nützlichen Mitgliedern der Gesellschaft werden können – oder aber durch Tätigkeit heilbar sind. Schließlich wird Kunst nicht mehr produziert, sondern archiviert, und zwar im Gedächtnisraum des Turms als Kulturträger. Dies führt zu der entscheidenden narrativen Raffinierung und Modernisierung, von der bereits die Rede war.

Gegen die Kontingenz, die Zufälle des modernen Lebens, wandelt auch der Turm sein institutionelles Profil als Steuerungsinstrument, indem er zu einer Versicherungsgesellschaft umgewandelt werden soll. Deren Zweck liegt in der Minimierung der Geschäftsrisiken ihrer Mitglieder im Falle einer Revolution. Im Bereich der privaten Beziehungen werden Ähnlichkeit, Austauschbarkeit und emotionale Flexibilität zur Grundlage der ökonomischen Gesellschaft, was sich an der Austauschbarkeit der Frauen für Wilhelm ausdrückt, der sich mit Therese verbinden möchte, dann aber Natalie heiratet. Auch bei der erotisch emanzipierten Philine macht sich die Ökonomisierung bemerkbar, wenn sie von Friedrich ein Kind erwartet – und in den *Wanderjahren* als Schneiderin wieder auftritt: „‚Solltet ihr wohl denken,‘ sagte Friedrich, ‚daß das unnützeste Geschöpf von der Welt, wie es schien, meine Philine, das nützlichste Glied der großen Kette werden wird […]‘" (I 10, 613). Mignon und ihrem Vater, dem Harfenspieler, gelingt diese Anpassung nicht. Sie widersetzen sich der Ökonomisierung und sind daher in der modernen Gesellschaft nicht mehr lebensfähig. Sie verkörpern die Poesie, der Harfner außerdem das antike Schicksalskonzept, das durch den Zufall ersetzt wird.

Ökonomisierung

Die diskursive und die narrative Modernität werden in der Forschung nicht immer in gleichem Maße erkannt, wenn etwa behauptet wird, dass im „Schema des deutschen Bildungsromans" einfach das Muster des Lebenslaufs des ökonomischen Menschen erkennbar sei: „[…] Wilhelm Meister ist ja gerade durch beschränktes Wissen und ungewollte Effekte, also durch eine unsichtbare und höhere Hand, an den richtigen Ort gebracht worden." (Vogl 2007, 557) Eine solche Eindeutigkeit wollte bereits der erste Leser des Romans, Friedrich Schiller, herausstellen und forderte denn auch nichts anderes als „Ökonomie" ein: Der Leser, so schrieb er am 8.7.1796 an Goethe, „sollte doch immer klar in die Ökonomie des Ganzen blicken, wenn diese gleich den handelnden Personen verborgen bleiben muß." (MA 8.1, 204) Goethe erwiderte tags darauf, dass Schiller Recht habe, diesen „Fehler" anzukreiden, doch er verweigerte sich Schillers ökonomischem Ansinnen, indem er es wörtlich nahm und die Metapher literalisierte: „Es ist keine Frage daß die scheinbaren, von mir ausgesprochenen Resultate viel beschränkter sind als der Inhalt des Werks und ich komme mir vor wie einer, der, nachdem er viele und große Zahlen über einander gestellt, endlich mutwillig

Schillers Kritik und Goethes Verweigerung von Resultaten

selbst Additionsfehler machte um die letzte Summe, aus, Gott weiß, was für einer Grille, zu verringern." (MA 8.1, 208 f.) Schiller forderte eine eindeutige weltanschauliche Lehre, die Goethe nicht liefern wollte. Die „Additionsfehler" des Romans wurden auch in der älteren Forschung gelegentlich gesehen (vgl. Schlechta 1953), doch drang diese Erkenntnis lange Zeit nicht gegen die Vorstellung des klassischen Bildungsromans durch. An Goethes Roman wurde ein Maßstab vermeintlich klassischer Harmonie und Geschlossenheit herangetragen, der aus der germanistischen Ideologie stammte, keinesfalls aber von Goethes Klassikverständnis, auf das man sich berief – oder nur auf eine sehr verkürzte Variante desselben.

Goethes *Lehrjahre* und die FrühromantikDie formale, nämlich narrative Modernität des Romans wurde in der Rezeptionsgeschichte zunächst von den Frühromantikern Friedrich Schlegel und Novalis erkannt, doch vor allem für Letzteren trat sie schließlich wieder hinter der abgelehnten inhaltlichen Modernität, der Ökonomisierung, zurück. Dabei galten die *Lehrjahre* in ihrer offenen Form zunächst als Vorläufer der erstrebten romantischen ,Universalpoesie'. Friedrich Schlegel schrieb kurz nach der Veröffentlichung des Romans im 216. *Athenäums*-Fragment: „Die Französische Revolution, Fichtes Wissenschaftslehre, und Goethes Meister sind die größten Tendenzen des Zeitalters." (Schlegel 1967, 199) Politik, Philosophie (Fichtes subjektiver Idealismus mit der Setzung des Nicht-Ich durch das Ich) und Literatur sah Schlegel Seite an Seite für die Befreiung des Menschen wirken – aber noch nicht in Vollendung, sondern als bloße „Tendenzen". Novalis wurde nach anfänglicher Begeisterung zum schärfsten Kritiker des Buches. 1797 schrieb er noch im 106. *Blüthenstaub*-Fragment, Goethe sei „jetzt der wahre Statthalter des poetischen Geistes auf Erden." (Novalis, Bd. 2, 460) 1799/1800 urteilte er dagegen in den Fragmenten und Studien: „Es ist im Grunde ein fatales und albernes Buch – so pretentiös und pretiös – undichterisch im höchsten Grade, was den Geist betrifft – so poëtisch auch die Darstellung ist. Es ist eine Satyre auf die Poësie, Religion etc. Aus Stroh und Hobelspänen ein wohlschmeckendes Gericht, ein Götterbild zusammengesetzt. Hinten wird alles Farçe. Die Oeconomische Natur ist die Wahre – *Übrig bleibende*." (Novalis, Bd. 3, 646) Ob Goethe den Prozess der gesellschaftlich-kulturellen Modernisierung in den *Lehrjahren* affirmativ oder kritisch begleitet, bleibt eine offene Frage, die sich auch bei der Fortsetzung, den *Wanderjahren*, stellt.

Wilhelm Meisters Wanderjahre

Entstehung und FormBereits unmittelbar nach Abschluss der *Lehrjahre* diskutierte Goethe mit Schiller über eine mögliche Fortsetzung, die er dann auch seinem Verleger Cotta ankündigte. Die Niederschrift begann allerdings erst 1807. Zunächst entstanden einige der eingelegten Erzählungen und wurden auch vorab veröffentlicht – eine davon verselbständigte sich zu dem Roman *Die Wahlverwandtschaften*. *Wilhelm Meisters Wanderjahre oder Die Entsagenden*, wie der vollständige Titel lautet, erschienen dann erst 1821 und, stark erweitert, 1829 in der *Ausgabe letzter Hand*.

Die erzähltechnische Modernität, die bei den *Lehrjahren* unter der harmonisch geschlossenen Oberfläche verborgen lag und daher übersehen werden konnte, lag nun offen zutage, was zu ebenso offenem Unverständnis in der Rezeption führte. Bis weit ins 20. Jahrhundert hinein wurde Goethes

Altersroman als formloses Aggregat missverstanden, das als Beleg für die angeblich nachlassende Gestaltungskraft des Autors genommen wurde. Einem solchen Eindruck arbeitete sogar die Editionspraxis von Goethes Mitarbeiter Eckermann zu, der in der Quartausgabe der *Ausgabe letzter Hand* die Aphorismensammlungen *Betrachtungen im Sinne der Wanderer* und *Aus Makariens Archiv* wegliedß, worin ihm die *Weimarer Ausgabe* folgte. Erst die jüngste Forschung (vgl. Herwig 2002) konnte nachweisen, dass die Erzählstruktur geradezu gegenläufig zu den *Lehrjahren* angelegt, die scheinbare Beliebigkeit der Komposition von Rahmenhandlung und Binnenerzählungen ein Oberflächenphänomen und die narrative Verknüpfung sehr subtil ist. Mit der offen thematisierten Herausgeberfiktion wird nun virtuos ausgespielt, was in den *Lehrjahren* im Archiv der Turmgesellschaft bereits erkennbar war. Wird dies bis hin zu einer vielstimmigen Anonymisierung des Erzählens geführt, für das kein einzelner Erzähler die Verantwortung erhebt, so erscheint gegenläufig dazu auf dem Titelblatt der Erstausgabe Goethe nicht als Herausgeber, wie in den *Lehrjahren*, sondern als Autor: „Ein Roman von Goethe". Auch die ersten beiden Kapitel, *Die Flucht nach Ägypten* und *Sankt Joseph der Zweite*, sind gegenläufig zur formalen und inhaltlichen Modernisierung des Erzählens angelegt, indem sowohl künstlerisch als auch von der Lebensform her überholte biblische Formen reinszeniert werden.

Den Kontrapunkt dazu setzt der aus den *Lehrjahren* bekannte Jarno, dem Wilhelm und sein Sohn Felix im Gebirge begegnen und der sich jetzt Montan nennt. Um zu wirklichen Kenntnissen und Einsichten auf einem Gebiet zu gelangen, müsse man ein neues Leben beginnen, sich mit seiner ganzen Existenz in den neuen Wirkungskreis stellen. Dies kommt einer emphatischen Rechtfertigung der modernen „Zeit der Einseitigkeiten" (I 10, 295) gleich. Die in den *Lehrjahren* vorgenommene Verabschiedung eines umfassenden humanistischen Bildungsideals wird bestätigt und ins Positive gewendet, indem jeweils der ganze Mensch für eine partikulare Existenz einstehen und damit die drohende Entfremdung verhindert werden soll. Auch erzählerisch ist durch die immer wieder wechselnden Perspektiven die „Zeit der Einseitigkeiten" angebrochen, die sich jedoch zu einem Panorama und damit letztlich doch zur Totalität ergänzen.

„Zeit der Einseitigkeiten"

In der Rahmenhandlung kommen die Figuren aus dem Gebirge auf das Landgut des Oheims, der eine wichtige Autorität für einen Großteil des Romanpersonals ist. Als neue Figur wird Lenardo eingeführt, den Wilhelm wieder an die Gemeinschaft der Mitglieder des Turms heranführen möchte. Im Zuge dieser Bemühungen begibt er sich zu Makarie, der rätselhaftesten Figur des Romans. In den über den Roman verstreuten Episoden um Makarie wird die Individualitäts- und Geschlechterlehre des späten Goethe narrativ entwickelt (vgl. Hamacher 2010a, 208–212). Die ideale Entfaltung ihrer Individualität, als ‚Entelechie', ist deutlich als Utopie gekennzeichnet. Sie harmoniert mit dem Universum, ist aber dem irdischen Leben entfremdet.

Individualitäts- und Geschlechterlehre: Makarie

Das zweite Buch des Romans beginnt mit dem Eintritt in die Pädagogische Provinz, in der Wilhelm seinen Sohn Felix abgibt. Dieses Erziehungsinstitut wurde – ebenso wie die im Titel des Romans hervorgehobene Entsagungsethik – in der Rezeption mit affirmativem Gewicht versehen, während es doch ebenso mit narrativer Ironie behandelt wird wie die Turmgesellschaft in den *Lehrjahren* und die pädagogische Wirkung auf Felix nicht präzise

Pädagogische Provinz

dingfest zu machen ist. Zentral ist die Auseinandersetzung mit der Religion als Bildungsinstrument, denn weltanschaulicher Kern ist die Lehre von den „drei Ehrfurchten": vor dem, was über den Menschen, unter den Menschen und neben den Menschen ist. Die umfassende Kontrolle und Überwachung droht dabei in einen subtilen Totalitarismus umzuschlagen – wiederum wie in der Überwachung durch die Turmgesellschaft, nur expliziter. Dies wird freilich in der Durchführung und Rechtfertigung des Programms negiert, indem eine harmonische Übereinstimmung mit den Gesetzen der Welt behauptet wird. Diese Welt ist jedoch nun zunehmend die moderne Welt des 19. Jahrhunderts, für die die Zöglinge ‚fit gemacht' werden sollen. Wilhelm selbst scheint im Rückblick auf seine Theatererfahrungen geneigt, mehr auf erzieherische Steuerung statt auf freie Entfaltung des Individuums zu setzen, denn er begrüßt, dass das Theater aus der Pädagogischen Provinz verbannt ist.

Disput um Fragen der Erdentstehung   Die Modernität des Romans zeigt sich nicht zuletzt darin, dass – wie bereits in den *Wahlverwandtschaften* – Theorien der zeitgenössischen Naturwissenschaft erzählerisch behandelt werden. Bei Wilhelms zweitem Besuch in der Pädagogischen Provinz kommt es beim „Bergfest" zu einem Disput um Fragen der Erdentstehung, Fragen, die traditionell mit der Schöpfungslehre beantwortet wurden. In dieser Tradition fühlte sich Wilhelm bislang fest verwurzelt, und entsprechend verstört reagiert er auf die sich entspinnende wissenschaftliche Kontroverse. Verhandelt wird die Umstellung von Religion auf Wissenschaft in der Kosmologie. Fünf Positionen werden kurz referiert: Der in der zeitgenössischen Wissenschaft so genannte Neptunismus, für den Goethe große Sympathien hegte und dem zufolge die Erdoberfläche durch Kristallisation und Sedimentation aus dem Urozean entstand. Zeitgenössisch anerkannt war hingegen der Vulkanismus, der im Roman durch eine dritte Position modifiziert wird, welche behauptet, „mächtige in dem Schoß der Erde schon völlig fertig gewordene Gebilde seien, mittelst unwiderstehlich elastischer Gewalten, durch die Erdrinde hindurch in die Höhe getrieben und zugleich in diesem Tumulte manche Teile derselben weit über Nachbarschaft und Ferne umher gestreut und zersplittert worden" (I 10, 533f.). Eine vierte Theorie plädiert für die Annahme von Meteoriteneinschlägen – die sogenannte aerolithische Theorie. Schließlich entwickeln „zwei oder drei stille Gäste" die Theorie einer mitteleuropäischen Eiszeit, die im zeitgenössischen Kontext der Entstehung des Romans völlig neuartig war, so dass denn auch diese „guten Leute [...] mit ihrer etwas kühlen Betrachtung nicht durchdringen" konnten: „Man hielt es ungleich naturgemäßer die Erschaffung einer Welt mit kolossalem Krachen und Heben, mit wildem Toben und feurigem Schleudern vorgehen zu lassen. Da nun übrigens die Glut des Weines stark mit einwirkte, so hätte das herrliche Fest beinahe mit tödlichen Händeln abgeschlossen." (I 10, 534) Zwei der fünf Positionen scheinen von vornherein chancenlos: die erste und die letzte, also die neptunistische und die glaziologische, weil sie von einer eher allmählichen, kontinuierlichen Entwicklung ausgehen und ohne die Theorie plötzlicher, gewaltsamer Veränderung oder globaler, gar kosmischer Katastrophen auskommen. Ironischerweise handelt es sich dabei genau um jene Positionen, für die Goethe selbst (traumatisiert durch die Französische Revolution) Sympathie empfand. Mit der zeitgenössisch auf völlig verlorenem Posten stehenden Eiszeittheorie hat indes die spätere wissenschaftliche Entwicklung Goethe Recht gegeben (vgl. Sachtleben 1994).

Der Roman erweist sich also als Medium der aktuellen wissenschaftlichen Debatte, und zwar gerade im Hinblick auf die Frage, wie mit dem historisch neuartigen Meinungsstreit umgegangen werden soll. Wilhelm erwartet von Montan als dem geologischen Experten die Beilegung des Streits und die Lösung des Problems – doch vergebens, wie dieser, von Wilhelm zur Rede gestellt, resigniert bekennen muss. Das Scheitern moderner ‚Expertenkultur‘ wird vorweggenommen. Fragen, die früher durch die Religion entschieden worden waren und die sich nun durch die menschliche Vernunft und Wissenschaft (noch) nicht entscheiden lassen, sollen allenfalls Gegenstand persönlicher Überzeugung sein, im sozialen und kulturellen Raum hingegen auf sich beruhen. Das ‚Rezept‘ gegen politischen Streit hatte in den *Unterhaltungen deutscher Ausgewanderten* ganz ähnlich gelautet. Über strittige Punkte in allen Bereichen soll geschwiegen werden – die Möglichkeit einer Diskussions- oder Streitkultur wird bei Goethe abschlägig beschieden. Gleichzeitig wird allerdings der Roman zum Austragungsort der Debatte und damit die Literatur als Reflexionsmedium ungelöster Probleme der Moderne enorm aufgewertet.

Scheitern der ‚Expertenkultur‘ – Aufwertung der Literatur

Am Ende des zweiten Buches wird in Briefen Wilhelms an Natalie eine in den *Lehrjahren* nicht erwähnte Episode aus seiner Jugend nachgeholt, eine homoerotisch grundierte Freundschaft mit einem Fischerknaben, der wenig später ertrinkt. Die dilettantischen Wiederbelebungsversuche am unversehrt scheinenden Körper scheitern. Aufgrund der Wiedererinnerung an diese traumatische Erfahrung kommt Wilhelm nun endlich zu einer Berufswahl und beschließt, Wundarzt zu werden, denn es wird die Anschauung vertreten, durch die Wiederbelebungsversuche habe man den Knaben und seine ebenfalls ertrunkenen Kameraden „gewissermaßen erst ermordet: ferner hielt man dafür, daß durch einen Aderlaß vielleicht ihnen allen wäre zu helfen gewesen.“ (I 10, 552) Die unversehrt aussehenden Kinder seien zu Tode gebracht worden, indem man ihnen gewissermaßen ‚zu viel‘ an Leben zuführte. Die Körper hätten geöffnet werden müssen, um mittels des Aderlasses das ‚überschüssige‘ Leben aus dem Körper zu entfernen. Zu viel Leben bedeutet zu viel jugendliche Leidenschaft; erreicht werden muss die mittlere Temperatur, die in allen Bereichen die dem Menschen einzig gemäße ist – eine aus der Antike übernommene Auffassung, die für die Entsagungsethik des alten Goethe charakteristisch ist. Im Schlusskapitel wird das Aderlassen noch einmal aufgegriffen. Wilhelm fährt im Kahn, ein Jüngling sprengt auf dem Pferd heran, stürzt ins Wasser und wird „[e]ntseelt scheinend“ an Land gebracht. „Wilhelm griff sogleich nach der Lanzette, die Ader des Arms zu öffnen, das Blut sprang reichlich hervor und mit der schlängelnd anspielenden Welle vermischt folgte es gekreiselt dem Strome nach. Das Leben kehrte wieder […]“ (I 10, 744). Sie erkennen sich – es ist Felix. Wilhelm hat als Wundarzt seinem Sohn das Leben gerettet. Die Verletzung des Körpers rettet das Leben – was beim Fischerknaben versäumt worden war: Der Leib wird geöffnet, damit Leidenschaften austreten können, der abgeschlossene individuelle Lebensstrom sich mit dem allgemeinen verbindet und in ihn mündet, wie das Blut in den Strom fließt.

Wilhelm als Wundarzt

Das Neben- und Ineinander von modernen, ja zukunftsweisenden wissenschaftlichen Theorien (wie in der Frage der Eiszeit) und überholten Anschau-

Avantgardismus des Erzählens

ungen (wie beim Aderlass) ist charakteristisch für Goethes Naturbetrachtung. In den *Wanderjahren* kommt indes die besondere Pointe hinzu, dass die veraltete wissenschaftliche Anschauung in ästhetischer Hinsicht geradezu avantgardistisch ausgemünzt wird, wenn man sie selbstreflexiv auf die Form des Romans bezieht. Die Erzählung bildet eine zunehmend losere Klammer, die die diskontinuierlichen Episoden mit der Fiktion einer Kompilation aus unterschiedlichsten Quellen und Archiven an das Individuum Wilhelm zurückbindet. Von einer teleologischen Entwicklung kann zuletzt auch in formaler Hinsicht keine Rede mehr sein. Nur und gerade durch formale Verletzungen kann aber die Erzählung zu neuem Leben erweckt werden. Der geschlossene Bildungsroman ist eine schöne Leiche wie der nicht zur Ader gelassene Körper. Die *Wanderjahre* sind vom lebensgeschichtlichen Problemgehalt und vom Niveau der zu dessen Gestaltung eingesetzten narrativen Mittel her Goethes modernster und kunstvollster Roman. Die Schlussbemerkung „Ist fortzusetzen" wurde im Grunde erst mit dem Roman der klassischen Moderne durch Autoren wie Alfred Döblin, Hermann Broch und Robert Musil eingelöst.

6. *Faust*

Entstehung und Frage der Einheit

Die Arbeit an *Faust* begleitete Goethe mit Unterbrechungen während seines gesamten Schaffens. Die lange Entstehungszeit zieht naturgemäß die Frage nach Konzeptionsänderungen oder gar -brüchen nach sich. Der Versuch, eine konsistente Einheit der *Faust*-Dichtungen nachzuweisen (vgl. Eibl 2000), sieht sich daher ganz ähnlichen Schwierigkeiten gegenüber, wie dies für Goethes Lebenswerk insgesamt gilt. Goethe selbst hat diese Problematik bereits bei der Publikation des ersten Teils der Tragödie durch nicht weniger als drei expositorische Texte („Zueignung", „Vorspiel auf dem Theater", „Prolog im Himmel") selbst reflektiert.

Urfaust / ‚Frühe Fassung'

Die erste überlieferte Fassung des *Faust* wird traditionell als *Urfaust* bezeichnet. Das ist deswegen irreführend, weil es sich dabei keineswegs um eine ‚Urfassung' handelt, sondern bereits um eine Synthese aus der Weimarer Zeit, bei der nicht bekannt ist, ob sie den gesamten damaligen Textbestand umfasste. Der einzige Überlieferungsträger ist die Abschrift des Weimarer Hoffräuleins Louise von Göchhausen, die der Germanist Erich Schmidt 1886 in ihrem Nachlass entdeckte. Aus Goethes erster Arbeitsphase in Frankfurt ist kein Textzeuge erhalten. Das korrekter als ‚Frühe Fassung' bezeichnete Göchhausen'sche Manuskript dürfte mehr oder weniger den Textbestand repräsentieren, den Goethe zur weiteren Ausarbeitung (zu der es dann zunächst nicht kam) mit nach Weimar brachte. Kern der ‚Frühen Fassung' ist die sogenannte ‚Gretchentragödie', die nicht durch die volkstümliche Tradition vorgegebene, auf dem realen Kindstötungsprozess gegen Susanna Margarethe Brandt in Frankfurt basierende Erfindung Goethes, der sich später beklagte, Heinrich Leopold Wagner habe ihm in seinem Trauerspiel *Die Kindermörderin* (1776) das Sujet weggenommen. Bei der ‚Gelehrtentragödie' – auch diese traditionelle Bezeichnung ist irreführend, weil es sich nicht um eine ‚Tragödie' handelt – fehlen in der ‚Frühen Fassung' wichtige Teile. Vor allem ist das Auftreten Mephistos in der Schülerszene nicht motiviert, der Pakt zwischen ihm und Faust wird nicht auf der Bühne gezeigt, und damit entfällt natürlich auch die Wette. Ebenfalls fehlen unter anderem Fausts Selbsttötungsversuch mit dem anschließenden Ostergeschehen, die Szenen „Hexenküche", „Wald und Höhle" sowie „Walpurgisnacht" und „Walpurgisnachtstraum". Die Rolle Mephistos ist insgesamt nicht sehr profiliert. Die Lücken sind indes erst ex post als solche zu erkennen und zu bezeichnen. Von der Dramenästhetik des Sturm und Drang her gesehen könnte die Handlungsführung durchaus als fragmentarisch intendiert sein, als Bruch mit der dramaturgischen Norm einer geschlossenen Handlung.

Erst in Rom arbeitete Goethe an *Faust* weiter, der in der ersten Gesamtausgabe der *Schriften* bei Göschen enthalten sein sollte. Dass die Arbeit nicht abgeschlossen war, wurde im Titel der ersten Publikation 1790 ausgedrückt: *Faust. Ein Fragment.* Vor dem Hintergrund der veränderten Dramenästhetik Goethes – inzwischen war *Iphigenie auf Tauris* erschienen – ist das Fragmentarische im Unterschied zum Sturm und Drang nun wesentlich negativ konnotiert bzw. bezeichnet die Vorläufigkeit des Entwurfs. Zur Weiterführung (seit 1797) bis zum Abschluss (1806) bedurfte es der nachdrücklichen Aufforderung und Initiative Schillers. 1808 wurde *Faust. Eine Tragödie* veröffentlicht, doch zu diesem Zeitpunkt hatte Goethe bereits mehrere Jahre an der Fortsetzung gearbeitet, und zwar am späteren dritten, dem Helena-Akt des zweiten Teils. Die ‚Gretchentragödie' war im ersten Teil zwar abgeschlossen, doch Fausts von der frühneuzeitlichen Stofftradition vorgegebener Lebenslauf natürlich noch lange nicht erfüllt. Es fehlte noch die Weltfahrt mit der Begegnung mit Helena, vor allem schließlich Fausts Tod mit der Einlösung des Paktes. Auch der durch den „Prolog im Himmel" eröffnete Rahmen sollte nach der ursprünglichen Planung durch eine Gerichtsszene geschlossen werden. Für das zeitgenössische Publikum war schon aus der Kenntnis des populären Stoffes heraus klar, dass der Schluss der „Tragödie" immer noch ein nur vorläufiger war, zumal sie ausdrücklich als „Der Tragödie Erster Teil" bezeichnet wurde. In der Szene „Hexenküche" findet sich bereits eine Vorausdeutung auf den zweiten Teil: Faust erblickt im Zauberspiegel „[d]as schönste Bild von einem Weibe!" (Vs. 2436), „das Muster aller Frauen", von dem Mephisto ihm verspricht, dass er es „[n]un bald leibhaftig" vor sich sehen werde (Vs. 2601 f.), um dann leise zu ergänzen: „Du siehst, mit diesem Trank im Leibe, / Bald Helenen in jedem Weibe." (Vs. 2603 f.) Margarete ist dann gerade noch nicht Helena, die erst im zweiten Teil auftritt.

Erst 1831 schloss Goethe die Arbeit an *Faust* ab und versiegelte das Manuskript des zweiten Teils, das nicht vor seinem Tod veröffentlicht werden durfte. Er fürchtete Missverständnisse und verspürte wenig Neigung, sich im hohen Alter noch einmal dem Streit der Meinungen und Deutungen auszusetzen, wie er in einem Brief an Wilhelm von Humboldt, der sein letzter sein sollte, am 17.3.1832 begründete:

> Ganz ohne Frage würd' es mir unendliche Freude machen, meinen werten […] Freunden auch bei Lebzeiten diese sehr ernsten Scherze zu widmen, mitzuteilen und ihre Erwiderung zu vernehmen. Der Tag aber ist wirklich so absurd und konfus, daß ich mich überzeuge meine redlichen, lange verfolgten Bemühungen um dieses seltsame Gebäu würden

Weitere
Arbeitsphasen

schlecht belohnt und an den Strand getrieben, wie ein Wrack in Trümmern daliegen und von dem Dünenschutt der Stunden zunächst überschüttet werden. (II 11, 550f.)

"Zeignung"

Dass es sich dabei um mehr als bloßen Überdruss des alten Goethe handelt und sich vielmehr ein grundsätzliches ästhetisches Problem dahinter verbirgt, zeigt der erste expositorische Text des ersten Teils, das Stanzengedicht "Zeignung". Das lyrische Ich reflektiert über das Fremdwerden seines eigenen Textes, der aus dem ursprünglichen Entstehungskontext gelöst ist. Der Autor wird zum Leser seiner selbst und zum Zuschauer seines eigenen früheren Dramas. Die Situation, sich nach vielen Jahren einem früheren Projekt wieder zuzuwenden, wird auf die Frage zugespitzt, ob der Autor denn noch derselbe sei, was nicht vorausgesetzt werden kann: "Fühl' ich mein Herz noch jenem Wahn geneigt?" (I 7/1, 11, Vs. 4) Auch das Publikum, für das der Text ursprünglich geschrieben wurde, existiert nicht mehr, die Resonanz fehlt: "Sie hören nicht die folgenden Gesänge, / Die Seelen, denen ich die ersten sang; / Zerstoben ist das freundliche Gedränge, / Verklungen ach! der erste Widerklang." (Vs. 17–20) Der Adressatenbezug der poetischen Rede hat sich gelockert, das Verhältnis von Autor und Publikum ist anonymisiert: "Mein Lied ertönt der unbekannten Menge" (Vs. 21) (wobei im Erstdruck nicht "Lied", sondern "Leid" steht, was 1809 in ein Druckfehlerverzeichnis aufgenommen, in fast allen folgenden Ausgaben jedoch nicht geändert wurde). Wenn das lyrische Ich Missverständnisse und Beifall von falscher Seite fürchtet, so lässt sich der Bogen sowohl zu dem Brief an Humboldt mit der Begründung der Sekretierung von *Faust II* als auch zu Goethes klassischem Drama *Torquato Tasso* schlagen. Es handelt sich um ein Modernisierungsphänomen der literarischen Öffentlichkeit. Sowohl durch die größere Verbreitung gedruckter Publikationen als auch durch die programmatische Autonomisierung der Kunst fiel der pragmatische Adressatenbezug poetischer und auch dramatischer Rede weg, der Autor konnte nicht mehr von einem gemeinsamen Horizont ausgehen, den er mit seinem Publikum teilte. Was hier, in der "Zeignung", lebensgeschichtlich begründet wird, gestaltet Goethe in *Tasso* als Übergang vom Hofdichtertum zur bürgerlichen literarischen Öffentlichkeit. Im Lichte des Briefs an Humboldt erweist sich die klassische Autonomieästhetik als Ausdruck von Melancholie, Entfremdung und Resignation des Künstlers in der modernen Welt. Die "Zeignung" bedeutet daher schließlich, in der letzten Strophe, dass der Dichter sich sein Werk selbst (wieder) zueignet – und nicht etwa dem Publikum.

"Vorspiel auf dem Theater"

Im zweiten expositorischen Text wird die ästhetische und dramaturgische Selbstreflexion weitergeführt, wobei die Positionen von Direktor, Theaterdichter und lustiger Person sich wechselseitig relativieren. Der Direktor argumentiert wirkungsästhetisch, mit nüchternem Blick für die Bedürfnisse des Publikums, der Dichter dagegen aus einer Position strikter Kunstautonomie. Was in der "Zeignung" resignativ entwickelt worden war, vertritt der Dichter hier programmatisch. Zwischen den Positionen von Direktor und Dichter vermittelt die lustige Person, die vor allem auf die Vereinigung aller Vermögen dringt: "Phantasie, [...] / Vernunft, Verstand, Empfindung, Leidenschaft", dazu "Narrheit" (Vs. 86–88). Dramaturgisch verkörpert sich in der lustigen Person eine rehabilitierte und veredelte Gestalt des durch die Gottsched'sche Theaterreform von der Bühne vertriebenen Hanswurst, wie überhaupt der Faust-Stoff aus der ‚niederen', volkstümlichen Tradition von Volksbuch und Puppenspiel stammt. Züge der lustigen Person wird man im Drama in Mephisto wiedererkennen, Züge des Dichters in Faust, vor allem, wenn er seiner Verjüngungssehnsucht Ausdruck verleiht: „Gib meine Jugend mir zurück!" (Vs. 197). Schon allein dadurch wird die Position des vermeintlich nur kommerziell interessierten Direktors aufgewertet, und damit auch sein ästhetisches Credo:

> Wer Vieles bringt, wird manchem etwas bringen;
> Und jeder geht zufrieden aus dem Haus.
> Gebt ihr ein Stück, so gebt es gleich in Stücken!
> Solch ein Ragout es muß euch glücken [.] (Vs. 97–100)

Das lässt sich wiederum selbstreflexiv auf die strittige Frage beziehen, ob *Faust* ein geschlossenes, der klassischen Ganzheitsforderung genügendes Werk ist – oder eben ein „Ragout". Diese Frage stellt sich bereits bei den Schlussworten des Direktors:

> So schreitet in dem engen Bretterhaus
> Den ganzen Kreis der Schöpfung aus,
> Und wandelt mit bedächt'ger Schnelle
> Vom Himmel durch die Welt zur Hölle. (Vs. 239–242)

Im Widerspruch zu seiner eigenen „Ragout"-Empfehlung scheint er nun selbst Ganzheit zu fordern. Im Hintergrund stehen zwei konträre Ganzheitsbegriffe – ein quantitativer und ein qualitativer. Aber welchem von beiden gehorcht nun *Faust*? Das Drama beginnt – im folgenden „Prolog" – im Himmel, führt durch die ganze Welt, aber endet nicht in der Hölle, sondern wiederum im Himmel, aber einem Theaterhimmel, wie ihn der Direktor auch ankündigt. Damit ist *Faust* ein Ganzes und ein Ragout zugleich.

In Analogie zu *Wilhelm Meisters Wanderjahren* könnte gerade eine scheinbare Zerstückelung dasjenige sein, was dem Drama seine Klassizität im Sinne des produktiven Weiterlebens sichert: Hier wie dort könnte der ‚klassische', unversehrte Textkörper als tot, der ‚verletzte' aber als lebendig verstanden werden. Aus dieser Umwertung der vermeintlichen kompositionellen Brüche lässt sich zugleich ein grundsätzlich anderer Blick auf die zahlreichen Deutungsprobleme werfen, die nicht gewaltsam harmonisiert werden dürfen.

Sieht man den Auftritt des Herrn und der himmlischen Heerscharen unter der Regie des Theaterdirektors, der die Szene im „Vorspiel" indirekt angekündigt hatte, so relativiert sich der metaphysische Ernst des „Prologs", und der Spielcharakter der Szene tritt hervor. Dies gilt zumal für den Schöpfungspreis der drei Erzengel, der angesichts der geschilderten Gewalt der Schöpfung durchaus ironisch zu verstehen ist. Diese Ironie des Schöpfungspreises grundiert auch den folgenden Dialog zwischen dem Herrn und Mephisto, bei dem immerhin, mit Anspielungen auf das Buch *Hiob* des Alten Testaments, die Theodizee verhandelt wird, die Rechtfertigung Gottes angesichts des Leids der Menschen, für die Mephisto Partei ergreift. Es kommt zur Wette, die zur Unterscheidung von der ‚Binnenwette' zwischen Mephisto und Faust auch als ‚Rahmenwette' bezeichnet wird. Mephisto erhält die Erlaub-

„Prolog im Himmel": Rahmenwette und Wendung zur Erde

nis, Faust zu verführen, so lange er auf der Erde lebt, und er wettet, dass Gott ihn dadurch verliere. Wichtig ist, die Formulierungen genau zu lesen: Von einer unsterblichen Seele Fausts und der Herrschaft über diese ist nicht die Rede, denn Mephisto hat sich nach seinen Worten „mit den Toten [...] niemals gern befangen" (Vs. 318f.). Es scheint geradezu eine Aufteilung der Herrschaftsbereiche stattzufinden: Mephisto führt Faust im Diesseits, der Herr im Jenseits. Der Streit um den Ausgang der Wette wäre so gesehen müßig, und konsequent ist es auch, dass sich der Himmel am Ende der Szene schließt und der Herr verschwindet, denn das Drama spielt im Diesseits, der Blick wird programmatisch auf die Erde gelenkt. Zuvor jedoch wird Mephisto – ein traditionelles Argument der Theodizee – abgewertet als Agent des Schöpfungs- und Heilshandelns Gottes: er „muß, als Teufel, schaffen" (Vs. 343), um das Erschlaffen des Menschen zu verhindern. So gesehen, könnte es keinen Zweifel über den Ausgang der Wette geben.

Form des Dramas

Faust I hat keine Akteinteilung, die Szenenfolge ist nicht nummeriert. Der Anschluss an die volkstümliche Tradition ist wie in der ,Frühen Fassung' noch durchaus spürbar, auch wenn die sprachliche, insbesondere metrische Gestaltung deutlich kunstvoller, der Prosaanteil stark zurückgedrängt ist. In der Ergänzung der lückenhaften Szenenfolge zeigt sich indes ein durchgängiges Gestaltungsprinzip des klassischen Goethe, auch wenn immer noch keine einheitliche, geschlossene Handlung im aristotelischen Sinne entsteht. Die Reihung der Szenen folgt dem Kompositionsprinzip von Systole und Diastole: Szenen der Enge und Weite, der Begrenzung und Ausdehnung wechseln sich ab. Dies zeigt sich bereits bei Fausts Eingangsmonolog: Faust befindet sich „[i]n einem hochgewölbten, engen, gotischen Zimmer" (I 7/1, 33) und will ins Freie – im wörtlichen wie im übertragenen Sinne.

Eingangsmonolog: Suche nach immanenter Sinngebung

Faust tritt auf als einer, der im modernen Sinne eine ,Midlife crisis' erlebt. Er hat alle Fakultäten der mittelalterlichen Universität durchlaufen, verfügt also über das gesamte Wissensspektrum seiner Zeit, lehrt nun selbst schon „an die zehen Jahr" (Vs. 361) und sieht keinen Sinn mehr in seinem oberflächlich offenbar durchaus geordneten Leben. Dies ist der Grund, weshalb er sich „der Magie ergeben" hat (Vs. 377), wobei damit die sogenannte ,weiße', d.h. mit der Religion vereinbare Magie gemeint ist und noch nicht die ,schwarze' als Teufelswerk. Sein Drang nach Erkenntnis dessen, „was die Welt / Im Innersten zusammenhält" (Vs. 382f.), ist dabei zunächst ein Streben weniger nach metaphysischer als vielmehr nach immanenter Sinngebung. Nach dem frühneuzeitlichen Axiom der Entsprechung von Makrokosmos und Mikrokosmos, an dem Goethe festgehalten hat, wäre dann, wenn der Wesenskern der Welt gefunden würde, auch die Suche nach einem Wesenskern des Subjekts, also Fausts, nicht aussichtslos. Würde sich ihm der Sinn der Welt im Inneren der Natur erschließen, so wäre er nicht mehr auf eine transzendente Sinnsuche angewiesen, und das im „Prolog" mit der Schöpfung verknüpfte Theodizeeproblem hätte sich erledigt. Im Buch des Nostradamus ist es denn auch das Makrokosmoszeichen, das er erblickt und in dem er „[d]ie wirkende Natur vor meiner Seele liegen" (Vs. 441) sieht: „Wie alles sich zum Ganzen webt, / Eins in dem andern wirkt und lebt!" (Vs. 447f.) – doch es ist „ein Schauspiel nur!" (Vs. 454) Die Sinn- und Ganzheitserfahrung bleibt ästhetisch und wird nicht sinnlich-körperlich erfahrbar, überträgt sich also nicht auf den Mikrokosmos Faust. Bei der Beschwörung des Erdgeists verhält es sich umgekehrt: Nach dem Zuwenig an sinnlicher Erfahrung nun ein nicht ertragbares Zuviel. Auch innerhalb der einzelnen Auftritte regiert mithin das Prinzip der gegenszenischen Polarität. Der Erdgeist urteilt: „Du gleichst dem Geist den du begreifst, / Nicht mir!" (Vs. 512 f.) Goethes Grundaxiom der Übereinstimmung von Makrokosmos und Mikrokosmos zeigt sich bei Faust hier in der Negation, denn er kann die erforderliche erkenntnistheoretische Korrespondenz zwischen Erkennendem und Erkanntem nicht herstellen. Er vermag das Wesen der Welt nicht zu erfassen und kann daher seinem Leben keinen Sinn verleihen – und umgekehrt: Weil ihm sein Leben sinnlos ist, erfasst er auch nicht den Sinn der Welt. Zu einer Positivierung der Unbegreiflichkeit der Existenz – oder eben zu einer ästhetischen Lösung – scheint Faust nicht in der Lage. Man kann in ihm daher ein exemplarisches modernes Individuum sehen, das sich nach dem Verlust der alten weltanschaulichen Verbindlichkeiten auf die Suche nach der Bestimmung des Menschen machen muss (vgl. Eibl, in Hamacher/ Nutt-Kofoth 2007, Bd. 1).

Im weiteren Verlauf der Szene „Nacht" bewährt sich das Prinzip der Polarität: Nach dem Scheitern der Vereinigung mit der Natur in der Erdgeistszene wird Faust auf sich selbst zurückgeworfen, was sich unmittelbar durch den Auftritt des Famulus Wagner ausdrückt, der in jedem Sinne für Begrenzung und Beschränkung steht. Nach seinem Abgang folgt szenisch der erneute polare Umschlag in den Versuch einer Entgrenzung, die nun die letzte, finale Entgrenzung wäre, nämlich der Tod als Sprengung der Schranken des Lebens. Durch den Glockenklang und die Chorgesänge des Ostermorgens wird Faust im letzten Moment von seinem Suizidversuch abgehalten. Nicht der christliche Glaube bringt ihn von seinem Vorhaben ab – „Die Botschaft hör' ich wohl, allein mir fehlt der Glaube" (Vs. 765) –, sondern die sentimentale Erinnerung daran, was Ostern ihm einmal, in der Jugend, bedeutete. Die österliche Auferstehung steht für die Hoffnung Fausts auf seine eigene Wiederauferstehung, eine ersehnte zweite Jugend, und zwar im übertragenen Sinne der Wiederherstellung eines produktiven Weltverhältnisses. Damit wird bereits hier die Motivierung der Verjüngung in der Szene „Hexenküche" gegeben – eine Vorausdeutung als Beispiel für die stringentere dramaturgische Verknüpfung, die Goethe dem Stück im Vergleich zur ‚Frühen Fassung' gegeben hat. Die Verjüngung und Wiederauferstehung ist sinnbildlich zu verstehen, denn im eigentlichen Sinne ist Faust nicht so alt, dass er einer Verjüngung bedürfte, um beispielsweise noch erotisch attraktiv und sexuell aktiv sein zu können.

Beim Osterspaziergang mit Wagner ist es zunächst das einfache Volk, das nach der winterlichen Einschränkung auferstanden ist und mit der Faust daher Gemeinschaft sucht, was jedoch nicht gelingt. Die Verehrung durch die Bevölkerung bezeichnet er als Missverständnis, und auch Wagner versteht ihn und sein Streben nicht, da er sich „nur des einen Triebs bewußt" sei (Vs. 1110), während Fausts „zwei Seelen" in seiner Brust sich trennen möchten. Eine strebt zur Erde, zur Natur, zur Sinnenlust, die andere nach oben, zum Göttlichen und dem Geist. „O gibt es Geister in der Luft, / Die zwischen Erd' und Himmel herrschend weben, / So steiget nieder aus dem goldnen Duft / Und führt mich weg, zu neuem buntem Leben!" (Vs. 1118–21) Faust möchte also eine mittlere Sphäre zwischen Erde und Himmel gewinnen, um einen Ausgleich der Extreme zu erreichen, so dass das Auf- und Niederpendeln zwi-

Begrenzung und Entgrenzung

„Zwei Seelen"

schen den polaren Zuständen von Begrenzung und Entgrenzung beendet würde. Den „Zaubermantel" (Vs. 1122), den er zu diesem Zweck ersehnt, wird Mephisto ihm dann anbieten – ein weiteres Beispiel für eine dramatische Vorausdeutung. Am Ende der Szene „Vor dem Tor" taucht denn auch wie aufs Stichwort der Pudel auf, der mit in Fausts Studierzimmer kommt.

Bibelübersetzung   Bevor sich der Pudel zu erkennen gibt, versucht sich Faust an der Übersetzung des Anfangs des Johannesevangeliums. Nacheinander übersetzt er ‚logos' mit ‚Wort', ‚Sinn', ‚Kraft' und ‚Tat'. Es scheint so, als scheitere die Übersetzung, kaum dass sie begonnen hat, was aber keineswegs der Fall ist, auch wenn Faust die Pointe nicht erkennen kann. Eine unmittelbare und eindeutige Rede Gottes zu den Menschen findet nicht mehr statt – und wenn doch, ist der Mensch ihr nicht gewachsen, wie die Erdgeistszene gezeigt hatte. Die Offenbarung ist nur vieldeutig zu haben. Faust muss die Übersetzungsleistung des Göttlichen ins Irdische vollbringen, die Aufgabe der Bedeutungserzeugung wird ihm von Gott nicht abgenommen – und vor allem muss er erkennen, dass die göttliche Rede vieldeutig ist. Dieses moderne Sprach- und Zeichenverständnis kann er noch nicht erfassen – könnte er es, würde er die Vieldeutigkeit der Bibelstelle als Bereicherung statt als Ungewissheit empfinden und damit die Bibel im Grunde als poetisches Werk schätzen.

Pakt und Wette   Nach dem Versuch der Bibelübersetzung verkörpert sich Mephisto aus dem Pudel und stellt sich vor. Diese Stärkung der Rolle Mephistos, den man auch als *alter ego* Fausts sehen kann (vgl. Schmidt 1999), ist die entscheidende Änderung gegenüber der ‚Frühen Fassung'. Faust möchte ihn zum Pakt zwingen, doch wird er zunächst vom Geisterchor eingeschläfert, und Mephisto kann entkommen. Pakt und Wette erfolgen erst in der zweiten Studierzimmerszene. Um die subjektiven Voraussetzungen für den Pakt zu schaffen, ist ein Verzweiflungsausbruch Fausts notwendig, in dem er seine melancholische Grunddisposition enthüllt und buchstäblich alles verflucht, die gesamte Schöpfung mitsamt der Kardinaltugenden Glaube, Liebe und Hoffnung. Der Geister-Chor klagt denn auch: „Weh! weh! / Du hast sie zerstört, / Die schöne Welt, / Mit mächtiger Faust" (Vs. 1607–1610). Nach den Gesetzen der Korrespondenz der Sphären von Makro- und Mikrokosmos sowie der Polarität muss dieser innerlichen Weltzerstörung eine innerliche Neuschöpfung folgen, so dass sich die Aufforderung anschließen kann: „Baue sie wieder, / In deinem Busen baue sie auf! / Neuen Lebenslauf / Beginne" (Vs. 1620–1623). Damit ist die zentrale Aufgabe für ein modernes Individuum benannt, das immer wieder einen neuen Lebenslauf beginnen, immer wieder von vorn anfangen muss. Mephisto bezeichnet die Geister, die diesen Rat geben, als die Seinen – ein deutlicher Hinweis auf die produktive Kraft des Teuflischen, wie sie im „Prolog" in den Plan der Schöpfung eingebunden wurde. Bei dem neuen Leben will der Teufel helfen – nun ist Faust reif für ihn. Die Bedingungen des Teufelspaktes werden von Mephisto formuliert:

> Ich will mich hier zu deinem Dienst verbinden,
> Auf deinen Wink nicht rasten und nicht ruhn;
> Wenn wir uns drüben wieder finden,
> So sollst du mir das Gleiche tun. (Vs. 1656–1659)

Im Lichte der ‚Rahmenwette' muss diese Aussage verwundern, denn dort hatte Mephisto gegenüber dem Herrn erklärt, sich nicht mit Toten abzuge-

ben. Nun ist es Faust, der entgegnet: „Das Drüben kann mich wenig kümmern." (Vs. 1660) Hat Mephisto im „Prolog" nicht die Wahrheit gesagt? Ist
er dann aber von vornherein der Betrogene, weil er darauf wird festgelegt
werden? Solche Fragen stellen sich, so oft man den Wortlaut von Pakt und
Wette genau in den Blick nimmt. Überdies ist ‚wenn' hier gegen Mephistos
Intention nicht nur temporal, sondern auch kausal zu verstehen: ‚Falls wir
uns drüben wieder finden' – auch Mephisto unterliegt hinterrücks der Mehrdeutigkeit der Sprache, nicht nur Faust bei seiner Bibelübersetzung.

Der Pakt wird aber nun mit einer Wette verbunden. Faust glaubt zunächst
nicht, dass der Teufel ihm etwas Substantielleres anbieten könnte als Ablenkung, Zerstreuung und Sinnenlust. Er wettet darauf, dass der Genuss, den
der Teufel ihm bietet, ihm nie genüge, er sich nie „beruhigt […] auf ein
Faulbett legen" werde (Vs. 1692). Beide schlagen ein, doch dann wird die
Wettbedingung von Faust ergänzt:

> Werd' ich zum Augenblicke sagen:
> Verweile doch! du bist so schön!
> Dann magst du mich in Fesseln schlagen,
> Dann will ich gern zu Grunde gehn!
> Dann mag die Totenglocke schallen,
> Dann bist du deines Dienstes frei,
> Die Uhr mag stehn, der Zeiger fallen,
> Es sei die Zeit für mich vorbei! (Vs. 1699–1706)

Auch und gerade hier unterliegt das korrekte Verständnis der Wettbedingung
der polysemen Semantik. Entscheidend ist nämlich, auf welchen Augenblick
dabei gewettet wird – auf einen ‚schlechten' Augenblick bloßer Zerstreuung
und des Sinnentrugs (wie Mephisto bei Fausts Tod argumentieren wird) oder
aber auf einen ‚ewigen Augenblick', ein für Goethe charakteristisches Oxymoron (vgl. Anglet 1991), mit dem gemeint ist, dass ein Augenblick höchster
Erfüllung der Zeit und der Vergänglichkeit enthoben ist. Damit ist er gleichbedeutend mit der Selbstauflösung im Tod, und auf einen so verstandenen
Augenblick hätte der Teufel prinzipiell keinen Zugriff und darum die Wette
verloren. Fausts Formulierung, dass die Zeit vorbei sei, kann in beide Richtungen verstanden werden.

Faust möchte nun nach geschlossenem Pakt von Mephisto gleich das
„Ganze", das jedoch „nur für einen Gott gemacht" sei (Vs. 1780f.) und das
Mephisto auch gar nicht anbieten kann, der jedoch mit seiner Ablenkungsstrategie erfolgreich ist und Faust zunächst wegschickt, woran sich die Schülerszene anschließt, eine Wissenschaftssatire, mit der in der ‚Frühen Fassung'
Mephistos Auftritt begonnen hatte. Als Faust wiederkommt, breitet Mephisto
den zuvor erwünschten Zaubermantel aus, auf dem Faust also nun tatsächlich schweben und einen neuen Lebenslauf beginnen kann. Nach dem Prinzip der szenischen Kontrastierung führt der Weg indes zunächst nach unten,
in Auerbachs Keller, in die Niederungen der Zerstreuung. Die nächste Station ist die Hexenküche, in der die Verjüngung stattfindet. Der dazu verwendete Trank ist auch ein Liebestrank. Dass Faust dadurch „Helenen in jedem
Weibe" sehe (Vs. 2604), wird in der Szene „Straße" bei der erstbesten
Frauenbegegnung mit Margarete eingelöst. Jede Frau kann metonymisch für
Helena, die schönste aller Frauen, stehen. Faust geht es zunächst nur darum,

Margarete/Gretchen

sie zu verführen. Erst in der folgenden Szene, „Abend", wird er durch Margaretes Aura in ihrem Zimmer von enthusiastischer Liebe ergriffen, die jedoch genauso strukturiert ist wie die Liebe Werthers, dem es ebenfalls nicht um die Geliebte als Individuum, sondern um das Selbstgefühl und die Entgrenzungserfahrung ging. Kontrastiv dazu ist Margarete betont schlicht und durchschnittlich – das Stereotyp von ‚Gretchen'. Allerdings kann dabei leicht übersehen werden, dass die Figur in diesem Stereotyp nicht aufgeht. Erst in der Szene „Gretchens Stube", bei ihrem Lied am Spinnrad, wird sie in der Sprecherangabe „Gretchen" genannt, in der folgenden Szene „Marthens Garten" wieder „Margarete", nach der Liebesnacht mit Faust „Gretchen", in der letzten, der „Kerker"-Szene dann wieder Margarete. Sie macht (im Unterschied zu Faust) eine Wandlung als Liebende durch und ist daher diejenige Figur des ersten Teils von *Faust*, die wirklich ein tragisches Schicksal hat (vgl. Greiner 2012, 376f.). Wie sehr dagegen Faust als Liebender Werther ähnelt – bzw. dessen Liebeskonzeption in die zynische Konsequenz führt –, zeigt sich in der Szene „Wald und Höhle", als er Gretchen zwischenzeitlich fast vergessen hat und stattdessen die Ganzheitskorrespondenz, in einer Wenn-dann-Formulierung wie Werther (vgl. Vs. 3228–3234), in der Natur findet. Das ist jedoch nicht in Mephistos Sinne, der ihn von jeglicher Sinnerfüllung ablenken muss und daher zum sexuellen Vollzug drängt.

Die ‚Gretchenfrage' –
Goethes
Sprachtheorie

In der Szene „Marthens Garten" kommt es zu einer letzten Unterredung des Paars. Sprichwörtlich geworden ist die – von Margarete gestellte – ‚Gretchenfrage': „Nun sag', wie hast du's mit der Religion?" (Vs. 3415), und noch einmal: „So glaubst du nicht?" (Vs. 3430) Fausts Entgegnung weist über den Horizont der Figur hinaus auf Goethes Sprachtheorie, wie sie sowohl bei Fausts Versuch der Bibelübersetzung als auch bei der Formulierung der Wette angeklungen war:

> Erfüll' davon dein Herz, so groß es ist,
> Und wenn du ganz in dem Gefühle selig bist,
> Nenn' es dann wie du willst,
> Nenn's Glück! Herz! Liebe! Gott!
> Ich habe keinen Namen
> Dafür! Gefühl ist alles;
> Name ist Schall und Rauch,
> Umnebelnd Himmelsglut. (Vs. 3451–58)

Diese viel zitierten Verse sind komplexer als es zunächst den Anschein hat. Faust hat angeblich keinen Namen für das Geheimnis der Welt und nennt doch gleich vier: Glück, Herz, Liebe, Gott. Das aber sind nun keine Namen in dem Sinne, dass damit eine bestimmte Wesenheit eindeutig bezeichnet wäre und bezeichnet werden könnte. Es ist wie bei der Bibelübersetzung: Die Zeichen sind kontingent, jede der synonymisch gedachten Bezeichnungen ist gleichermaßen wahr und falsch, die Bedeutung erfüllt sich erst in der Gesamtheit aller möglichen Bezeichnungen. „Gefühl ist alles" meint zunächst nicht eine sprachlose Gefühlsreligion, auch wenn diese Konsequenz der Sprachnot naheliegt. Man muss jedoch paraphrasieren: ‚Auf das Gefühl kommt alles an.' Dieses Gefühl muss aber nun doch mit einem Namen bezeichnet werden, um überhaupt zur Erscheinung zu kommen und kommunizierbar zu sein. Dann wird das Gefühl „Schall und Rauch", wodurch es gerade nicht bedeutungslos wird, sondern: Es wird Schall – es ertönt, es kommt zur Sprache, erklingt; und es wird Rauch – es wird sichtbar. Der Rauch steht nach Goethes Farbenlehre in der Kategorie des Trüben der Atmosphäre, des Mediums, an dem die Farben beim Durchgang des Lichts erst zur Erscheinung kommen. Das Absolute wird nur auf diesem Wege den menschlichen Sinnen zugänglich.

Dem dramatischen Strukturgesetz der Polarität folgend geht es aus diesen Höhen der Sprachtheorie hinunter in die Niederungen der Kleinbürgerkriminalität, die jedoch nur in ihren Folgen auf der Bühne gezeigt wird. Gretchens Mutter wird mit Mephistos Hilfe durch einen vermeintlichen Schlaftrunk ermordet, damit Faust eine ungestörte Liebesnacht mit Gretchen verbringen kann, ihr Bruder Valentin wird (in der Szene „Nacht") von Faust mit Mephistos Hilfe im Duell getötet. Am Ende der Szene „Dom" wird durch Gretchens Ohnmacht ihre Schwangerschaft angedeutet. Die Kindstötung wird wie die Liebesnacht und die Tötung der Mutter nicht auf der Bühne gezeigt. Faust vergnügt sich derweil mit Mephisto in der Walpurgisnacht. Die ursprünglich konzipierte Satansmesse hat Goethe 1808 bei der Publikation herausgenommen, möglicherweise nicht nur aus Dezenzgründen, sondern weil dadurch der Teufel eine wesentlich stärkere, gegengöttliche Position erlangt hätte, als ihm nach der Rahmenkonstruktion des Dramas zustehen sollte. Albrecht Schöne hat jedoch unter Verwendung der ausgeschiedenen Partien in seiner Edition eine „Bühnenfassung" der „Walpurgisnacht" erstellt (vgl. I 7/1, 737–754). Am Schluss der von Goethe veröffentlichten Fassung der Szene (die er zusammen mit dem folgenden Walpurgisnachtstraum vor allem auch als Forum der Zeitsatire genutzt hat) hat Faust die Vision von Gretchen mit einem roten Schnürchen um den Hals als Vorausdeutung – Zeichen ihrer bevorstehenden Enthauptung. Mephisto will abwiegeln: „Das ist die Zauberei, du leicht verführter Tor! / Denn jedem kommt sie wie sein Liebchen vor." (Vs. 4199) In der Konsequenz bedeutet das, dass Mephisto Gretchens Schicksal als sinnbildlich für das Verhältnis von Mann und Frau bezeichnet: Jeder hätte demnach wie Faust ein Mädchen auf dem Gewissen.

Auf den Rausch folgen Fausts Verzweiflung über Gretchens Schicksal und seine Vorwürfe an Mephisto in der Prosa-Szene „Trüber Tag. Feld". Faust möchte Margarete aus dem Kerker befreien, wo sie auf die Vollstreckung des Todesurteils wartet, das auf Kindsmord stand. Dadurch, dass sie sich in autonomer Entscheidung dem Gericht Gottes ergibt (vgl. Vs. 4605) und sich nicht mit Mephistos Hilfe entführen lässt, ist sie bereits „gerettet", wie eine „Stimme von oben" am Schluss nur bestätigt (Vs. 4611). Bei dieser Einfügung gegenüber der ‚Frühen Fassung' handelt sich nicht um das versöhnende Eingreifen eines *Deus ex machina* gegen Mephistos Diktum „Sie ist gerichtet!", und daher auch um keine Konzeptionsänderung, sondern nur um ein Explizitmachen desjenigen, was bereits in der ‚Frühen Fassung' angelegt ist: Irdisch und weltlich ist Margarete gerichtet, geistlich bzw. dramatisch-poetisch aber gerettet.

Der Tragödie zweiter Teil
Faust hat zu Beginn des ersten Aktes von *Faust II* die Ereignisse vergessen – er beginnt also wieder einen neuen Lebenslauf, konnte in der Szene „Anmutige Gegend" im Schlaf in der Beständigkeit der Erde vor der Unbeständig-

Sexualität und Verbrechen

Margaretes Ende

„Mummenschanz":
Ökonomische und
poetische
Modernisierung

keit seines Lebens Heilung finden, bevor es zu der von der Stofftradition vorgegebenen Fahrt in die Welt geht. Die Figurenkonzeption scheint sich geändert zu haben: Faust und auch Mephisto erscheinen weniger denn je als konsistente Subjekte, sondern agieren in unterschiedlichen allegorischen Rollen, woraus Teile der Forschung den Schluss gezogen haben, *Faust II* insgesamt als Allegorie zu interpretieren (vgl. Schlaffer 1981). Der 1. Akt, „Kaiserliche Pfalz", hat zwei Hauptthemen, die schließlich miteinander verklammert werden: die moderne Ökonomie mit der Erfindung des Papiergelds als betrügerischer Manipulation zur Abwendung des Staatsbankrotts (vgl. Hierholzer/Richter 2012, 36–61) sowie die ästhetische Modernisierung mit der Ablösung des Hofkünstlertums durch autonome Kunst. Beide Modernisierungsprozesse laufen simultan ab. Die „Mummenschanz" ist Höhepunkt und Abschluss von Goethes Hoftheaterdichtung, seiner Festspiele und Maskenzüge. Der Wagenlenkerknabe stellt sich selber als Allegorie der Poesie vor. Diese ist einerseits noch heteronom, der Ökonomie (Plutus) zugeordnet, eben Hofkünstlertum, andererseits geht sie in dieser Funktionalisierung aufgrund des un-, wenn nicht anti-ökonomischen Aspekts der Selbstverschwendung bereits nicht mehr auf. Die Autonomieästhetik kündet sich an.

Beschwörung
Helenas

Inzwischen sind dank der Erfindung des Papiergeldes die Staatsschulden beglichen. Der Kaiser ist jedoch mit der Aufführung noch nicht zufrieden, nun will er Helena und Paris sehen. Mephisto kann Helena nicht beschwören; auf die Welt der griechischen Antike, der klassischen Schönheit, hat der nordische, christliche Teufel keinen Zugriff, erst recht nicht, weil es um die Beschwörung absoluter Schönheit als Sinngebungsinstanz geht. Mephisto schickt Faust zu den Müttern, von denen er Helena losbitten müsse. Dort, im „allertiefsten Grund", sehe man „Gestaltung, Umgestaltung, / Des ewigen Sinnes ewige Unterhaltung, / Umschwebt von Bildern aller Kreatur." (Vs. 6284–89) Damit ist im Goethe'schen Sinne die unmittelbare, nicht durch Erscheinung gebrochene Schau des schöpferischen Weltgesetzes umschrieben. Das Reich der Mütter ist gewissermaßen die Werkstatt der Schöpfung (im Falle Helenas der Schöpfung der Schönheit), bei der man nicht zusehen kann; sie wird nicht auf der Bühne gezeigt.

Im Rittersaal wartet inzwischen die Hofgesellschaft auf die versprochene Erscheinung. Faust kommt auch tatsächlich und kann Paris und Helena im „Nebel" beschwören (Vs. 6440). Rauch als trübes Medium ist also erforderlich, um das Absolute zur Erscheinung zu bringen – gemäß Fausts Äußerung über „Schall und Rauch" im Glaubensgespräch mit Margarete im ersten Teil –, und zwar als Kunstwerk. Nun will er aber Helena besitzen, was zur Katastrophe führt. Ästhetisch zeigt sich hier die Aporie moderner autonomer Kunst, die die Darstellung des Absoluten, aber nicht die Verfügungsgewalt darüber ermöglicht. Es fragt sich, was bleibt: interesseloses Wohlgefallen – die ästhetische Lösung Kants? Oder Resignation und Entsagung?

Neubeginn im
zweiten Akt.
Züchtung des
Homunkulus

Vorerst ist abermals ein Neuanfang erforderlich. Auf beiden dargestellten Feldern der Modernisierung – Wirtschaft und Kunst – ist das Fazit zwiespältig: Der Staatsbankrott ist nur aufgeschoben – das Thema Krieg und Revolution kündigt sich an –, und der Umgang mit der autonomen Kunst ist fürs erste gescheitert. Wenn zu Beginn des zweiten Akts der Schauplatz wieder das hochgewölbte enge, gotische Zimmer ist, „ehemals Faustens", wie es in der Bühnenanweisung heißt, und zwar „unverändert" (I 7/1, 269), so kehrt das Drama nach dem Goethe'schen Strukturgesetz der Spirale an den Ausgangspunkt zurück. Während Faust noch ohnmächtig auf dem Bett liegt, wird in der nächsten Szene, der Laboratoriumsszene, „ein Mensch gemacht" (Vs. 6835). Wagner klont. Gerade diese Szene hat – neben der Papiergeldschöpfung – in der aktualisierenden, modernekritischen Goethe-Deutung seit einiger Zeit wieder große Konjunktur. Es findet sich dabei die für Goethe charakteristische Verbindung von Zukunftsträchtigem und Überholtem: Die Zukunftsvision wird in einem Laboratorium „im Sinne des Mittelalters" ausgeführt, wie die Bühnenanweisung lautet, mit „weitläufige[n], unbehülfliche[n] Apparate[n], zu phantastischen Zwecken" (I 7/1, 278). Die synthetische In-vitro-Zeugung eines Menschen soll nach einem wissenschaftlich überholten Muster, nämlich durch Kristallisation, erfolgen (vgl. Vs. 6860). Das entstehende Kunstgeschöpf, der Homunkulus, braucht vorerst den geschlossenen Raum der Phiole, seine Menschwerdung ist noch nicht abgeschlossen.

Mephisto, Faust (der noch von Helena träumt) und der schwebende, leuchtende Homunkulus fliegen anschließend an den Peneios auf die Pharsalischen Felder zur klassischen Walpurgisnacht. Mephisto bemäkelt als erstes die Antike: „Zwar sind auch wir von Herzen unanständig, / Doch das Antike find' ich zu lebendig; / Das müßte man mit neustem Sinn bemeistern / Und mannigfaltig modisch überkleistern …" (Vs. 7086–89) Das modische Überkleistern dieser lebendig unanständigen Antike ergäbe den zeitgenössischen Klassizismus, den Goethe inzwischen, in seinem Alterswerk, hinter sich gelassen hat. Faust verschwindet eine Weile von der Bühne, um Helena von Persephone aus der Unterwelt loszubitten (was ebenso wenig dargestellt wird wie der Gang zu den Müttern). Homunkulus nähert sich beim Meerfest dem Muschelwagen der Galatee, der Tochter des Meergotts Nereus, und zerschellt an ihm in einem Bild sexueller Erfüllung als rauschhafter Auflösung in die Elemente, erlebt also gewissermaßen einen solchen höchsten Augenblick, auf den Faust gewettet hat: „Jetzt flammt es, nun blitzt es, ergießet sich schon." (Vs. 8473) Klassische Walpurgisnacht

Der dritte Akt, der Helena-Akt, ist der entstehungsgeschichtlich früheste von *Faust II*, ab 1800 begonnen. Unter dem Titel *Klassisch-romantische Phantasmagorie* publizierte Goethe 1827 eine erste Fassung. Wie der Untertitel ankündigt, geht es um eine Vereinigung des Klassischen mit dem Romantischen (vgl. Zabka 1993), wobei die Walpurgisnacht bereits gezeigt hat, dass mit dem Klassischen zunächst neutral das Antike gemeint ist. Das Romantische ist, dem Wortgebrauch der Zeit entsprechend, das Mittelalterliche, im weiteren Sinn dann auch das Moderne. Dieser Opposition lagert sich diejenige von Süd und Nord an. Der dritte Akt ist die Inszenierung des Versuchs, aus der Vereinigung der Gegensätze eine neue Kunstform zu generieren, die Rezeption der Antike wirklich fruchtbar zu machen und gleichzeitig – in der Figur Helenas – die absolute Schönheit zu integrieren. „Bewundert viel und viel gescholten Helena" (Vs. 8488), so eröffnet sie ihren Auftrittsmonolog im antiken Versmaß des jambischen Trimeters, mit dem sie sich vorstellt und Ordnung in ihren eigenen Mythos zu bringen versucht. Phorkyas tritt auf – Mephistos Maske in diesem Akt – und verstrickt Helena in eine Debatte über die unterschiedlichen Versionen ihres Mythos, dessen Ironisierung sich als Modernisierung erweist. Eine mythologische Figur wie Helena hat dieselben Probleme wie ein modernes Individuum: die unterschiedlichen Helena-Akt

Versionen eines Mythos hier – die konkurrierenden Rollen des Individuums dort. Vor der drohenden Opferung (als Sühne für den Trojanischen Krieg) wird Helena samt ihrem Chor in den inneren Hof von Fausts Burg entführt, „umgeben von reichen phantastischen Gebäuden des Mittelalters" (I 7/1, 357). Räumlich wird also das Programm der Integration der Antike in die nordische Moderne erprobt. Im Zwiegespräch von Faust und Helena wird diese Vereinigung sprachlich inszeniert: Helena wundert sich über die Reimsprache, die sie nicht kennt, aber schnell lernt. Der sprachlichen Vereinigung folgt die körperliche auf offener Bühne, doch schon bedrohen Truppen die Burg, und die Liebe läuft ins bekannte Gleis des Besitzdenkens: „Nur der verdient die Gunst der Frauen, / Der kräftigst sie zu schützen weiß." (Vs. 9444f.)

Arkadien und Euphorion

Ein letzter Rettungsversuch für das Projekt der Vereinigung von Antike und Moderne wird durch die Verwandlung des Schauplatzes unternommen (auf offener Bühne), was einer Flucht aus der Zeit (nach Arkadien) gleichkommt. Faust und Helena haben inzwischen einen Sohn, Euphorion. Es ertönt Musik, die den Rest der Arkadien-Szene bis zum Tod des Euphorion untermalt. Phorkyas begründet diese Inszenierung poetologisch: Sie wendet sich gegen die Mythologie in der Dichtung, die nun durch eine musikalische Empfindungskunst abgelöst werden soll. Die Kleinfamilie Faust, Helena, Euphorion erscheint als neues Experiment, das utopische Projekt in eine bürgerliche Lebensform zu integrieren. Das Idyll scheint zunächst vollkommen, doch Euphorion strebt nach oben. Seit Eckermann bekannt gegeben hat, dass Euphorion eine Wiederverkörperung des Wagenlenkerknaben aus der „Mummenschanz" sei (vgl. II 12, 370), sieht man ihn als Allegorie der Poesie. Er steigt immer höher und träumt vom Krieg – eine Auflösung der Allegorie in Bezug auf romantische Dichtung ist leicht herzustellen. Euphorion reimt: „Und der Tod / Ist Gebot, / Das versteht sich nun einmal." (Vs. 9888–90) Sein Schicksal erscheint dem Sprachzwang, gar dem Reimzwang unterliegend, als wollte Goethe mit Euphorion Heinrich von Kleists Penthesilea parodieren. Euphorion stürzt zu Tode. Der Chor singt einen Trauergesang, dann tritt eine völlige Pause ein und die Musik hört auf. In die Stille hinein spricht Helena zu Faust die zentralen Verse dieses Akts, deren Bedeutsamkeit dadurch unterstrichen wird, dass Goethe sie wieder und wieder umarbeitete (vgl. I 7/1, 703f.): „Ein altes Wort bewährt sich leider auch an mir: / Daß Glück und Schönheit dauerhaft sich nicht vereint." (Vs. 9939f.) Das große Experiment der Moderne zur Gründung einer neuen, auf absolute Schönheit gegründeten Epoche ist gescheitert. Helena folgt ihrem Sohn in die Unterwelt. Phorkyas birgt Euphorions Kleid, Mantel und Lyra, die sie an Poeten verleihen möchte. Von den Resten der Vollkommenheit können die Nachgeborenen noch leben. Der antike Chor ist froh, dass es zu Ende ist. Der „alt thessalischen Vettel wüste[r] Geisteszwang" wird ebenso verwünscht wie „des Geklimpers vielverworrner Töne Rausch", also Musik und moderne, gereimte Verssprache (Vs. 9963f.).

Vierter Akt. Kritik der Moderne

Die Wolke, zu der Helenas Schleier geworden ist, hat Faust auf die zackigen Felsen-Gipfel des Hochgebirges geführt, wo er zu Beginn des vierten Akts steht. Der vierte Akt ist entstehungsgeschichtlich der letzte – und der düsterste. Schönheit und Liebe sind verloren. Faust spricht zwar zu Beginn noch in jambischen Trimetern, dem antiken Versmaß der Helena, aber die Wolke, die ihr Schleier war, vermag er nicht mehr festzuhalten – sie strebt

nach Osten, „erhebt sich in den Äther hin, / Und zieht das Beste meines Innern mit sich fort", wie Faust sagt (Vs. 10065 f.). Das Beste seines Innern ist
also in den folgenden beiden Akten nicht mehr zugegen, der moderne
Mensch ist nach dem gescheiterten Versuch der Antikeaneignung (bis zur
Himmelfahrt am Schluss des Dramas) für immer unvollständig, unter seinen
Möglichkeiten bleibend, wofür der Zustand der modernen Welt verantwortlich gemacht wird. Und um diese geht es nun: Mephisto tritt in Siebenmei-
lenstiefeln auf, Signum der neuen Zeit, und gibt Faust eine Unterweisung in
Erdentstehungslehre. Mephisto ist Anhänger der Vulkanisten bzw. derjenigen
Variante des Vulkanismus, die besagt, dass durch vulkanische Eruptionen der
Grund der Welt nach oben geschleudert wurde. Die Spitze des Gebirges war
„der Grund der Hölle" (Vs. 10072), wie er berichtet, gesprengt durch das
teuflische Gas. Nun ist auf der Erde das Unterste zuoberst. Das ist eine Kritik
an der modernen, nachrevolutionären Welt. Der Teufel also war bei der
Weltentstehung dabei – und die Oberfläche der Erde ist schon deshalb Herr-
schaftssphäre des Teufels, weil es sich dabei ehemals um die Hölle handelte.

Mephisto erinnert Faust an den Pakt und bietet ihm noch einmal seine
Dienste und seine Gaben an, nachdem er mit der Inszenierung Arkadiens zunächst sein Pulver verschossen zu haben schien. Faust begehrt nun „Herrschaft", „Eigentum" (Vs. 10187). Das sinnlose Wogen des Meeres verdross
ihn. Aus der dadurch erzeugten Melancholie speisen sich sein Herrschafts-
streben und seine Tätigkeit im Sinne des Landgewinnungsprojekts, dem der
Rest des Dramas gewidmet ist. Vor dem Krieg gegen die Elemente zieht aber
Faust für den Kaiser in den Krieg. Mit Hilfe der Drei Gewaltigen, und mit Mephistos Hilfe, rettet Faust noch einmal – wie schon ökonomisch im ersten Akt
– die verlorene Sache des Kaisers, diesmal gegen die eigentlich überlegene
Heeresmacht des Gegenkaisers. Nach gewonnener Schlacht, deren Brutalität
und sinnlose Verluste deutlich werden, setzt der Kaiser eine Art Reichsreform
ins Werk, von der als Kriegsgewinnerin die Kirche profitiert, die den Zehnten
auf das von Faust zu gewinnende Land fordert, das es noch gar nicht gibt. Die
klerikale Reaktion triumphiert in der kriegerischen Moderne.

Krieg und Landgewinnung

Der fünfte Akt beginnt in offener Gegend. Um die ländlich-idyllische Ge-
genwelt von Philemon und Baucis ist das Deichbauprojekt in vollem Gange.
Die Drei Gewaltigen verüben im Auftrag Mephistos, den Faust anwies, die
Alten beiseite zu schaffen, einen Brandanschlag auf ihr Gut. Der Türmer Lyn-
ceus feiert zunächst die Möglichkeit ästhetischer Anschauung der Welt von
seinem Turm, die jedoch in der modernen Welt unwiederbringlich verloren
erscheint, denn er ist gezwungen, die Zerstörung mitanzusehen und zu be-
richten – die Pervertierung der Situation des unbeteiligten Zuschauers oder
auch des Dichters, der von seiner erhöhten Warte zwischen Himmel und
Erde die Schönheit der Welt preisen möchte und nur mehr von Mord und Zerstörung künden kann. Die alte Welt ist zerstört. Auf ihren Trümmern möchte
Faust seinen neuen Aussichtsturm bauen. Er bereut den Auftrag, er wollte
nicht den Tod der Alten, muss jedoch das Los des Schreibtischtäters erfahren.

Fünfter Akt

Durch die seine Melancholie wieder akzentuierende Sorge erblindet, ist
Faust dennoch zuversichtlich, das Werk vollenden zu können. Er scheint in
seinen letzten Worten zu frohlocken, während er das Spatenklirren der Le-
muren, die sein Grab schaufeln, für das Geräusch des Deichbaus hält – ein
klassischer Fall dramatischer Ironie:

Fausts Ende

> Das ist der Weisheit letzter Schluß:
> Nur der verdient sich Freiheit wie das Leben,
> Der täglich sie erobern muß. [...]
> Solch ein Gewimmel möcht ich sehn,
> Auf freiem Grund mit freiem Volke stehn.
> Zum Augenblicke dürft' ich sagen:
> Verweile doch, Du bist so schön!
> Es kann die Spur von meinen Erdetagen
> Nicht in Äonen untergehn. –
> Im Vorgefühl von solchem hohen Glück
> Genieß ich jetzt den höchsten Augenblick. (Vs. 11574–86)

Ausgang der Wette

Faust stirbt, Mephisto kommentiert: „Den letzten, schlechten, leeren Augenblick / Der Arme wünscht ihn fest zu halten." (Vs. 11589f.) Die Frage nach dem Ausgang der Wette ist also, wie zu erwarten, eine Frage der Semantik und der Bedeutung des „Augenblicks". Je genauer man Fausts Formulierung mit ihrem konjunktivischen Selbstzitat liest, desto mehrdeutiger wird sie.

Erlösung?

Mephisto fühlt sich, von den Engeln bei der Grablegungsszene homoerotisch abgelenkt, um Fausts Unsterbliches betrogen: „Ein großer Aufwand, schmählich! ist vertan" (Vs. 11837) – so lautet sein Fazit, das auch im Hinblick auf seine ‚Rahmenwette' mit dem Herrn um die Theodizee zu lesen ist. *Faust* schließt mit der Bergschluchtenszene, in der Fausts Unsterbliches trotz seines „Erdenrest[s] / Zu tragen peinlich" (Vs. 11954f.) nach oben weitergereicht wird. Zuvor schon hatten Engel der höheren Atmosphäre, durch Anführungszeichen als Zitat gekennzeichnet, geltend gemacht: „Wer immer strebend sich bemüht / Den können wir erlösen." (Vs. 11936f.) („Wer immer" bedeutet hier nicht ‚wer unablässig', sondern ‚wer auch immer'.) Zitiert wird hier die altkirchliche Lehre des Origenes von der Wiederbringung aller Dinge am Ende der Zeiten (*Apokatastasis panton*), der Rückversetzung der Welt in den Zustand vor dem Sündenfall, was aber nicht als dogmatische Lehre des Dramas gelesen werden darf, wie die Schlussworte des Chorus mysticus verdeutlichen:

> Alles Vergängliche
> Ist nur ein Gleichnis;
> Das Unzulängliche
> Hier wird's Ereignis;
> Das Unbeschreibliche
> Hier ist es getan;
> Das Ewig-Weibliche
> Zieht uns hinan. (Vs. 12104–11)

„Nur ein Gleichnis"

Das Eigentliche ist nur ‚uneigentlich', im Nebel und Rauch der Kunst, also ästhetisch zu fassen: Der *Faust*-Schluss spielt wie der „Prolog" im Theaterhimmel. Faust als Figur war in jeder Hinsicht unzulänglich, aber gerade so taugt er als polysemes „Gleichnis". Ein solches ist auch das „Ewig-Weibliche" – Symbol für die korrespondierende Instanz, nach der das moderne (männliche) Individuum zur Verankerung und Vervollständigung seines Weltbezugs immer auf der Suche war, und die schließlich die Welt ebenso transzendiert wie jede einzelne ihrer allegorischen Verkörperungen, heißen sie nun Gretchen, Helena, Galatee oder, wie in der Bergschluchten-Szene, Maria.

VI. Rezeptionsgeschichte

Die Forschungsgeschichte im engeren Sinne (vgl. Kap. II) ist von der allgemeinen Rezeptionsgeschichte im Falle Goethes kaum zu trennen. In einem programmatischen Aufsatz mit dem Titel *Goethe-Philologie* konstatierte Wilhelm Scherer bereits 1877: „Man könnte denken, in ihm [Goethe] ruhe die wahre Einheit unserer Bildung und Wissenschaft. Ihm zu Liebe werden Naturforscher, Historiker, Künstler zu Philologen und Commentatoren." Dies führe dann allerdings auch dazu, dass „jeder seinen eigenen Goethe hat" (Scherer 1886, 4). Diese Bedeutung als ‚Nationalautor‘ gewann Goethe – im Unterschied zu Schiller – erst nach der Reichsgründung 1871. In Dokumentation (Mandelkow 1975–1984) und Darstellung (Mandelkow 1980/1989) wurde die Rezeption Goethes in Deutschland bis in die 1980er Jahre – die Untersuchung der weltweiten Rezeption wäre eine in jedem Sinne grenzenlose Forschungsaufgabe – von Karl Robert Mandelkow aufgearbeitet. In der Materialfülle unverzichtbar, bedürfen doch einzelne notgedrungen summarische Urteile immer wieder der Nachprüfung im Licht neuer Erkenntnisse.

Das prominenteste Teilgebiet der Goethe-Rezeption ist die *Werther*-Rezeption, die bereits mehrfach als Modellfall thematisiert wurde (vgl. Scherpe 1970, Jäger 1984), auch im Hinblick auf aktuelle Diskussionen um Medienwirkung und Mediengewalt (vgl. Andree 2006). Die Rezeption von Goethes naturwissenschaftlichen Schriften bildet einen wichtigen Spezialfall. Gerade dieser Teil seines Werks, der ihm selbst nicht zuletzt als Krisenbewältigung wichtig war, erscheint in Krisenzeiten der Moderne immer wieder unmittelbar aktuell. Nach der Inanspruchnahme durch die Anthroposophie Rudolf Steiners (vgl. Steiner 1897) erlebte Goethes Naturforschung eine erste Renaissance im Zeichen der Krise und Überwindung der klassischen Newtonschen Physik bei Albert Einstein und Max Planck – eine zweite, unrühmliche Renaissance während des Nationalsozialismus, nämlich im Zuge von dessen modernitätskritischer Spielart. Goethes antirationalistisches und organologisches Naturbild war am ehesten für die Ideologie anschlussfähig. Eine weitere Renaissance, die Entdeckung des ‚grünen‘ Goethe, erfolgte seit den 1980er Jahren (vgl. Muschg 1986). Angesichts der fortschreitenden Zerstörung von Natur und Umwelt durch moderne Technik scheint Goethe Vorbildcharakter für die Suche nach alternativen Möglichkeiten des Umgangs mit der Natur zu gewinnen. Die Reihe der zivilisationskritischen und aufklärungsskeptischen Inanspruchnahmen Goethes als Antipode zur herrschenden Naturwissenschaft ist lang. Aus der Perspektive der klassischen Naturwissenschaft artikulierte der Physiologe Emil Heinrich du Bois-Reymond in seiner Rede zum Antritt des Rektorats der Königlichen Friedrich-Wilhelms-Universität zu Berlin am 15.11.1882 seinen Überdruss gegenüber solchen Aktualisierungen Goethes unter dem Titel *Goethe und kein Ende* (du Bois-Reymond 1883). Gegen wissenschaftstheoretische Versuche, Goethes Polemik gegen Newton zu retten, hat sich nicht von physikalischer, sondern von germanistischer Seite Albrecht Schöne ausgesprochen (vgl. Schöne 1987).

Naturwissenschaft als Spezialfall

Kritik der Moderne

In anderem Zusammenhang reihte sich Heinz Schlaffer in die Reihe der Kritiker einer aktualisierenden Goethe-Rezeption ein und sprach von dessen „Versuch, die Neuzeit zu hintergehen" (Schlaffer, in Chiarini 1987). Umgekehrt scheint sich gerade deshalb jede Kritik der Moderne auf Goethe berufen zu können (vgl. Osten 2003 sowie im Blick auf *Faust* Jaeger 2004 und 2007). Anlässlich einer großen Ausstellung über „Goethe und das Geld. Der Dichter und die moderne Wirtschaft" im Freien Deutschen Hochstift in Frankfurt am Main wurde Goethes Werk auch im Zusammenhang aktueller Wirtschafts- und Finanzkrisen neu gelesen (Hierholzer/Richter 2012).

Theater: ‚Werktreue‘ vs. ‚Postdramatik‘

Auch auf dem Theater bilden Inszenierungen Goethe'scher Dramen immer wieder wichtige Rezeptionsereignisse. Die Uraufführung des *Götz von Berlichingen* 1774 war die erste historisierende Theaterinszenierung mit historischen Kostümen in Deutschland (vgl. Valk 2012, 230–241). In der Gegenwart sind vor allem *Faust*-Inszenierungen von herausgehobener Bedeutung. Beispiele sind Peter Steins Inszenierung mit vollständigem Text (Hannover 2000, Berlin 2000/01, Wien 2001) als Diskussionsbeitrag zu der Frage einer ‚werkgetreuen‘ Aufführung (vgl. Schieb 2000) sowie Nicolas Stemanns Inszenierung am Thalia-Theater Hamburg 2011 (vgl. Gutjahr 2012), 2012 zur Inszenierung des Jahres gewählt. Stemann reduziert die Zahl der Schauspieler im ersten Teil auf drei, darin auf Aristoteles zurückgehend, wobei zum Beispiel die Rollen von Faust und Mephisto verschmelzen. Der zweite Teil wird als Selbstreflexion des zeitgenössischen ‚postdramatischen Theaters‘ inszeniert.

Produktive Rezeption

Im Hinblick auf die literarische Wirkung ist Goethe in etlichen Genres traditionsbildend geworden: so im Falle des *Götz von Berlichingen* für das Geschichtsdrama (vgl. Schröder, in Hamacher/Nutt-Kofoth 2007, Bd. 1) oder des *Torquato Tasso* für das Künstlerdrama (vgl. Birkner 2010), wo man von produktiver Goethe-Rezeption sprechen kann. Ein eigenes Kapitel bildet die produktive *Faust*-Rezeption; als jüngstes Beispiel sei *Dr. Hoechst. Ein Faustspiel* des Österreichers Robert Menasse erwähnt (Uraufführung 2009). In vielen modernen Romanen tritt Goethe als Figur oder gar Protagonist auf. Zu den bekanntesten gehören Thomas Manns *Lotte in Weimar* (1939), Milan Kunderas *Die Unsterblichkeit* (1990) oder Martin Walsers *Ein liebender Mann* (2008). Im Hinblick auf die öffentliche Repräsentanz des Schriftstellers konkurrierten noch in der Weimarer Republik Gerhart Hauptmann und Thomas Mann um die legitime Goethe-Nachfolge (physiognomisch gewann Hauptmann). Ein aktuelles Beispiel für eine produktive Goethe-Rezeption führt die Bedeutung Goethes für die deutsche Kultur des 20. Jahrhunderts eindrucksvoll vor Augen: In Jenny Erpenbecks Roman *Aller Tage Abend* (2012) wandert eine Goetheausgabe von Galizien am Ende 19. Jahrhunderts bis in ein Wiener Antiquariat 1990. Bei einem Pogrom zu Beginn der Romanhandlung wird der Band der Ausgabe, der *Iphigenie* enthält, beschädigt – sinnbildlich für die große Bedeutung, die Goethe für das assimilierte deutsch-jüdische Bürgertum besaß, und für das Schicksal des Projekts der Assimilation. Die Goethe-Ausgabe behält jedoch ihre Bedeutung durch die gesamte Romanhandlung und alle Phasen der Geschichte des 20. Jahrhunderts hindurch. Ob sie in der Zukunft noch eine Bedeutung hat oder im Antiquariat verstauben wird, ist eine Frage, die zukünftige Generationen von Goetheleserinnen und -lesern immer wieder neu werden beantworten müssen. In einem Punkt bleibt Goethe sicherlich Teil der Alltagskultur: in den zahllosen Zitaten, die auf Spruchkarten, im Internet und anderen Medien zirkulieren – und die in vielen Fällen gar nicht von Goethe sind, der als Rezeptionsphänomen inzwischen ein Eigenleben entwickelt und sich vom realen Autor abgelöst hat.

Zeittafel

1749 Johann Wolfgang Goethe wird am 28. August in Frankfurt am Main als erstes Kind des Kaiserlichen Rates ohne Amt Johann Caspar Goethe und seiner Frau Catharina Elisabeth geb. Textor geboren.

1755 Ab April bis Jan. 1756 Umbau des Hauses am Großen Hirschgraben. Goethe und seine Schwester Cornelia besuchen in dieser Zeit eine öffentliche Elementarschule.
1. Nov.: Erdbeben von Lissabon; von Goethe in *Dichtung und Wahrheit* als Erschütterung seines religiösen Weltbilds stilisiert

1756 Ausbruch des Siebenjährigen Krieges im September. Goethes Großvater Textor ergreift Partei für Österreich, Goethes Vater für Preußen. Fortsetzung des häuslichen Unterrichts

1757 Neujahrsgedicht an die Großeltern Textor (frühestes erhaltenes Gedicht Goethes).
Beginn der *Labores juveniles* (deutsch/lateinisch/griechische Schul- und Übersetzungsarbeiten)

1759 Französische Besatzung Frankfurts. Der Königsleutnant Graf Thoranc bezieht bis Mai 1761 Quartier in Goethes Elternhaus.
Besuche des französischen Theaters

1764 Krönung Josephs II. zum römisch-deutschen König in Frankfurt

1765 Ende Sept.: Abreise Goethes nach Leipzig zum Jurastudium
Zeichenunterricht bei Adam Friedrich Oeser

1766 Johann Georg Schlosser (Goethes späterer Schwager) führt Goethe beim Gastwirt Schönkopf ein; Liebschaft mit der Tochter Anna Katharina (Käthchen), Freundschaft mit Ernst Wolfgang Behrisch, Besuch bei Gottsched

1767 Febr.: Beginn der Arbeit am Schäferspiel *Die Laune des Verliebten*
Sept.: handschriftliche Sammlung von Gedichten Goethes durch Behrisch unter dem Titel *Annette*
Okt.: *Oden an meinen Freund* auf den Abschied Behrischs; Vernichtung der meisten Jugenddichtungen

1768 Ende Juli schwere Krankheit (Blutsturz), Rückkehr nach Frankfurt Anfang Sept.

1769 Krankheit und Rekonvaleszenz. Bekanntschaft mit Susanne Katharina von Klettenberg; pietistische Einflüsse, alchemistische Studien.
Zweite Fassung des Lustspiels *Die Mitschuldigen*
Okt.: *Neue Lieder* mit 20 Gedichten in Vertonungen von Breitkopf. Besuch des Mannheimer Antikensaals

1770 Anfang April: Eintreffen in Straßburg; Besuch des Münsters; Fortsetzung des Studiums. Bekanntschaft mit Herder; Beziehung zu Friederike Brion im Pfarrhaus von Sessenheim im Elsass

1771 Aug.: Promotion zum Lizenziaten der Rechte (ohne Dissertation, die abgelehnt worden war). Rückkehr nach Frankfurt, dort ab Sept. Anwaltstätigkeit

Nov./Dez.: *Geschichte Gottfriedens von Berlichingen mit der
eisernen Hand*
1772 Mai: Abreise nach Wetzlar für ein Praktikum am Reichskammerge-
richt. Bekanntschaft mit Charlotte Buff. Abreise im Sept.
Nov.: *Von Deutscher Baukunst.*
Aufenthalte im Darmstädter Kreis der Empfindsamen
1773 *Götz von Berlichingen mit der eisernen Hand* erscheint anonym im
Selbstverlag
1774 *Die Leiden des jungen Werthers*
April: Uraufführung des *Götz von Berlichingen* in Berlin
Clavigo
Bekanntschaft mit Johann Caspar Lavater und den Brüdern Jacobi
1775 *Stella*
Verlobung mit Anna Elisabeth (Lili) Schönemann im April; Auflösung
der Verlobung im Sept./Okt.
Mai–Juli: Schweizer Reise mit den Grafen Stolberg
Nov.: Eintreffen in Weimar auf Einladung des Herzogs Carl August
1776 Freundschaft mit Charlotte von Stein
Herder wird auf Vorschlag Goethes Generalsuperintendent in
Weimar
Ernennung Goethes zum Geheimen Legationsrat mit Sitz und Stimme
im Geheimen Consilium
1777 Beginn der Arbeit an *Wilhelm Meisters theatralischer Sendung*
Lila, Der Triumph der Empfindsamkeit
Leitung der Bergwerkskommission; Nov./Dez. erste Harzreise mit
Brockenbesteigung
1778 Mai: Reise mit Carl August nach Potsdam und Berlin
1779 Leitung der Kriegs- und Wegebaukommissionen
Iphigenie auf Tauris (Prosafassung), erste Aufführung auf dem
Weimarer Liebhabertheater; Arbeit an *Egmont*
Sept.: Ernennung zum Geheimen Rat
Zweite Schweizreise (mit Carl August) bis Jan. 1780
1780 Arbeit an *Tasso*; Vorlesung des *Faust* vor Carl August
1782 Erhebung in den Adelsstand durch Joseph II.
Bezug des Hauses am Frauenplan
1783 Überarbeitung des *Werther*
1784 Wiedereröffnung des Ilmenauer Bergbaus
Entdeckung des Zwischenkieferknochens beim Menschen
Spinoza-Studien
1785 Erster Badeaufenthalt in Karlsbad
Halsbandaffäre am französischen Königshof
1786 Vertrag mit Verleger Göschen in Leipzig über achtbändige Ausgabe
der *Schriften*
Abschluss der zweiten Fassung des *Werther*
Sept.: heimliche Abreise nach Italien aus Karlsbad.
Ende Okt. Ankunft in Rom und Einzug in die Wohnung des
Malers Wilhelm Tischbein am Corso. Bekanntschaft mit
Karl Philipp Moritz
Iphigenie auf Tauris, Versfassung

1787   Neapel; Besteigung des Vesuv
        April/Mai: Sizilien; im Garten von Palermo Idee der Urpflanze
        ab Juni zweiter römischer Aufenthalt
        Abschluss des *Egmont*; Bd. 1–4 der *Schriften* (Bd. 5–8 1788–1790)
1788   Wiederaufnahme des *Faust*
        Juni: Rückkehr nach Weimar, Juli: Begegnung mit Christiane Vulpius,
        Beginn der Lebensgemeinschaft;
        erste Begegnung mit Schiller
1789   Beginn der Französischen Revolution
        Versuch, die Metamorphose der Pflanzen zu erklären
        (erscheint 1790), *Torquato Tasso*
        25. Dez.: Geburt des Sohnes August
1790   *Faust. Ein Fragment*
        Beginn der Studien und Versuche zur Farbenlehre
        März–Juni: zweite Italienreise (Venedig); *Venezianische Epigramme*
        Juli–Okt.: Reise nach Schlesien zur Begleitung Carl Augusts
1791   *Beiträge zur Optik, Der Groß-Cophta*
        Goethe übernimmt die Leitung des Hoftheaters, das im Mai
        eröffnet wird
        Uraufführung des *Egmont* am 31. März in Weimar
        Heinrich Meyer wird Lehrer am Freien Zeicheninstitut und
        Goethes Hausgenosse bis 1802.
1792   Aug.–Dez.: Teilnahme am Frankreich-Feldzug; Aufenthalt bei Jacobi
        in Pempelfort bei Düsseldorf
        Zweite Sammelausgabe: *Goethe's neue Schriften*, 7 Bde., Berlin:
        Unger (1792–1800)
1793   *Reineke Fuchs, Der Bürgergeneral, Die Aufgeregten* (unvollendet);
        neue Beschäftigung mit *Wilhelm Meister*
        Mai–Aug.: Teilnahme an der Belagerung von Mainz
1794   *Wilhelm Meisters Lehrjahre*, 1.–3. Buch
        Beginn der Zusammenarbeit mit Schiller
1795   *Römische Elegien* und *Unterhaltungen deutscher Ausgewanderten*
        erscheinen in Schillers Zeitschrift *Die Horen*, die *Venezianischen
        Epigramme* im *Musenalmanach für das Jahr 1796*; *Wilhelm Meister*,
        4.–7. Buch
1796   Arbeit mit Schiller an den *Xenien*; *Alexis und Dora*;
        beides in Schillers *Musenalmanach für das Jahr 1797*
        veröffentlicht
        Abschluss von *Wilhelm Meisters Lehrjahre*
1797   *Herrmann und Dorothea*; Balladen (mit Schiller); Wiederaufnahme
        des *Faust*
        Juli–Nov.: dritte Schweizreise
1798   Arbeit für die Kunstzeitschrift *Propyläen* (1798–1800)
        Bekanntschaft mit Schelling
        Eröffnung des umgebauten Weimarer Theaters
1799   *Achilleis* (abgebrochen); Übersetzung von Voltaires *Mahomet*
        „Weimarer Kunstfreunde" (Goethe, H. Meyer, Schiller)
1800   Einstellung der Arbeiten im Ilmenauer Bergbau
        Übersetzung von Voltaires *Tancred*

1801 Fortgesetzte Arbeit in der Schlossbaukommission, an *Faust* und der *Farbenlehre*

1802 *Die natürliche Tochter*
Aufführung der *Iphigenie* in Schillers Bühnenbearbeitung am 15. Mai

1803 *Benvenuto Cellini*
Uraufführung der *Natürlichen Tochter* (2. April)
Beginn persönlicher Schauspielerausbildung durch Goethe am Hoftheater
Friedrich Wilhelm Riemer wird Hauslehrer Augusts und wohnt bis 1812 im Hause
Oberaufsicht Goethes über das Museum in Jena (naturwissenschaftliche Sammlungen)

1804 Neue Bühnenfassung des *Götz von Berlichingen*

1805 Sammelwerk *Winckelmann und sein Jahrhundert*
9. Mai: Schillers Tod

1806 Beginn des Erscheinens der ersten Werkausgabe (A) bei Cotta; 13 Bde. bis 1810
Trauerspiel-Fassung von *Stella*
Abschluss des *Didaktischen Teils* der *Farbenlehre* und von *Faust I*
in Jena Austausch mit Hegel
14. Okt.: Plünderung Weimars,
19. Okt.: Eheschließung mit Christiane Vulpius

1807 Uraufführung des *Torquato Tasso*
Beginn der Arbeit an *Wilhelm Meisters Wanderjahre*
Winter 1807/08: Entstehung des Sonett-Zyklus

1808 2. März: Uraufführung von Heinrich von Kleists Lustspiel *Der zerbrochne Krug* am Weimarer Hoftheater unter Goethes Regie
Publikation von *Faust. Der Tragödie erster Teil*
2. Okt.: Audienz bei Napoleon während des Erfurter Kongresses, zweite Begegnung am 6. Okt. Goethe wird der Orden der Ehrenlegion verliehen.

1809 *Die Wahlverwandtschaften*; Beginn der Arbeit an *Dichtung und Wahrheit*

1810 Erscheinen der *Farbenlehre*

1811 Beginn der Niederschrift von *Dichtung und Wahrheit*; 1. Teil erscheint
Philipp Hackert

1812 Erste Aufführung des *Egmont* mit Beethovens Musik. Zusammentreffen mit Beethoven in Teplitz und Karlsbad
Aufführung von Shakespeares *Romeo und Julia* in Goethes Bearbeitung
Dichtung und Wahrheit, 2. Teil

1813 *Dichtung und Wahrheit, 3. Teil*; Beginn der Arbeit an der *Italiänischen Reise*

1814 *Des Epimenides Erwachen*; Beginn des *West-östlichen Divans*
Juli-Okt.: Reise an Rhein, Main und Neckar; Bekanntschaft mit Marianne von Willemer; in Heidelberg mittelalterliche Kunstsammlung Boisserées

1815 Beginn des Erscheinens der neuen Werkausgabe (B) bei Cotta;
20 Bde. bis 1819
weitere Orientstudien und Arbeit am *Divan*
Mai–Okt.: zweite Reise an Rhein, Main und Neckar
Ernennung Goethes zum Staatsminister

1816 Erste Aufführung von Teilen des *Faust* in Berlin
Italiänische Reise, 1. Teil
Beginn der neuen Zeitschrift *Über Kunst und Altertum*
6. Juni: Tod Christiane von Goethes

1817 Beginn der Hefte *Zur Naturwissenschaft überhaupt, besonders zur
Morphologie*
Italiänische Reise, 2. Teil
Kant-Studien
Niederlegung der Leitung des Hoftheaters

1818 Arbeit am *Divan*

1819 *West-östlicher Divan* erscheint; Arbeit an den *Tag- und Jahresheften*

1820 Arbeit an der *Campagne in Frankreich*
Wiederaufnahme von *Wilhelm Meisters Wanderjahre*

1821 *Wilhelm Meisters Wanderjahre* (1. Fassung) erscheint

1822 *Campagne in Frankreich/Belagerung von Maynz* erscheint
Wiederaufnahme der *Tag- und Jahreshefte*

1823 Johann Peter Eckermann wird Mitarbeiter Goethes
Neigung zu Ulrike von Levetzow in Marienbad und Karlsbad;
Marienbader Elegie

1824 Fortsetzung der *Tag- und Jahreshefte*, Beginn der Redaktion des Briefwechsels mit Schiller (1828/29 veröffentlicht)

1825 Der Jenaer Altphilologe C.W. Göttling wird Redakteur für die Ausgabe letzter Hand (40 Bde., 1827–1830 bei Cotta)
Wiederaufnahme des *Faust*

1826 Fortsetzung der *Wanderjahre*

1827 Arbeiten zur „Weltliteratur" in *Kunst und Altertum*
Chinesisch-deutsche Jahres- und Tageszeiten; erweiterte Fassung des
West-östlichen Divans

1828 14. Juni: Tod des Großherzogs Carl August, anschließend Aufenthalt
in Dornburg

1829 Erste Aufführungen von *Faust I*
Wilhelm Meisters Wanderjahre, 2. Fassung; *Italiänische Reise*

1830 26. Okt.: Tod August von Goethes in Rom
Wiederaufnahme des 4. Teils von *Dichtung und Wahrheit*

1831 Verfügung über literarischen Nachlass; Bevollmächtigung Riemers
und Eckermanns mit der Herausgabe (20 Bde., 1832–1842)
Abschluss von *Faust II*, Versiegelung des Manuskripts

1832 Goethe stirbt am 22. März in Weimar

Kommentierte Bibliographie

1. Texte und Werkausgaben

(FA): *Frankfurter Ausgabe*: Sämtliche Werke. Briefe, Tagebücher und Gespräche. Hg. v. Friedmar Apel u.a. Frankfurt a.M. 1985–1999. *[Nach Gattungen angeordnete, ausführlich kommentierte Studienausgabe. Texte teilweise orthographisch normalisiert. II. Abt. mit Lebenszeugnissen. Einzelne Bde. auch als Tb. erschienen.]*

(MA): *Münchner Ausgabe*: Sämtliche Werke nach Epochen seines Schaffens. Hg. v. Karl Richter u.a. München 1985–1998. *[Chronologisch angeordnete kommentierte Studienausgabe. Texte meist orthographisch normalisiert. Enthält die Briefwechsel mit Schiller und Zelter. 2006 als Tb.-Ausgabe erschienen.]*

(HA): *Hamburger Ausgabe* in 14 Bdn. Hg. v. Erich Trunz u.a. 16., durchges. Aufl. München 1996. *[1948 erstmals erschienene Studienausgabe, auch in Tb.-Ausgaben immer noch erhältlich. Kommentare immer wieder überarbeitet, textkritisch nicht mehr auf aktuellem Stand.]*

(WA): Goethes Werke. Hg. im Auftrag der Großherzogin Sophie von Sachsen. Weimar 1887–1919. *[Immer noch vollständigste, historisch-kritische Ausgabe ohne Kommentar.]*

(DjG): Der junge Goethe in seiner Zeit. Texte und Kontexte. In zwei Bdn. u. einer CD-ROM. Hg. v. Karl Eibl, Fotis Jannidis u. Marianne Willems. Frankfurt a.M. 1998. *[Chronologisch angeordnete kommentierte Ausgabe des Frühwerks bis 1775 mit Kontextmaterialien auf CD-ROM. Texte in originaler Schreibung.]*

(LA): Die Schriften zur Naturwissenschaft. Vollständige, mit Erläuterungen versehene Ausgabe. Im Auftrage der Deutschen Akademie der Naturforscher Leopoldina, hg. v. Dorothea Kuhn u. Wolf von Engelhardt. Abt. I: Texte, Abt. II: Ergänzungen und Erläuterungen. Weimar 1947ff. *[Ersetzt die II. Abt. der WA.]*

(GT): Tagebücher. Historisch-kritische Ausgabe. Im Auftrag der Stiftung Weimarer Klassik und Kunstsammlungen hg. v. Jochen Golz unter Mitarbeit v. Wolfgang Albrecht, Andreas Döhler u. Edith Zehm. Stuttgart 1998ff. *[Ersetzt die III. Abt. der WA. Ausführliche Kommentare.]*

(GB): Briefe. Historisch-kritische Ausgabe. Im Auftrag der Klassik Stiftung Weimar Goethe- und Schiller-Archiv hg. v. Georg Kurscheidt, Norbert Oellers u. Elke Richter. Berlin 2008ff. *[Ersetzt die IV. Abt. der WA. Ausführliche Kommentare.]*

(GG): Goethes Gespräche. Eine Sammlung zeitgenössischer Berichte aus seinem Umgang. Auf Grund der Ausgabe und des Nachlasses von Flodoard Freiherrn von Biedermann erg. u. hg. v. Wolfgang Herwig. 5 Bde. Zürich u.a. 1965–1987.

Herder, Johann Gottfried: Werke in zehn Bänden. Hg. v. Günter Arnold u.a. Frankfurt a.M. 1985–2000. (Frankfurter Herder-Ausgabe; **FHA**)

Lessing, Gotthold Ephraim: Werke. In Zusammenarbeit mit Karl Eibl u.a. hg. v. Herbert G. Göpfert. 8 Bde. München 1970–1979. (**LW**)

Novalis: Schriften. Die Werke Friedrich von Hardenbergs. 3 Bde. Hg. v. Richard Samuel in Zusammenarbeit mit Hans-Joachim Mähl u. Gerhard Schulz. Stuttgart 1968.

Schlegel, Friedrich: Kritische Ausgabe. Hg. v. Ernst Behler unter Mitwirkung von Jean-Jacques Anstett u. Hans Eichner. I. Abt., Bd. 2. München u.a. 1967.

Winckelmann, Johann Joachim: Kleine Schriften, Vorreden, Entwürfe. Hg. v. Walther Rehm. Berlin 1968.

2. Bibliographien

Pyritz, Hans (Hg.) (1965/1968): Goethe-Bibliographie. Begr. v. Hans Pyritz unter Mitarb. v. Paul Raabe, fortgef. v. Heinz Nicolai u. Gerhard Burghardt unter Mitarb. v. Klaus Schröter. 2 Bde. Heidelberg. *[Verzeichnet die Goethe-Literatur von den Anfängen bis 1964.]*

Seifert, Siegfried (2000): Goethe-Bibliographie 1950–1990. Bd. 1–3. München.

Weimarer Goethe-Bibliographie online. http://opac.ub.uni-weimar.de/DB=4.1/ *[Fortsetzung von Seifert.]*

3. Forschungsliteratur

Adler, Jeremy (1987): „Eine fast magische Anziehungskraft". Goethes „Wahlverwandtschaften" und die Chemie seiner Zeit. München.

Adorno, Theodor W. (1981): Zum Klassizismus von Goethes „Iphigenie". In: Ders.: Noten zur Literatur IV. Frankfurt a.M., 495–514. *[Wichtiger Aufsatz zur Problematik der Humanitätsbotschaft, 1967 erstmals erschienen.]*

Alt, Peter-André (2008): Klassische Endspiele. Das Theater Goethes und Schillers. München.

Ammerlahn, Hellmut (2003): Imagination und Wahrheit. Goethes Künstler-Bildungsroman *Wilhelm Meisters Lehrjahre*. Struktur, Symbolik, Poetologie. Würzburg.

Ammon, Frieder von (2005): Ungastliche Gaben. Die „Xenien" Goethes und Schillers und ihre literarische Rezeption von 1796 bis in die Gegenwart. Tübingen.

Anderegg, Johannes/Kunz, Edith Anna (Hg.) (2005): Goethe und die Bibel. Stuttgart.

Andree, Martin (2006): Wenn Texte töten. Über Werther, Medienwirkung und Mediengewalt. München.

Anglet, Andreas (1991): Der „ewige" Augenblick. Studien zur Struktur und Funktion eines Denkbildes bei Goethe. Köln u. a.

Arnold, Heinz Ludwig (Hg.) (1982): Johann Wolfgang von Goethe. Sonderband Text + Kritik. München.

Azzouni, Safia (2005): Kunst als praktische Wissenschaft. Goethes *Wilhelm Meisters Wanderjahre* und die Hefte *Zur Morphologie*. Köln.

Bahr, Ehrhard (1998): The Novel as Archive. The Genesis, Reception, and Criticism of Goethe's *Wilhelm Meisters Wanderjahre*. Columbia, SC.

Barner, Wilfried/Lämmert, Eberhard/Oellers, Norbert (Hg.) (1984): Unser Commercium. Goethes und Schillers Literaturpolitik. Stuttgart.

Baßler, Moritz/Brecht, Christoph/Niefanger, Dirk (Hg.) (1997): Von der Natur zur Kunst zurück. Neue Beiträge zur Goethe-Forschung. Tübingen.

Behrends, Rainer (Hg.) (1999): Johann Wolfgang Goethe und Leipzig. Ausstellungskatalog. Leipzig.

Bernays, Michael (1866): Über Kritik und Geschichte des Goetheschen Textes. Berlin.

Beutler, Bernhard/Bosse, Anke (2000): Spuren, Signaturen, Spiegelungen. Zur Goethe-Rezeption in Europa. Köln.

Biedrzynski, Effi (1999): Goethes Weimar. Das Lexikon der Personen und Schauplätze. 4. Aufl. Zürich.

Birkner, Nina (2010): „Ein ganzer Tasso! Das ist doch was!" Zum Regietheater und der Aktualität des Künstlerdiskurses in Goethes *Torquato Tasso*. In: Goethe-Jahrbuch 127, 135–153.

Blessin, Stefan (1996): Goethes Romane. Aufbruch in die Moderne. Paderborn.

Blessin, Stefan, unter Mitw. von Horst Janssen (2009): Der ultimative Goethe. Bremen.

Blod, Gabriele (2003): „Lebensmärchen". Goethes *Dichtung und Wahrheit* als poetischer und poetologischer Text. Würzburg.

Bohnenkamp, Anne/Martínez, Matías (Hg.) (2008): Geistiger Handelsverkehr. Komparatistische Aspekte der Goethezeit. Göttingen.

Bolz, Norbert (Hg.) (1981): Goethes „Wahlverwandt-schaften". Kritische Modelle und Diskursanalysen zum Mythos Literatur. Hildesheim. *[Methodisch wegweisender Sammelband zur Diskursanalyse von Goethes Roman.]*

Borchmeyer, Dieter (1977): Höfische Gesellschaft und französische Revolution bei Goethe. Adliges und bürgerliches Wertsystem im Urteil der Weimarer Klassik. Kronberg.

Borchmeyer, Dieter (1994): Weimarer Klassik. Porträt einer Epoche. Weinheim.

Borchmeyer, Dieter (1999): Goethe. Der Zeitbürger. München.

Bosse, Heinrich (1981): Autorschaft ist Werkherrschaft. Über die Entstehung des Urheberrechts aus dem Geist der Goethezeit. Paderborn.

Boyle, Nicholas (1995/1999): Goethe. Der Dichter in seiner Zeit. Bd. I: 1749–1790, Bd. II: 1791–1803. München. *[Groß angelegte (Werk-)Biographie; nicht abgeschlossen.]*

Braitmaier, Friedrich Jakob (1892): Göthekult und Göthephilologie. Eine Streitschrift. Tübingen.

Brandes, Peter (2003): Goethes *Faust*. Poetik der Gabe und Selbstreflexion der Dichtung. München.

Brandmeyer, Rudolf (1987): Heroik und Gegenwart. Goethes klassische Dramen. Frankfurt a. M.

Brandmeyer, Rudolf (1998): Die Gedichte des jungen Goethe. Eine gattungsgeschichtliche Einführung. Göttingen.

Brandstetter, Gabriele (Hg.) (2003): Erzählen und Wissen. Paradigmen und Aporien ihrer Inszenierung in Goethes *Wahlverwandtschaften*. Freiburg.

Bubner, Rüdiger (1993): Die Gesetzlichkeit der Natur und die Willkür der Menschheitsgeschichte. Goethe vor dem Historismus. In: Goethe-Jahrbuch 110, 135–145.

Buschmeier, Matthias/Kauffmann, Kai (2010): Einführung in die Literatur des Sturm und Drang und der Weimarer Klassik. Darmstadt.

Chiarini, Paolo (Hg.) (1987): Bausteine zu einem neuen Goethe. Frankfurt a. M. *[Forschungsgeschichtlich wichtiger Band mit seinerzeit innovativen Beiträgen.]*

Ciupke, Markus (1994): Des Geklimpers vielverworrner Töne Rausch. Die metrische Gestaltung in Goethes „Faust". Göttingen.

Conrady, Karl Otto (2006): Goethe. Leben und Werk. Düsseldorf. *[Große sozialgeschichtliche Biographie mit Werkinterpretationen, 1981/1985 erstmals erschienen.]*

Dönike, Martin (2005): Pathos, Ausdruck und Bewegung. Zur Ästhetik des Weimarer Klassizismus 1796–1806. Berlin/New York.

Dörr, Volker C. (2007): Weimarer Klassik. Paderborn. *[Modularisiertes Lehrbuch.]*

du Bois-Reymond, Emil Heinrich (1883): Goethe und kein Ende. Leipzig.

Egger, Irmgard (2001): Diätetik und Askese. Zur Dialektik der Aufklärung in Goethes Romanen. München.

Eibl, Karl (1984): *Anamnesis* des „Augenblicks". Goethes poetischer Gesellschaftsentwurf in *Hermann und Dorothea*. In: Deutsche Vierteljahrsschrift für Literaturwissenschaft und Geistesgeschichte 58, S. 111–138.

Eibl, Karl (1995): Die Entstehung der Poesie. Frankfurt a. M./Leipzig. *[Grundlegende Untersuchung über den Funktionswandel von Literatur im 18. Jh., u. a. zum „Werther".]*

Eibl, Karl (2000): Das monumentale Ich. Wege zu Goethes „Faust". Frankfurt a. M./Leipzig. *[Deutung der Titelfigur als repräsentatives modernes Individuum.]*

Elsaghe, Yahya A. (1990): Untersuchungen zu „Hermann und Dorothea". Bern.

Engel, Manfred (1993): Der Roman der Goethezeit. Anfänge in Klassik und Frühromantik. Transzendentale Geschichten. Stuttgart.

Erhart, Walter (2007): Drama der Anerkennung. Neue gesellschaftstheoretische Überlegungen zu Goethes *Iphigenie auf Tauris*. In: Jahrbuch der deutschen Schillergesellschaft 51, 140–165.

Fischer, Bernhard/Oellers, Norbert (Hg.) (2011): Der Briefwechsel zwischen Goethe und Schiller. Berlin.

Flaschka, Horst (1987): Goethes *Werther*. Werkkontextuelle Deskription und Analyse. München.

Gaier, Ulrich (2000): Fausts Modernität. Essays. Stuttgart.

Görner, Rüdiger (1995): Goethe. Wissen und Entsagen – aus Kunst. München.

Goethe-Handbuch. Hg. v. Bernd Witte u. a. 4 Bde. u. 3 Supplementbde. Stuttgart/Weimar 1996–2012. **(GHb)** *[Grundlagenwerk mit einzelnen Bänden zu Gedichten, Dramen, Prosaschriften sowie Personen, Sachen und Begriffen; Supplementbde. zu Musik und Tanz in den Bühnenwerken, Naturwissenschaft und Kunst.]*

Goethe-Jahrbuch (1972ff.). Hg. im Auftrage des Vorstandes der Goethe-Gesellschaft. Bd. 89ff. (der Gesamtfolge). *[Enthält eine Bibliographie für das jeweilige Berichtsjahr.]*

Goethe-Wörterbuch. Hg. v. der Berlin-Brandenburgischen Akademie der Wissenschaften, der Akademie der Wissenschaften zu Göttingen u. der Heidelberger Akademie der Wissenschaften. Bd. 1ff. Stuttgart u. a. 1978ff. Online-Ausgabe: www.goethe-woerterbuch.de **(GWb)** *[Goethes Wortschatz vollständig erläuterndes Wörterbuch; noch nicht abgeschlossen.]*

Goethe Yearbook (1982ff.). Publications of the Goethe Society of North America. Vol. 1ff.

Graham, Ilse (1988): Goethe. Schauen und Glauben. Berlin/New York.

Greiner, Bernhard (2012): Die Tragödie. Eine Literaturgeschichte des aufrechten Ganges. Grundlagen und Interpretationen. Stuttgart. *[Kapitel zu „Faust"; Würdigung der ,Gretchen-Tragödie'.]*

Grimm, Gunter E. (2012): „Doch steif und kalt blieb der Minister…" Goethes Selbstinszenierungen und ihre Funktion. In: Matthias Karmasin/Carsten Winter (Hg.): Analyse, Theorie und Geschichte der Medien. München, 13–30.

Grimm, Reinhold/Hermand, Jost (Hg.) (1971): Die Klassik-Legende. Second Wisconsin Workshop. Frankfurt a. M.

Gutjahr, Ortrud (Hg.) (2000): Westöstlicher und nordsüdlicher Divan. Goethe in interkultureller Perspektive. Paderborn.

Gutjahr, Ortrud (2007): Einführung in den Bildungsroman. Darmstadt.

Gutjahr, Ortrud (Hg.) (2012): Faust I/II von Johann Wolfgang von Goethe. Nicolas Stemanns Doppelinszenierung am Thalia Theater Hamburg. Würzburg.

Gutjahr, Ortrud/Segeberg, Harro (Hg.) (2001): Klassik und Anti-Klassik. Goethe und seine Epoche. Würzburg.

Hamacher, Bernd (2010a): Johann Wolfgang von Goethe. Entwürfe eines Lebens. Darmstadt.

Hamacher, Bernd (2010b): „Hm! Hm!" Goethes „sehr ernste Scherze" und die Allegorie. In: Daniel Fulda/Antje Roeben/Norbert Wichard (Hg.): „Kann man denn auch nicht lachend sehr ernsthaft sein?" Sprachen und Spiele des Lachens in der Literatur. Berlin/New York, 71–83.

Hamacher, Bernd (2012a): „Du fühlst es besser, fühlst es tief und – schweigst". Liebe, Schönheit und Kunst in Goethes *Torquato Tasso*. In: Antje Arnold/Walter Pape (Hg.): Emotionen in der Romantik. Repräsentation, Ästhetik, Inszenierung. Berlin/Boston 2012, 115–126.

Hamacher, Bernd (2012b): Goethe und kein Ende. Die Biographie in der Literaturwissenschaft. In: Der Deutschunterricht 64, H. 2, 60–71.

Hamacher, Bernd/Nutt-Kofoth, Rüdiger (Hg.) (2007): Johann Wolfgang von Goethe. Neue Wege der Forschung. 2 Bde. Darmstadt. *[Sammlung zentraler Forschungsbeiträge seit den 1990er Jahren. Bd. 1: Lyrik und Drama, Bd. 2: Romane und theoretische Schriften.]*

Hankamer, Paul (1947): Spiel der Mächte. Ein Kapitel aus Goethes Leben und Goethes Welt. *[Bahnbrechende Studie zum ,dämonischen' Weltbild des nachklassischen Goethe.]*

Hartmann, Tina (2004): Goethes Musiktheater. Singspiele, Opern, Festspiele, „Faust". Tübingen.

Hederich, Benjamin (1996): Gründliches mythologisches Lexicon. Reprograph. Nachdr. d. Ausg. Leipzig 1770. *[Unverzichtbares zeitgenössisches Nachschlagewerk zur antiken Mythologie, auch von Goethe als Quelle genutzt.]*

Herwig, Henriette (2002): „Wilhelm Meisters Wanderjahre". Geschlechterdifferenz, sozialer Wandel, historische Anthropologie. 2., durchges. Aufl. Tübingen/Basel. *[Untersuchung des Verhältnisses von Extra- und Intradiegese im Hinblick auf die Leitfragen.]*

Hierholzer, Vera/Richter, Sandra (Hg.) (2012): Goethe und das Geld. Der Dichter und die moderne Wirtschaft. Frankfurt a.M. *[Begleitband zur gleichnamigen Ausstellung im Frankfurter Goethe-Museum. Beiträge zu allen Aspekten der Ökonomie in Leben und Werk.]*

Hinderer, Walter (Hg.) (1980): Goethes Dramen. Neue Interpretationen. Stuttgart.

Hinderer, Walter (Hg.) (1992): Goethes Dramen. Interpretationen. Stuttgart.

Hoffmann, Christoph (1993): „Zeitalter der Revolutionen". Goethes *Wahlverwandtschaften* im Fokus des chemischen Paradigmenwechsels. In: Deutsche Vierteljahrsschrift für Literaturwissenschaft und Geistesgeschichte 67, 417–450.

Hopp, Doris (2010): „Goethe Pater". Johann Caspar Goethe (1710–1782). Hg. v. Freien Deutschen Hochstift – Frankfurter Goethe-Museum. Frankfurt a.M.

Huber, Martin (2003): Der Text als Bühne. Theatrales Erzählen um 1800. Göttingen. *[Enthält Kapitel zu „Lila", „Der Triumph der Empfindsamkeit", „Werther", zum theatralisierten Körper bei Goethe u.a.]*

Hühn, Helmut (Hg.) (2010): Goethes „Wahlverwandtschaften". Werk und Forschung. Berlin.

Jacobs, Angelika (1997): Goethe und die Renaissance. Studien zum Konnex von historischem Bewußtsein und ästhetischer Identitätskonstruktion. München.

Jaeger, Michael (2004): Fausts Kolonie. Goethes kritische Phänomenologie der Moderne. Würzburg.

Jaeger, Michael (2007): Global Player Faust oder das Verschwinden der Gegenwart. Zur Aktualität Goethes. Berlin.

Jäger, Georg (1984): Die Leiden des alten und neuen Werther. Kommentare, Abbildungen, Materialien zu Goethes „Leiden des jungen Werthers" und Plenzdorfs „Neuen Leiden des jungen W." München.

Jannidis, Fotis (1996): Das Individuum und sein Jahrhundert. Eine Komponenten- und Funktionsanalyse des Begriffs ‚Bildung' am Beispiel von Goethes „Dichtung und Wahrheit". Tübingen.

Jeßing, Benedikt (1995): Johann Wolfgang Goethe. Stuttgart.

Jeßing, Benedikt/Lutz, Bernd/Wild, Inge (Hg.) (2004): Metzler-Goethe-Lexikon. Personen – Sachen – Begriffe. 2., verb. Aufl. Stuttgart.

Jung, Thomas/Mühlhaus, Birgit (Hg.) (2000): Über die Grenzen Weimars hinaus. Goethes Werk im europäischen Licht. Frankfurt a.M.

Kaiser, Gerhard (1977): Wandrer und Idylle. Goethe und die Phänomenologie der Natur in der deutschen Dichtung von Geßner bis Gottfried Keller. Göttingen.

Kaute, Brigitte (2010): Die durchgestrichene Aufklärung in Goethes „Iphigenie auf Tauris". In: Goethe-Jahrbuch 127, 122–134.

Keller, Werner (1972): Goethes dichterische Bildlichkeit. Eine Grundlegung. München.

Keller, Werner (Hg.) (1974): Goethes „Faust I". Darmstadt.

Keller, Werner (Hg.) (1992): Goethes „Faust II". Darmstadt.

Keller, Werner (2009): „Wie es auch sei, das Leben…" Beiträge zu Goethes Dichten und Denken. Göttingen. *[Sammlung wichtiger Aufsätze.]*

Kemper, Dirk (2004): „ineffabile". Goethe und die Individualitätsproblematik der Moderne. München.

Kemper, Hans-Georg/Schneider, Hans (Hg.) (2001): Goethe und der Pietismus. Tübingen.

Keppler, Stefan (2006): Grenzen des Ich. Die Verfassung des Subjekts in Goethes Romanen. Berlin/New York.

Kittler, Friedrich A. (1978): Über die Sozialisation Wilhelm Meisters. In: Gerhard Kaiser/Friedrich A. Kittler (Hg.): Dichtung als Sozialisationsspiel. Studien zu Goethe und Gottfried Keller. Göttingen.

Knobloch, Hans-Jörg/Koopmann, Helmut (Hg.) (2007): Goethe. Neue Ansichten – Neue Einsichten. Würzburg

Koch, Manfred (2002): Weimaraner Weltbewohner. Zur Genese von Goethes Begriff ‚Weltliteratur'. Tübingen.

Koranyi, Stephan (1984): Autobiographik und Wissenschaft im Denken Goethes. Bonn.

Lenz, Franziska (2013): Kollektive Arbeitsweisen in der Lyrikproduktion von Goethe. Würzburg.

Lillyman, William J. (Hg.) (1983): Goethe's Narrative Fiction. The Irvine Goethe Symposium. Berlin/New York.

Lohmeyer, Dorothea (1975): Faust und die Welt. Eine Anleitung zum Lesen des Textes. München.

Luserke, Matthias (1999): Der junge Goethe. „Ich weis nicht warum ich Narr soviel schreibe". Göttingen.

Luserke, Matthias (Hg.) (2001): Goethe nach 1999. Positionen und Perspektiven. Göttingen.

Lützeler, Paul Michael/McLeod, James E. (Hg.) (1985): Goethes Erzählwerk. Interpretationen. Stuttgart.

Mandelkow, Karl Robert (Hg.) (1975–1984): Goethe im Urteil seiner Kritiker. Dokumente zur Wirkungsgeschichte Goethes in Deutschland (1773–1982). 4 Bde. München.

Mandelkow, Karl Robert (1980/1989): Goethe in Deutschland. Rezeptionsgeschichte eines Klassikers (1773–1982). 2 Bde. München.

Mandelkow, Karl Robert (2001): Gesammelte Aufsätze und Vorträge zur Klassik- und Romantikrezeption in Deutschland. Frankfurt a. M. u. a. *[Mehrere Beiträge zur Ergänzung und Fortschreibung der großen Rezeptionsgeschichte von Mandelkow 1980/1989.]*

Manger, Klaus (Hg.) (2003): Goethe und die Weltkultur. Heidelberg.

Martínez, Matías (1996): Doppelte Welten. Struktur und Sinn zweideutigen Erzählens. Göttingen. *[Kapitel zu den „Wahlverwandtschaften".]*

Marx, Friedhelm (1995): Erlesene Helden. Don Sylvio, Werther, Wilhelm Meister und die Literatur.

Matussek, Peter (1998a): Goethe zur Einführung. Hamburg.

Matussek, Peter (Hg.) (1998b): Goethe und die Verzeitlichung der Natur. München.

Mayer, Mathias (2009): Natur und Reflexion. Studien zu Goethes Lyrik. Frankfurt a. M.

Meier, Albert (2011): Goethe. Dichtung – Kunst – Natur. Stuttgart. *[Kompakte Einführung in das Gesamtwerk.]*

Meyer, Richard M. (1895): Goethe. Berlin. *[Erste literaturwissenschaftliche Goethe-Biographie.]*

Meyer-Krentler, Eckhardt (1987): Willkomm und Abschied – Herzschlag und Peitschenhieb. Goethe – Mörike – Heine. München. *[Rechtshistorische Interpretation von Goethes Gedicht.]*

Michelsen, Peter (2000): Im Banne Fausts. Zwölf Faust-Studien. Würzburg.

Miller, Norbert (2002): Der Wanderer. Goethe in Italien. München/Wien.

Miller, Norbert (2009): Die ungeheure Gewalt der Musik. Goethe und seine Komponisten. München.

Molnár, Geza von (1994): Goethes Kantstudien. Eine Zusammenstellung nach Eintragungen in seinen Handexemplaren der „Kritik der reinen Vernunft" und der „Kritik der Urteilskraft". Weimar.

Müller, Klaus-Detlef (1976): Autobiographie und Roman. Studien zur literarischen Autobiographie der Goethezeit. Tübingen.

Muschg, Adolf (1986): Goethe als Emigrant. Auf der Suche nach dem Grünen bei einem alten Dichter. Frankfurt a. M.

Nelles, Jürgen (1996): Werthers Herausgeber oder die Rekonstruktion der „Geschichte des armen Werthers". In: Jahrbuch des Freien Deutschen Hochstifts, 1–37.

Neuhaus, Volker (2007): „Andre verschlafen ihren Rausch, meiner steht auf dem Papiere". Goethes Leben in seiner Lyrik. Köln.

Neumann, Gerhard (1999): Naturwissenschaft und Geschichte als Literatur. Zu Goethes kulturpoetischem Projekt. In: Modern Language Notes 114, 471–502.

Neumann, Gerhard/Wellbery, David E. (Hg.) (2008): Die Gabe des Gedichts. Goethes Lyrik im Wechsel der Töne. Freiburg.

Neymeyr, Barbara (2003): Die Proklamation schöpferischer Autonomie. Poetologische Aspekte in Goethes *Prometheus*-Hymne vor dem Horizont der mythologischen Tradition. In: Olaf Hildebrand (Hg.): Poetologische Lyrik von Klopstock bis Grünbein. Gedichte und Interpretationen. Köln u. a., 28–49.

Niggl, Günter (1999): Das Problem der morphologischen Lebensdeutung in Goethes „Dichtung und Wahrheit". In: Goethe-Jahrbuch 116, 291–305.

Nutt-Kofoth, Rüdiger (2005a): Goethe-Editionen. In: Ders./Bodo Plachta (Hg.): Editionen zu deutschsprachigen Autoren als Spiegel der Editionsgeschichte. Tübingen, S. 95–115.

Nutt-Kofoth, Rüdiger (2005b): Varianten der Selbstdarstellung und der Torso des Gesamtprojekts *Aus meinem Leben*: Goethes autobiographische Publikationen. In: Christa Jansohn/Bodo Plachta (Hg.): Varianten – Variants – Variantes. Tübingen, S. 137–156.

Nutt-Kofoth, Rüdiger (2012): Goethe und Goethe-Philologie als Muster der neugermanistischen Editionswissenschaft. Eine Skizze mit Blick auf literaturwissenschaftsgeschichtliche Kontexte. In: Goethe Yearbook 19, S. 215–229.

Osten, Manfred (2003): „Alles veloziferisch" oder Goethes Entdeckung der Langsamkeit. Zur Modernität eines Klassikers im 21. Jahrhundert. Frankfurt a. M.

Osterkamp, Ernst (1991): Im Buchstabenbilde. Studien zum Verfahren Goethescher Bildbeschreibungen. Stuttgart.

Osterkamp, Ernst (Hg.) (2002): Wechselwirkungen. Kunst und Wissenschaft in Berlin und Weimar im Zeichen Goethes. Bern.

Philippi, Klaus-Peter (2001): Natur: Gedichtetes Leben. Zu Goethe Gedicht *Dornburg September 1828*. In: Markus Heilmann/Birgit Wägenbaur (Hg.): Ironische Propheten. Sprachbewußtsein und Humanität in der Literatur von Herder bis Heine. Tübingen, S. 187–217. *[Auf Goethes Naturforschung und Poetik weit ausgreifende Interpretation.]*

Pyritz, Hans (1962): Goethe-Studien. Hg. v. Ilse Pyritz. Köln u. a.

Rasch, Wolfdietrich (1979): Goethes „Iphigenie auf Tauris" als Drama der Autonomie. München.

Reinhardt, Hartmut (1991): Prometheus und die Folgen. In: Goethe-Jahrbuch 108, 137–168.

Reinhardt, Hartmut (2002): Ästhetische Geselligkeit. Goethes literarischer Dialog mit Schiller in den *Unterhaltungen deutscher Ausgewanderter*. In: Peter-André Alt u. a. (Hg.): Prägnanter Moment. Studien zur deutschen Literatur der Aufklärung und Klassik. Würzburg, 311–341.

Reinhardt, Hartmut (2008): Die kleine und die große Welt. Vom Schäferspiel zur kritischen Analyse der

Moderne: Goethes dramatisches Werk. Würzburg. *[Umfassende Monographie zu Goethes Dramen.]*

Reinhardt, Hartmut (2012): Dem Fremden freundlich zugetan. Interkulturelle Bezüge in Goethes literarischem Werk. Nordhausen.

Reschke, Nils (2006): „Zeit der Umwendung". Lektüren der Revolution in Goethes Roman „Die Wahlverwandtschaften". Freiburg.

Richter, Karl/Schönert, Jörg (Hg.) (1983): Klassik und Moderne. Die Weimarer Klassik als historisches Ereignis und Herausforderung im kulturgeschichtlichen Prozeß. Stuttgart.

Rohde, Carsten (2006): Spiegeln und Schweben. Goethes autobiographisches Schreiben. Göttingen.

Sachtleben, Peter (1994): Hat Goethe die Eiszeit entdeckt? In: Goethe-Jahrbuch 111, 299–302. *[Zur Diskussion um die Erdentstehung in den „Wanderjahren".]*

Sauder, Gerhard (Hg.) (1996): Goethe-Gedichte. Zweiunddreißig Interpretationen. München/Wien.

Schanze, Helmut (1989): Goethes Dramatik. Theater der Erinnerung. Tübingen.

Scherer, Wilhelm (1886): Aufsätze über Goethe. Berlin. *[Enthält den programmatischen Aufsatz „Goethe-Philologie".]*

Scherpe, Klaus R. (1970): Werther und Wertherwirkung. Zum Syndrom bürgerlicher Gesellschaftsordnung im 18. Jahrhundert. Bad Homburg v. d. H.

Schieb, Roswitha (Hg.) (2000): Peter Stein inszeniert „Faust" von Johann Wolfgang Goethe. Das Programmbuch Faust I und II. Köln.

Schings, Hans-Jürgen (1997): Im Gewitter gesungen. Goethes *Prometheus*-Ode als Kontrafaktur. In: Wolfgang Düsing (Hg.): Traditionen der Lyrik. Tübingen, 59–71.

Schings, Hans-Jürgen (2011). Zustimmung zur Welt. Goethe-Studien. Würzburg. *[Sammlung wichtiger Aufsätze.]*

Schlaffer, Hannelore (1980): Wilhelm Meister. Das Ende der Kunst und die Wiederkehr des Mythos. Stuttgart.

Schlaffer, Heinz (1981): Faust zweiter Teil. Die Allegorie des 19. Jahrhunderts. Stuttgart. *[Marxistische Deutung.]*

Schlechta, Karl (1953): Goethes Wilhelm Meister. Frankfurt a. M. *[Frühes Beispiel für einen skeptischen Blick auf die ‚Botschaft' des Bildungsromans.]*

Schmidt, Jochen (1985): Die Geschichte des Genie-Gedankens in der deutschen Literatur, Philosophie und Politik, 1750–1945. Bd. 1: Von der Aufklärung bis zum Idealismus. Darmstadt. *[Ideengeschichtliches Grundlagenwerk mit großem Kapitel zu Goethes Hymnen.]*

Schmidt, Jochen (1999): Goethes Faust. Erster und Zweiter Teil. Grundlagen – Werk – Wirkung. München.

Schnur, Harald (1990): Identität und autobiographische Darstellung in Goethes „Dichtung und Wahrheit": In: Jahrbuch des Freien Deutschen Hochstifts, S. 28–93.

Schöne, Albrecht (1982): Götterzeichen, Liebeszauber, Satanskult. Neue Einblicke in alte Goethetexte. München. *[Einflussreiche Neuinterpretationen von „Harzreise im Winter", „Alexis und Dora" und der Walpurgisnacht-Paralipomena zu „Faust I".]*

Schöne, Albrecht (1987): Goethes Farbentheologie. München. *[Interpretiert Goethes Polemik gegen Newton als religiös, nicht wissenschaftlich inspiriert.]*

Schöne, Albrecht (2002): Schillers Schädel. München. *[Biographische und ideengeschichtliche Studie zum Gedicht „Im ernsten Beinhaus war's".]*

Schößler, Franziska (2002): Goethes *Lehr-* und *Wanderjahre*. Eine Kulturgeschichte der Moderne. Tübingen/Basel. *[Analyse der Modernisierungsdiskurse, v. a. in Ökonomie und Medizin.]*

Schulz, Gerhard (1983): Die deutsche Literatur zwischen französischer Revolution und Restauration. 1789–1815. München. *[Grundlegende literaturgeschichtliche Darstellung.]*

Schulz, Karlheinz (1999): Goethe. Eine Biographie in 16 Kapiteln. Stuttgart.

Schulze, Sabine (Hg.) (1994): Goethe und die Kunst. Ostfildern. *[Großer Ausstellungskatalog mit grundlegenden Beiträgen.]*

Schweitzer, Christoph E. (2004): Who *is* the Editor in Goethe's *Die Leiden des jungen Werthers*? In: Goethe Yearbook 12, 31–40.

Selbmann, Rolf (2005): Deutsche Klassik. Paderborn.

Selbmann, Rolf (Hg.) (2005): Deutsche Klassik. Epoche – Autoren – Werke. Darmstadt.

Sengle, Friedrich (1993): Das Genie und sein Fürst. Die Geschichte der Lebensgemeinschaft Goethes mit dem Herzog Carl August von Sachsen-Weimar-Eisenach. Ein Beitrag zum Spätfeudalismus und zu einem vernachlässigten Thema der Goetheforschung. Stuttgart/Weimar.

Simmel, Georg (1913): Goethe. Leipzig.

Staiger, Emil (1952–1959): Goethe. 3 Bde. Zürich. *[Große Gesamtdarstellung der stilkritischen werkimmanenten Interpretation.]*

Steiger, Robert/Reimann, Angelika (1982–1996): Goethes Leben von Tag zu Tag. Eine dokumentarische Chronik. 8 Bde. München.

Steiner, Rudolf (1897): Goethes Weltanschauung. Weimar. *[Anthroposophische Goethe-Deutung.]*

Stockhorst, Stefanie (2002): Fürstenpreis und Kunstprogramm. Sozial- und gattungsgeschichtliche Studien zu Goethes Gelegenheitsdichtungen für den Weimarer Hof. Tübingen.

Tantillo, Astrida Orle (2010): Goethe's Modernisms. New York/London. *[Studie zur Relevanz Goethes für die moderne Kultur aus der Sicht der USA; zu „Faust", „Werther" und „Wilhelm Meister".]*

Titzmann, Michael (1998): Vom „Sturm und Drang" zur „Klassik". „Grenzen der Menschheit" und „Das Göttliche" – Lyrik als Schnittpunkt der Diskurse. In: Jahrbuch der Deutschen Schillergesellschaft 42, 42–63.

Ueding, Gert (1987): Klassik und Romantik. Deutsche Literatur im Zeitalter der Französischen Revolution 1789–1815. München/Wien. *[Hansers Sozialgeschichte der deutschen Literatur, Bd. 4.]*

Unterberger, Rose (2002): Die Goethe-Chronik. Frankfurt a.M./Leipzig. *[Tabellarischer Überblick über Goethes Leben und Werk.]*

Vaget, Hans Rudolf (1971): Dilettantismus und Meisterschaft. Zum Problem des Dilettantismus bei Goethe. Praxis, Theorie, Zeitkritik. München.

Vaget, Hans Rudolf (2005): Der politische Goethe und kein Ende. Zum Stand der Diskussion nach dem Jubiläumsjahr 1999. In: Goethe. Aspekte eines universalen Werkes. Hg. von der Ortsvereinigung Hamburg der Goethe-Gesellschaft in Hamburg e.V. Dössel, 124–145.

Valk, Thorsten (2002): Melancholie im Werk Goethes. Genese – Symptomatik – Therapie. Tübingen.

Valk, Thorsten (2012): Der junge Goethe. Epoche – Werk – Wirkung. München. *[Grundlegendes literaturgeschichtliches Arbeitsbuch für die Zeit bis 1775.]*

Vogl, Joseph (2007): Poetik des ökonomischen Menschen. In: Zeitschrift für Germanistik N.F. 17, 547–560. *[Sieht in Wilhelm Meister den Prototypen des ökonomischen Menschen.]*

Wagner, Irmgard (1990): Vom Mythos zum Fetisch. Die Frau als Erlöserin in Goethes klassischen Dramen. In: Goethe Yearbook 5, 121–143.

Wierlacher, Alois (1983): Ent-fremdete Fremde. Goethes „Iphigenie auf Tauris" als Drama des Völkerrechts. In: Zeitschrift für deutsche Philologie 102, 161–180.

Wiethölter, Waltraud (Hg.) (2001): Der junge Goethe. Genese und Konstruktion einer Autorschaft. Tübingen/Basel.

Wild, Reiner (1999): Goethes klassische Lyrik. Stuttgart.

Willems, Marianne (1995): Das Problem der Individualität als Herausforderung an die Semantik im Sturm und Drang. Studien zu Goethes *Brief des Pastors zu *** an den neuen Pastor zu ****, *Götz von Berlichingen* und *Clavigo*. Tübingen.

Wilpert, Gero von (1998): Goethe-Lexikon. Stuttgart. *[Grundlegendes Nachschlagewerk zu Realien in Leben und Werk.]*

Wilson, W. Daniel (1991): Geheimräte gegen Geheimbünde. Ein unbekanntes Kapitel der klassisch-romantischen Geschichte Weimars. Stuttgart.

Wilson, W. Daniel (1999a): Unterirdische Gänge. Goethe, Freimaurerei und Politik. Göttingen.

Wilson, W. Daniel (1999b): Das Goethe-Tabu. Protest und Menschenrechte im klassischen Weimar. München. *[Wie auch die anderen Arbeiten des Autors kontrovers aufgenommene Quellenuntersuchung zum politischen Handeln Goethes.]*

Wilson, W. Daniel (2012): Goethe, Männer, Knaben. Ansichten zur „Homosexualität". Berlin.

Winkler, Markus (2009): Von Iphigenie zu Medea. Semantik und Dramaturgie des Barbarischen bei Goethe und Grillparzer. Tübingen.

Wirth, Uwe (2008): Die Geburt des Autors aus dem Geist der Herausgeberfiktion. Editoriale Rahmung im Roman um 1800. Wieland, Goethe, Brentano, Jean Paul und E.T.A. Hoffmann. München. *[Kapitel zu „Werther".]*

Witte, Bernd (Hg.) (1998): Gedichte von Johann Wolfgang Goethe. Interpretationen. Stuttgart.

Witte, Bernd (2007): Goethe. Das Individuum der Moderne schreiben. Hg. v. Claas Morgenroth und Karl Solibakke. Würzburg.

Witte, Bernd/Ponzi, Mauro (Hg.) (1999): Goethes Rückblick auf die Antike. Beiträge des deutsch-italienischen Kolloquiums, Rom 1998. Berlin.

Wittkowski, Wolfgang (Hg.) (1984): Goethe im Kontext. Kunst und Humanität, Naturwissenschaft und Politik von der Aufklärung bis zur Restauration. Ein Symposium. Tübingen.

Wittkowski, Wolfgang (Hg.) (1986): Verlorene Klassik? Ein Symposium. Tübingen.

Wolf, Norbert Christian (2001): Streitbare Ästhetik. Goethes kunst- und literaturtheoretische Schriften 1771–1789. Tübingen.

Wolff, Hans M. (1952): Goethe in der Periode der „Wahlverwandtschaften" (1802–1809). München. *[Interpretation des Romans aus Goethes ,dämonischer' Weltsicht.]*

Wünsch, Marianne (1975): Der Strukturwandel in der Lyrik Goethes. Stuttgart. *[Strukturalistische Untersuchung.]*

Wyder, Margrit (1998): Goethes Naturmodell. Die Scala Naturae und ihre Transformationen. Köln u.a.

Zabka, Thomas (1993): Das Klassische und das Romantische. Goethes „Eingriff in die neueste Literatur". Tübingen. *[Zu „Faust II".]*

Zimmermann, Rolf Christian (1969/1979): Das Weltbild des jungen Goethe. Studien zur hermetischen Tradition des deutschen 18. Jahrhunderts. 2 Bde. München. *[Ideengeschichtliche Interpretation von Goethes Frühwerk aus der Hermetik.]*

Personenregister

Register der Werke Goethes

Begriffsregister